革命老区
全国革命老区县发展史丛书

全国革命老区县发展史丛书·广东卷

蕉岭县革命老区发展史

蕉岭县革命老区发展史编委会　编

SPM 南方出版传媒　广东人民出版社
·广州·

图书在版编目（CIP）数据

蕉岭县革命老区发展史／蕉岭县革命老区发展史编委会编．—广州：广东人民出版社，2020.1
（全国革命老区县发展史丛书·广东卷）
ISBN 978-7-218-13949-4

Ⅰ.①蕉…　Ⅱ.①蕉…　Ⅲ.①蕉岭县—地方史　Ⅳ.①K296.54

中国版本图书馆CIP数据核字（2019）第237574号

JIAOLING XIAN GEMING LAOQU FAZHANSHI
蕉岭县革命老区发展史
蕉岭县革命老区发展史编委会　编

出 版 人：肖风华

责任编辑：夏素玲　谢　尚
装帧设计：张力平
责任技编：周　杰　周星奎

出版发行：广东人民出版社
地　　址：广州市海珠区新港西路204号2号楼（邮政编码：510300）
电　　话：（020）85716809（总编室）
传　　真：（020）85716872
网　　址：http://www.gdpph.com
印　　刷：广州市浩诚印刷有限公司
开　　本：715mm×995mm　1/16
印　　张：18.875　　插　页：8　　字　数：242千
版　　次：2020年1月第1版
印　　次：2020年1月第1次印刷
定　　价：68.00元

广东省编纂《革命老区县发展史》丛书
指导小组

组　长：陈开枝（广东省老区建设促进会会长）

副组长：林华景（广东省老区建设促进会常务副会长）

宋宗约（广东省农业农村厅副巡视员、广东省老区建设促进会副会长）

刘文炎（广东省老区建设促进会副会长）

郑木胜（广东省老区建设促进会副会长）

姚泽源（广东省老区建设促进会副会长兼秘书长）

谭世勋（广东省老区建设促进会副会长）

办公室

主　任：姚泽源（兼）

副主任：廖纪坤（广东省农业农村厅扶贫协作与老区建设处处长）

柯绍华（广东省老区建设促进会副秘书长）

伍依丽（广东省老区建设促进会副秘书长）

《蕉岭县革命老区发展史》编纂委员会

顾　问：陈伟明　刘彩波

主　任：胡　班

副主任：黄清桐　张辉明　张　福　徐和达

委　员：赖宇民　陈浩东　傅庆强　涂建强

李　芳　张　华　黄伟良　古舒尔

赖伟华　丘竟君　赖会南　汤丽芬

李岭平　汤国庆　林子锋　谢其才

黄　晓　徐小烽　罗惠浩　傅延胜

编辑部

主　　编：黄清桐

执行主编：徐和达

副 主 编：何松发

编　　辑：陈宏达　王增新

初稿打印：徐映玲　杨映红

审　　稿：中共蕉岭县委党史研究室

蕉岭县人民政府地方志办公室

总序

在举国欢庆新中国成立 70 周年前夕，中国老区建设促进会王健会长请我为《全国革命老区县发展史》丛书作序，作为一名在老区战斗过并得到老区人民生死相助的老兵，回首往事，心潮澎湃，感慨万千，深感义不容辞，欣然应允。

中国革命老区，是以毛泽东为代表的中国共产党人在领导人民推翻帝国主义、封建主义和官僚资本主义三座大山，争取民族独立和人民解放伟大斗争中建立的革命根据地，在这片红色的土地上，诞生了无数可歌可泣的革命英雄儿女，为后人树起了一座不朽的丰碑，她是新中国的摇篮，是党和军队的根。

在艰苦卓绝的战争年代，老区人民把自己的命运与中华民族的命运紧紧地联系在一起，与中国共产党和人民军队的命运紧紧地联系在一起，他们生死相依，患难与共。我曾亲历过战争年代，并得到过老区红哥红嫂的救助，切身感受到发生在身边的一幕幕撼天动地的革命故事，在那极其艰难的条件下，老区人民倾其所有、破家支前，不怕艰难困苦，不怕流血牺牲。“最后一碗米送去做军粮，最后一尺布送去做军装，最后一件老棉袄盖在担架上，最后一个亲骨肉送去上战场”，这是当时伟大的老区人民为建立新中国做出巨大牺牲的真实写照，它将永远镌刻在中国共产党、中国人民解放军、中华人民共和国的历史丰碑上。他们的光辉业绩永载史册，他们的革命精神必将影响一代又一代的革命新人，造就一代又一代的民族脊梁。

在社会主义革命和建设时期，革命老区和老区人民响应党的号召，面对落后的面貌、脆弱的经济、恶劣的生态环境，他们本色不变，精神不丢，自力更生，艰苦奋斗，干一行爱一行。始终坚持“革命理想高于天”，自觉做共产主义远大理想的坚定信仰者和忠实实践者，勇于向恶劣的自然环境和贫穷落后宣战，他们在各条战线上为国建功立业，用平凡的双手创造了一个又一个不平凡的奇迹，彰显了老区人的崇高精神和人格力量。

在改革开放的伟大进程中，老区人民解放思想，勇于创新，发奋图强，攻坚克难，老区的经济社会建设取得了辉煌成就。特别是在改变中国的面貌、中华民族的面貌、中国人民的面貌、中国共产党的面貌的伟大实践中发挥了至关重要的作用。老区人民既是改革开放的参与者，也是改革开放的推动者。

艰苦练意志，危难见精神。老区人民在近百年的革命战争、社会主义建设和改革开放的伟大实践中，孕育形成了伟大的老区精神：爱党信党、坚定不移的理想信念；舍生忘死、无私奉献的博大胸怀；不屈不挠、敢于胜利的英雄气概；自强不息、艰苦奋斗的顽强斗志；求真务实、开拓创新的科学态度；鱼水情深、生死相依的光荣传统。这是党和人民宝贵的精神财富、丰厚的政治资源，是凝心聚力、振奋民族精神的重要法宝，也是社会主义核心价值观的重要内容。

中国老区建设促进会怀着强烈的政治责任感和历史使命感，组织全国各地老促会人员克服困难，尽心竭力编纂《全国革命老区县发展史》丛书，记录老区的光辉历史和辉煌成就，传承红色基因，弘扬老区精神，是功在当代、利及千秋的一件大事。手捧这部丛书的部分书稿，读着书中的故事，倍感亲切，深感这部丛书具有资政、育人、存史的社会功能，有着重要的时代和历史价值。它是不忘初心、牢记使命的源头活水，是赞颂共产党、讴歌老区人民的一部精品力作，是弘扬老区精神、传承红色记忆的丰厚载体，是一项继承优秀传统文化、弘扬革命文化、发展社会主义先进文化，坚定“四个自信”的宏大文化工程。它必将成为一种文化品牌，为各界人士了解老区宣传老区支持老区提供一部有价值的研究史料。希望读者朋友们能从中了解并牢记这些为党和民族的利益不断奉献的老区人民，从中得到教益，汲取人生奋斗的精神动力。

新时代赋予新使命，新起点开启新征程。让我们更加紧密地团结在以习近平同志为核心的党中央周围，坚持以习近平新时代中国特色社会主义思想为指导，增强“四个意识”，坚定“四个自信”，做到“两个维护”，弘扬老区精神，铭记苦难辉煌。为实现“两个一百年”奋斗目标，实现中华民族伟大复兴的中国梦作出新的更大的贡献！

迟浩田

2019 年 4 月 11 日

2017 年 6 月，中国老区建设促进会组织全国各地老促会启动编纂《全国革命老区县发展史》丛书，按照“建立中国共产党、成立中华人民共和国、推进改革开放和中国特色社会主义事业”三大里程碑的历史脉络，系统书写革命老区百年历史，深入挖掘革命老区红色文化资源，这对于充实丰富中国革命史籍宝库、在新时代传承红色基因、弘扬革命精神、强固根本，对于激励人们在新的历史条件下夺取中国特色社会主义伟大胜利，实现中华民族伟大复兴的中国梦具有重要意义。

丛书编纂以习近平新时代中国特色社会主义思想为指导，以《中国共产党历史》《中国共产党的九十年》等重要文献为基本依据，以党的领导为核心，以老区人民为主体，以老区发展为主线，体现历史进程特征，突出时代发展特色，坚持辩证唯物主义和历史唯物主义相统一、历史真实性与内容可读性相统一的原则，书写革命老区从站起来、富起来到强起来的光辉革命史、不懈奋斗史、辉煌成就史，把老区人民的伟大贡献、伟大创造、伟大成就、伟大精神充分展示出来，形成一部具有厚重历史特征和鲜明时代特色的精品力作。这是一部培根铸魂、守正创新，既为历史立言，又为时代服务，字里行间流淌着红色血脉、催生着革命激情的传世之作。丛书的编纂出版将成为讴歌党讴歌人民讴歌时代、传播红色文化、为革命老区和老区人民树碑立传的重要载体。

丛书按照编年体与纪事本末体相结合、以编年体为主的编写体例确定框架结构；运用时经事纬、点面结合的方式记述史实；坚持人事结合、以事带人的原则处理人与事的关系；采取夹叙夹议、叙论结合以叙为主的方法展开内容。做到了史料与史论、历史与现实、政治与学术统一，文献性、学术性、知识性相兼容。

为编纂好《全国革命老区县发展史》丛书，打造红色文化品牌，中国老区建设促进会认真组织积极协调，提出政治立场鲜明、史料真实准确、思想论述深刻、历史维度厚重、时代特色突出、编写体例规范、篇目布局合理、审读把关严格、出版制作精良的编纂出版总要求，力求达到革命史籍精品的精神高度、思想深度、知识广度、语言力度，增强丛书的权威性和社会影响力。各省（区、市）、市（州、盟）、县（市、区、旗）老促会的同志，以强烈的使命感、责任感和紧迫感，勇于担当，积极作为，认真实施，组织由老促会成员、专家学者等参加的十余万人编纂队伍。编纂工作主体责任在县，省、市组织协调、有力指导、审读把关。各方面人员以高度负责的精神和科学严谨的态度，满腔热情地投入工作，为丛书编纂出版做出了重要贡献。丛书编纂工作还得到了党和国家有关部委、地方各级党委政府及有关部门的大力支持和积极参与，社会各界也给予了热情帮助。中共中央政治局原委员、中央军委原副主席、原国务委员兼国防部长迟浩田上将，对老区人民怀有深厚感情，对革命老区建设发展十分关注，欣然为《全国革命老区县发展史》丛书作总序。

丛书由总册和1599部分册（每个革命老区县编纂1部分册）组成，共1600册。鉴于丛书所记述的史实内容多、时间跨度长和编纂时间紧，不妥之处，敬请批评指正。

中国老区建设促进会

1949 年 5 月 29 日，蕉岭各界庆祝解放半月盛况

20 世纪 70 年代的蕉城全貌

如今的蕉城美如画

20 世纪 60 年代石窟河上的木桥

三圳晋元大桥

20 世纪 30 年代的石窟河

今石窟河夜景

广东塔牌集团股份有限公司

皇马水泥

长潭电站

石窟河拦河电站

袁隆平院士来蕉指导水稻生产

丰收的田野

建于清康熙二十五年（1686）的桂岭书院

蕉岭中学

电波传万家

移动网络信号遍布蕉岭每个角落

高速公路蕉城段

205 国道蕉城段

蕉岭县人民医院

蕉岭（南沙）体育馆

黄桂清图书馆

蕉岭县（法刚）博物馆

皇佑笔自然保护区

长潭风景

美丽乡村——三圳九岭

美丽乡村——长潭白马

省老促会会长陈开枝（左）来蕉调研扶贫工作时慰问老寿星

蕉岭县老促会会长黄清桐（右）到新铺镇金沙勤丰村调研精准扶贫工作

目录
contents

序言

为了贯彻落实习近平总书记关于“发扬红色资源优势，深入进行党史、军史、老区革命优良传统教育，把红色基因代代传下去”的指示，根据中办发［2015］64号文件中提出的“积极支持老区精神挖掘整理工作，扶持创作一批反映老区优良传统，展现老区精神风貌的优秀文艺作品和文化产品”的要求，按照中国老促会和省老促会的工作部署，蕉岭县老区建设促进会组织编纂了《蕉岭县革命老区发展史》，旨在反映蕉岭县革命老区人民在中国共产党的坚强领导下，进行新民主主义革命、社会主义革命和建设、改革开放的光辉历程。

蕉岭，是一块承载了中国革命光荣历史的红土地，是原中央苏区县。在风云激荡、峥嵘岁月的土地革命战争时期，蕉岭人民在中国共产党的领导下，成立农民协会，开展减租减息；成立工会，争取工人的权益；成立苏维埃政府，打土豪分田地；成立蕉岭（东江）红军独立营，开展武装斗争，百折不挠，英勇奋斗，不畏强敌，敢于牺牲，前仆后继，为创建中央苏区和保卫中央苏区的南大门、为巩固和发展中央苏区、保障中央苏区的物资供应，作出了突出的贡献。抗日战争时期，蕉岭人民同仇敌忾，积极筹资筹款支援抗日前线，不少蕉岭优秀儿女奔赴疆场，浴血奋战，气壮山河。解放战争时期，蕉岭人民广泛开展游击战争，于1948

年3月2日攻克蕉城。蕉城是解放战争时期，在华南地区被我军攻克的第一个县城，攻克蕉城有力地动摇了国民党反动派在华南地区的统治。1949年5月14日，蕉岭获得解放。蕉岭是广东省最早获得解放的县之一。

新中国成立后，蕉岭人民在中国共产党的领导下，发扬当年的革命精神，自力更生，艰苦奋斗，在建设社会主义道路上不断探索前进，改变了“一穷二白”的旧面貌，人民安居乐业。改革开放40年，蕉岭人民勇立时代潮头，解放思想，与时俱进，锐意改革，经济建设和社会各项事业取得了辉煌成就，城乡面貌日新月异，人民生活蒸蒸日上。2012年11月以来，蕉岭县委认真贯彻落实党的十八大、十九大精神，高举习近平新时代中国特色社会主义思想伟大旗帜，不忘初心，牢记使命，坚持创新、绿色、开放、协调、共享的发展理念，积极实施乡村振兴发展战略，全力建设“世界寿乡·富美蕉岭”，革命老区蕉岭正成为粤东北一颗耀眼的明珠。

《蕉岭县革命老区发展史》既是一部可歌可泣的革命史，又是一部中国共产党领导蕉岭人民进行革命和经济建设的发展史。2014年7月，习近平总书记在纪念全民族抗战爆发七十七周年活动上讲话指出：“历史是最好的教科书，也是最好的清醒剂。”欲知大道，必先知史，走进历史，点亮心中一盏灯。我们更加坚定道路自信、理论自信、制度自信、文化自信，“不忘初心，牢记使命”，让我们铭记光辉历史，传承红色基因，弘扬苏区精神，为实现中华民族伟大复兴的中国梦而努力奋斗。

1

第一章

闽粤赣边陲明珠

第一节 县情概况

蕉岭县位于广东省东北部，韩江上游，地跨东经116°01′~22′，北纬24°25′~53′之间。西界平远县，东南与梅县区接壤，北与福建省武平县、上杭县相连。205国道、国家高速公路网络主干线天汕高速公路南北贯穿。全县总面积960平方公里，约占全国陆地总面积的万分之一，其中山地76778.51公顷，耕地8893.93公顷。

一

蕉岭县历史悠久，新石器遗址的发现，说明三四千年前已有人类在此居住。汉朝时属揭阳县地，齐以后属程乡县地。明嘉靖四十三年（1564）后属程乡和平远县地。明崇祯六年（1633）始设镇平县，隶属潮州；清雍正十一年（1733），程乡升级为嘉应州，归辖于嘉应州。民国三年（1914）为别于河南省先已设置的镇平县，乃易名为蕉岭县。因城北有座小山岗称蕉岭，县以岭名。

1949年10月，广东省设置兴梅专区，蕉岭县隶属兴梅专区。1952年，蕉岭县隶属粤东行政公署；是年8月，平远县与蕉岭县合并，称蕉平县；1954年3月，蕉平分治。1956年2月，撤销粤东行署，成立汕头专署，蕉岭县隶属汕头专区。1958年12月，蕉岭县并入梅县。1960年，国家接待安置难侨，将蕉岭县莲塘大队与示范农场合并改为蕉岭县华侨农场。1961年3月，蕉梅分县，恢复蕉岭县建置。1965 年 7 月，汕头专署分出梅县地区，蕉岭县隶属梅县地区。1988 年 1 月，广东实行市管县体制，梅县地区改为梅州市，蕉岭县隶属梅州市。

新中国成立后，废除旧中国的保甲制，改为区、乡（镇）、村制。1958 年“人民公社化”，县以下设公社、生产大队、生产队，实行“政社合一”的人民公社体制。1983 年 11 月，废除人民公社体制，取消“政社合一”，设立区乡政权，蕉岭的同福、金丰、新铺公社合并为新铺区；东方红、红江公社合并为兴福区；其他按原公社规模改为区，设区公所；蕉城镇仍设镇政府。1987 年 1 月，撤销区制，实行乡镇建制，乡、镇以下为村（镇还包括居委会）。1990 年 3 月，改革农村基层组织建制，乡、镇以下设管理区，管理区以下设村民委员会；全县设有兴福、长潭、徐溪、蓝坊、高思、南磜、北磜 7 个乡，蕉城、新铺、三圳、文福、广福 5 个镇，下设 96 个管理区，1316 个村民委员会，5 个居委会。1993 年 10 月，经广东省人民政府批准，撤销兴福、长潭、蓝坊、高思、南磜、北磜、徐溪 7 个乡建制，设为镇建制。至此，加上原有 5 个镇，全县设 12 个镇。1999 年 4 月，撤销管理区，更名为村民委员会，原村民委员会更名为村民小组。2003 年 6 月，经省人民政府批准，撤销高思镇和徐溪镇，将高思镇并入蓝坊镇，将徐溪镇并入新铺镇。2004 年 11 月，撤销北磜镇和兴福镇，将北磜镇并入南磜镇，将兴福镇的东山、湖谷、叟乐、龙安村并入蕉城镇，堑垣、浒竹、上村、神岗村并入长潭镇。至此，蕉岭共有蕉城、长潭、三圳、新铺、文福、广福、蓝坊、南磜 8 个镇，97 个村委会，10 个居委会。2017 年年末人口 23. 74 万人。全县有基层党组织 526 个，党员 14027 人，其中农村党员 6911 人。县境内还有市属蕉华管理区。

二

蕉岭县具有悠久的革命斗争历史，是原中央苏区县。早在1927年7月，就建立了蕉岭第一个中共地方组织——三圳乡九岭村支部。随后，在九岭支部的基础上发展成立了中共蕉岭县特别支部，并在同年10月成立蕉岭县工农革命委员会。同时，蕉岭的文福、乌土、新铺、长江、蕉城相继成立了党（团）支部。1927年12月，在新铺尖坑成立了中共蕉岭县委员会。1928年1月4日至6日，发动了震惊闽粤赣边的新铺武装暴动，并建立了工农革命军第十四区团，揭开了蕉岭土地革命工农武装斗争的序幕。到1928年8月，蕉岭的中共地方组织在九岭村（三圳乡）、油坑村（新铺区）、三坑村（徐溪乡）、黄沙村（徐溪乡）、左槐村（南磜乡）、乌土村（文福乡）、尖坑村（同福乡）等乡村建立了农民协会和赤卫队，并以这些据点为基础逐步向外扩大影响。9月，组建了东江（蕉岭）红军独立营。到1929年春，蕉岭红军独立营人数已达150多人（未计各村赤卫队），党组织也进一步巩固发展，县委所辖蕉城、新铺两个区委（以石窟河为界，河东各乡属蕉城区，河西各乡属新铺区），党支部达12个，全县党员发展到150多人。

1929年5月底，中共平远县委书记李巴林来到蕉岭三坑村，与中共蕉岭县委领导人张宏昌、邓崇卯等商议，决定组成蕉平县委，并集中力量联合成立了蕉平红军独立营。

1929年10月19日，朱德、陈毅、朱云卿等率领红四军三个纵队共6000多人，从福建上杭、武平县城直抵梅县松源集结。10月23日晚，红四军进入蕉岭县境内，蕉岭县委立即派刘安、陈顺侯等带领农民赤卫队前往边界迎接。24日凌晨，红四军进入蕉岭县城，蕉岭县的国民党军队（警卫队）和官员等闻风而逃。红四军顺利占领蕉岭县城。

红四军进蕉城后，联合中共蕉岭县委派出宣传队和政治工作人员深入各地张贴告示，刷写标语，宣讲红军的政策和纪律，收缴蕉岭土豪古盛孚的长枪 20 多支，放火焚烧国民党蕉岭县衙，有力地打击蕉岭国民党反动势力，激发了蕉岭民众的革命热情。

当天上午，朱德军长在蕉城老南街口武衙门坪发表了演说，宣传共产党和红军的政治主张，申明红军是共产党领导的人民军队，是工农的子弟兵，是为穷人打天下谋幸福的武装队伍，号召人民要团结起来，打土豪分田地，废除苛捐杂税，废除帝国主义在中国的统治和特权，打倒国民党反动派，建立苏维埃政权。

24 日晚，红军大部队在蕉岭西街、西门背一带宿营。25 日凌晨，红四军由蕉城出发经闽粤边界重镇新铺停留近两个小时，红军在大路旁的墙壁上书写了“没收土地分给农民”、“取消帝国主义在中国的特权”等标语，随后直抵梅县。

红四军进入蕉岭，扩大了共产党和红军的政治影响，提高了人民群众对共产党和革命军队的认识和理解，为蕉岭苏区的革命指明了方向，加速了蕉岭革命力量的发展壮大，三圳乡九岭、寨子坑；新铺镇油坑，徐溪乡三坑、黄沙、黄坑；南礤乡左槐、富足、龙华盖、滸竹坪；蓝坊乡龙潭、石湖；文福乡乌土、八驳桥；同福乡尖坑、长江；北礤乡石寨、水涨田；蕉阳镇下徐屋等乡村的农会组织和工农武装队伍都得到进一步发展壮大。

到 1930 年初，蕉岭革命形势蓬勃发展，农民协会组织和赤卫队遍地开花，据当时国民党政府 3 月份的一份密报表明，仅北礤石寨村一个村就有共产党员 12 人。3 月，在蕉岭三坑召开了农民协会代表会议，开展实行平分田地，取消老租、老息的斗争。

1930 年 4 月，在蕉平县委书记鲁达主持下，蕉岭县革命委员会宣告成立，赖清芳任主席，邓崇卯、鲁达、陈德明为委员。10

月10日，蕉岭县革命委员会在三坑下畲村召开工农兵代表大会，在邓崇卯主持下，蕉岭县苏维埃政府宣告成立。

蕉岭县苏维埃政府成立后，随即领导苏区人民开展打土豪斗地主，实行土地革命，没收封建公尝和地主的土地，烧田契、出仓谷。分配土地以村为单位，先没收尝田、租田，再按人口进行平均分配，在原耕的基础上抽多补少。

至1930年底，蕉岭苏区不仅建立了县级苏维埃政权，也充实了蕉平红军独立营以及各村赤卫队的武装组织，同时进行了打土豪、分田地斗争，蕉岭苏区开始进入了土地革命斗争的全盛时期，为“蕉平寻”苏区的建立创造了有利的条件，打下了坚实的基础。

1931年1月15日，蕉（岭）平（远）寻（乌）县委、县苏维埃政府成立后，蕉岭（蕉平寻）苏区进行了更全面、更彻底的打土豪、分田地、分粮食牲畜的斗争。与此同时，中央苏区在蕉岭建立了牢固的红色交通运输线，紧缺物资源源不断地送往赣南苏区，史称“列宁路”。

1934年10月，中央红军长征后，蕉岭地方党组织领导的革命武装仍然坚持斗争，辗转在闽粤赣边，战斗在崇山峻岭之间，有力地打击了国民党军队的嚣张气焰，牵制了部分追击红军的国民党军队，蕉岭成为保卫中央苏区的南部屏障。

全国性抗日战争爆发后，中共蕉岭地方党组织坚持高举抗日旗帜，团结进步力量，呼吁共同抗日，开展救亡运动，并不断发展和壮大地方党组织的力量。

解放战争时期，蕉岭地方党组织领导的革命武装，在上级党组织的领导下，发动群众，积极开展武装斗争。1948年3月2日，粤东支队攻克蕉城，威震闽粤赣边。蕉城是解放战争中闽粤赣边第一个被攻克的县城。1949年5月14日，在中国人民解放军闽粤赣边纵队和地方游击队及国民党起义部队配合下，蕉岭全境获得解放。蕉岭是广东省第一个获得全境解放的县。

三

蕉岭虽是山区小县，但钟灵毓秀，人杰地灵，先后涌现出嘉应州第一位进士蓝奎，1911 年（辛亥年）“三二九”广州起义黄花岗七十二烈士之一林修明，抗日“三英杰”之一、晚清抗日保台爱国志士、诗人、教育家丘逢甲，民国初为抗日复台而壮烈牺牲的爱国志士罗福星，抗日战争中坚守上海四行仓库名震中外的谢晋元，当代著名数学家、菲尔兹奖获得者、美国科学院和中国科学院院士丘成桐，国际著名化学家丘应楠，中国工程院院士、广东省微生物研究所所长吴清平等杰出人物。

蕉岭县亦是广东省著名的“台胞之乡”和重点侨乡县之一。远在明朝永乐年间，就开始有蕉岭人漂洋过海谋生；清乾隆以后，有更多蕉岭人流入台湾及东南亚垦荒做工，开拓发展。全县有侨胞 10 万多人，港澳同胞 1 万多人，尤其是台胞 46 万多人，是蕉岭现有人口的两倍。蕉岭侨胞分布于世界 30 多个国家地区，其中旅居印尼的华侨最多，有 4. 8 万多人，其次为马来西亚、泰国和新加坡。他们大多数从事垦殖、采矿、商贸、科技、教育等行业。

四

蕉岭境内自然资源丰富，主要有石灰石、锰、铁矿、大理石、花岗岩、稀土、铷矿等，其中石灰石储量约 23. 3 亿吨，大理石约 4000 万吨，花岗岩约 2700 万吨，锰约 240 万吨，铷矿约 160 万吨。石灰石按现有水泥生产能力计算，可满足 50 年以上生产需求。大理石按年开采 100 万吨计算，可开采 40 年。电力充裕，全县电力装机容量 23 万千瓦，年发电量 9 亿千瓦时。

蕉岭是广东省林业生态最好的县之一，境内山清水秀，森林资源丰富，风景优美，生态良好。珍稀树种有含笑、观光木、芳樟、蓝果树、禾雀花、桫椤等。目前，全县活立木总蓄积 709.4 万立方米，森林覆盖率达 79.4%，居全省第六位，是全国林业生态建设先进县、全国绿化模范县和全省 3 个南岭生态区生态发展试点县之一。2011 年 7 月，被中国老年学学会确认为“中国长寿之乡”；2014 年 5 月，被国际自然医学会授予“世界长寿乡”；2017 年、2018 年，连续两年被中国国土经济学会评为“全国百佳深呼吸小城”。

第二节　蕉岭经济社会发展概况

1949 年 5 月 14 日，蕉岭县获得解放。从此，蕉岭进入了一个崭新的时代。在各级党委、政府的正确领导下，蕉岭人民以主人翁的姿态，发扬苏区革命传统，弘扬苏区精神，进行伟大的社会主义革命建设，通过开展土地改革，改造手工业和资本主义工商业，生产资料公有制取代了私有制，完成了从新民主主义革命向社会主义初级阶段的过渡。此后受“大跃进”、浮夸风、“文化大革命”等“左”倾错误甚至严重错误的影响，经济发展脱离实际，严重下滑。党的十一届三中全会召开后，拨乱反正，高举改革开放的旗帜，坚定不移地实行改革开放，社会主义建设进入了历史性的转折时期，从农村改革到城市改革，从对内搞活到对外开放，坚持发展是硬道理，不断探索，勇于实践，促进了蕉岭经济社会的快速发展。

蕉岭经济社会的快速发展，是坚持以毛泽东思想、邓小平理论、“三个代表”重要思想、科学发展观、习近平新时代中国特色社会主义思想为指导，在党中央的坚强领导下，经过全县人民努力拼搏，团结奋斗所取得的。

社会主义革命和建设时期，社会经济发展尽管出现了一些曲折，但总体还是向前发展，并取得了一定的成就。1949 年新中国成立之初，全县工农业总产值为 618.05 万元，到 1978 年，全县工农业总产值 5100.65 万元，增长 8.25 倍。

在解放初期到第一个五年计划期间，蕉岭人民在党的领导下，实行土地改革和合作化运动，兴修水利，改革耕作制度，推广先进技术。同时，对手工业和资本主义工商业进行了社会主义改造，兴建了印刷厂、锰粉厂、长潭低水头水电站等地方国营工业，工业生产开始起步。这个时期的工农业生产总产值平均每年增加12.6%。

1958年“大跃进”和人民公社化期间，全县工农业总产值平均每年递减8%。1962年以后的3年调整时期，贯彻执行“调整、巩固、充实、提高”的正确方针，经过3年调整，全县工农业生产总值年平均递增率又上升到5.8%。

“文革”十年，蕉岭县工农业生产停滞不前。

1978年12月，党的十一届三中全会召开以后，蕉岭县进行了拨乱反正，纠正“左”的错误，把工作着重点转移到经济建设上来。全县城乡逐步推行经济体制改革，建立了多种形式的经济责任制，贯彻对外开放、对内搞活经济的方针，发展横向经济联合，使蕉岭经济建设迈开了新的步伐。全县国民经济进入持续、稳定、协调发展阶段。在第六个五年计划期间，全县工农业总产值每年平均递增17%。经过近40年的改革开放，至2017年，全县实现生产总值793846万元，比2012年增加284986万元，比增56%。从年均增长看，2012年至2017年，全县生产总值年均增长9.2%；从人均GDP看，2017年全县人均GDP37614元，比2012年增加13091元。2012年至2017年，人均GDP年均增长8.9%。

改革开放稳步推进。中共十一届三中全会以后，蕉岭县把工作重点转移到经济建设上来。坚持把“深化改革、扩大开放”作为发展经济的强大动力，促进经济社会全面快速发展。农村经济体制改革先行，通过推行家庭联产承包责任制，积极调整农业结构，大力兴建一批农业龙头企业，采取“公司+基地+农户”的经营方式，带动农户发展多种经营，有力地推动农业产业化进程。国有企业、国有商业、供销商业全面推行厂长（经理）任期目标责任制和承包经营责任制、租赁制等，扩大企业自主权，增强企业活力。

1992年，邓小平视察南方谈话和中共十四大召开之后，蕉岭县加快改革开放步伐，计划经济开始向市场经济转轨。全民所有制工业企业实行转换经营机制，逐步打破“铁饭碗、铁工资、铁交椅”，改革分配制度，企业逐步走向市场。1997年，蕉岭国有企业开始进入产权制度改革，通过改组、兼并、资产转让和破产等形式改善经营机制，使国有资产从企业中逐步退出，逐步实现整体扭亏或盈利增加。推行承包责任制，扩大经营自主权，形成多种经济成分并存和由市场决定商品价格的机制。各类生产要素市场发展较快，服务、技术、信息、劳动力、房地产等市场全面发展。公平竞争的市场环境逐步完善，社会主义市场经济体制初步建立。宏观经济管理体制改革全面推进，财税、金融、外贸、计划、投资、价格、住房、社会保障等改革取得显著成效。党政机构、行政管理体制、干部人事制度等改革取得进展，政府转变职能，强化服务机制。扩大对外开放，优化投资环境，落实优惠政策、利用外资等方面均取得明显成效。2013年，全县实现生产总值531909万元，比改革开放前增长104.28倍，财政总收入4.53亿元，外贸出口2240万美元，实现国、地税收入63280万元。2017年，全县实现生产总值793846万元，比2013年增加261937万元增长52.1%。

基础设施日臻完善。改革开放后，蕉岭县加大交通、水利、电力、通信等基础设施建设力度，着力解决“瓶颈”制约。1979年前，石窟河蕉岭段两岸只依靠木桥或木船通行，至2017年底，已建成钢筋水泥大桥 9 座。天汕高速公路、205 国道贯通县境，以蕉城为枢纽的公路线辐射四方，公路等级不断提高，实现县到镇公路硬底化和所有行政村通公路。通车里程由 1979 年的 287 公里增至 2013 年的 1333.96 公里，公路密度由 1979 年每百平方公里有公路 30 公里，增至 2013 年的每百平方公里有公路 139 公里。至 2017 年，全县公路总里程达 1341.6 公里，其中高速公路 40.5 公里，国省道 94.1 公里，农村公路约 1207 公里，农村公路密度 126 公里/百平方公里，高于梅州市各县市区平均水平。

加大水利建设投入，至 2017 年完成石窟河 68 公里防洪排涝堤围工程以及县管 4 条主干圳（长潭东干圳、长潭西干圳、黄竹坪南北干圳、东联干圳）“三面光”（三面水泥砂灰浆砌）建设以及主要水库除险加固等工程，防洪抗旱能力大大提高，农业生产条件得到较大改善。丰富的水力资源得到有效开发，1979 年水电开发量仅为 0.47 万千瓦，至 2013 年，全县水电装机容量 13.5791 万千瓦；2017 年，全县水电总装机容量 23 万千瓦，年发电量 9 亿千瓦时。1987 年，蕉岭通过“中国农村电气化试点县”验收，成为全国一百个农村电气化县之一。

蕉岭把通信事业列为发展国民经济的战略重点之一，传输介质由明线向电缆、光纤、微波发展，实现传输数字化。交换网由磁石、共电、纵横制向程控化发展。1994 年 10 月，全县 12 个镇 102 个管理区全面实现电话交换程控化、传输数字化，为梅州市各县市区之先。1996 年以后开通数字 GSM 移动电话。1998 年建成 DDN 数字数据通信网，数据基础业务、多媒体业务迅速发展。2013 年，蕉岭移动公司客户数 13 万户；2017 年，达 205501 户，其中 4G 用户 113297 户，业务覆盖所有自然村。2013 年至 2017 年，加强与相关部门合作，大力推进政务信息化建设，开发县委、县政府政务办公 OA 系统，提升政务办公信息化水平。校讯通业务则为广大师生提供高效、便捷的教育信息化服务。“农信通”产品升级，为3万多名农户提供种养技术、农业政策、市场信息等免费信息达100多万条，以现代信息化技术助力和谐新农村的建设。持续开展无线城市的建设，不断丰富本地应用，目前已开通商家优惠、业务办理、商旅订票、水电费查询、公积金查询、交通路况查询等多项便民利民服务。积极落实“宽带中国”发展战略，投入1000多万元用于“光网城市”建设。城区中心大部完成光纤接入改造，各乡镇常住人口15户以上的自然村全部建成光网络节点。目前基本具备向全县所有用户提供6M带宽接入能力，城区80%以上区域可实现20M以上带宽接入。光网领先优势继续得到巩固，邮政通信的机械化、自动化得到较大发展。

县域经济明显增强。实行联产承包责任制后，农村经济发展迅速，在粮食生产稳步发展的基础上，进行农业结构调整，积极发展“三高”（高产、高质、高效）农业。大力发展长寿食品，建立一大批种植沙田柚、蜜柚、龙眼、金桔、脐橙、淮山、单从茶、绿茶、蔬菜、烤烟等经济作物种植基地。同时猪、牛、羊、鸡、鸭、蜂、鱼等养殖业得到很大发展。庄园经济发展较快，出现不少种养大户。农村发展活力进一步增强，全国农村综合改革试点县工作扎实推进，至2017年底，完成98%的农村土地确权登记颁证工作，在全省率先成立县农村产权交易中心，扶持发展家庭农场20多个，新建千亩现代农业示范基地5个，新增市级农业龙头企业3家、广东名牌产品2个。工业以建材工业为主，还有林木、机械、冶炼、铸造、化工、轻工、酿酒等，主要产品有水泥、家具、原煤、锰粉、电解锰、松香、电池、机制纸、大理石、石灰等。乡镇企业异军突起稳步发展，各乡镇根据自身优势，发展水泥、石灰、小水电、胶合板、煤炭等产业。随着农业生产发展，农村剩余劳动力日益增多，许多农民进城经商，个体商业规模不断壮大，商贸市场迅速兴旺。新型工业有新发展，做强支柱工业。坚持把水泥作为工业经济发展的龙头，围绕“以塔牌集团为龙头，以蕉岭县为基地，建设粤东水泥生产基地”目标，扎实推进淘汰关闭落后水泥产能工作，实现由“水泥大县”向“水泥强县”转变。全县水泥产量由1978年的6万吨发展到2013年的396.27万吨，增长66倍。2017年，水泥产量998.12万吨，比2013年增长2.52倍。塔牌水泥被评为“中国十佳水泥”，油坑集团被评为“广东省50家水泥质量最佳企业”之一。水泥产业逐步由大变强；淦源实业20万吨商品砂浆和南国白珍珠3000吨清酒生产线建成投产，成为新的经济增长点。2012年，皇马余热发电项目、固特电子二期工程、淦源商品砂浆生产线建成投产；国家水泥及制品质检中心落户蕉岭。

2013年全年社会消费品零售总额达262898万元，比1978年2700万元增长97倍多。文化旅游拉动力进一步增强，成功举办首届长寿文化节，评选出首批“长寿镇村”“十大长寿食品”“特色长寿菜肴”“特色长寿小吃”，长潭旅游区入选“梅州十八景”，成功申报“世界长寿乡”，长寿养生产业发展取得了良好开端。以长潭旅游区开发为龙头，加快发展旅游业，带动第三产业发展。2013年，接待游客132万人次，旅游产值101527.2万元。2017年，接待游客423.8万人次，全年旅游总收入331835.53万元。

2013年，全县实现国内生产总值53.19亿元（当年价，下同），比1978年0.45亿元增长118.2倍；地方财政收入4.53亿元，比1978年348万元增长130.2倍；农业总产值17.8亿元，比1978年0.24亿元增长74.16倍；工业总产值34.89亿元，比1978年0.28亿元增长124.6倍；粮食产量63506吨，比1978年增加7772吨。烤烟、水果等农产品产量亦大幅提高，成倍增长。人均生产总值25543元。2017年，全县实现生产总值79.38亿元，比2013年增长1.49倍；地方财政收入8.68亿元，比2013年增长92%；人均生产总值37614元，比2013年增长47%；位居梅州市各县（市、区）前列。

城乡面貌焕然一新。蕉岭县围绕建设宜居宜业城乡的目标，着力推进实现人与自然、社会的和谐发展。蕉城城区面积由1979年的0.85平方公里，发展至2017年的50平方公里。城区绿化覆盖面积185公顷，绿化覆盖率24.67%，建成区绿化率17.18%。2017年，县城常住人口11.30万人，城镇人口占常住人口的比重为53.48%。县委、县政府积极实施“基础工程、形象工程、民心工程”，镇山公园二期改造、龙门广场、博物馆、图书馆、城南二期开发工程、溪峰河一河两岸改造、石窟河蕉城段景观改造、十里画廊建设等重点工程相继落成和开工建设。逐步建成布局合理、基础设施较配套、功能较齐全、环境优美的新型县城。严格整治市容市貌，保持清洁卫生环境。1991—1997年，蕉岭县在全省开展以城市环境综合治理为主要内容的“岭南杯”达标竞赛活动中获奖。人居环境进一步优化，县城被评为首批“全国文明县城”，南礤村、高思村、大地村列入“中国传统村落”名录。城乡生活垃圾处理基本实现全覆盖，农村环境整治成果进一步巩固。扎实推进面积10平方公里、起步区3平方公里的桂岭新区开发。至2017年，碧翠园、现代城、岭南华府、碧桂园二三期、香榭丽湾、新佳园、奥园广场、御景湾以及蕉阳大道、福星大道和长寿广场建设相继完成；塔牌大道、溪峰路、新东路、新东北路、金山街、安宁街、环城路等一批街道改造全面完成。全县97个行政村建有125个篮球场，63个文体广场，137个羽毛球场，43个休闲小公园。三圳镇列入创建中国美丽乡村的试点镇，蕉城、三圳、广福等镇分别被评为省级生态示范镇、省宜居示范镇。

公共服务协调发展。蕉岭坚持以人为本，立足统筹发展，妥善解决好涉及群众利益的问题，努力提高公共服务水平。一是公共安全体系建设不断加强。以创建“平安名城”为契机，加强社会治安综合治理，群众安全感大幅提升。县公安局两次获得“全国优秀公安局”称号。二是公共教育体系建设稳步推进。以办人民满意教育为目标，加大资金投入，改善办学条件，教育水平不断提升。投入8000多万元，全力创建教育强县，全县8个镇成功创建省教育强镇，蕉岭县成为广东首个山区教育强县。2017年，投资近亿元，推进教育现代化建设，获评“广东省推进教育现代化先进县”。全县两所高中，其中一所通过了国家级示范性高中验收，高考升学率多年位居广东省梅州市各县（市、区）首位。三是食品安全监管水平得到提高。高度重视食品安全工作，全县辖区内1200多户食杂店均建立了经济户口档案，进货100%建立台帐登记制度，有据可查；市场、商店、超市实行市场食品准入管理制度，县城达100%、镇80%以上；食品生产加工企业29家，100%取得QS认证；生猪定点屠宰率达100%。2008年，蕉岭县被评为省级“食品安全示范县”。四是医疗卫生服务体系不断完善。着眼于实现人人享有基本卫生保健服务的目标，卫生服务体系不断完善。至2013年全县共有各种卫生机构87个，每千人拥有老年福利类收养床位18.7张；每千人拥有卫生床位3.1张；每千人拥有卫生技术人员4.29人；2017年，全县共有各种卫生机构163个，床位797张，平均每万人拥有病床33.57张；卫生专业技术人员有1101人，其中执业医师341人，助理执业医师119人，注册护士403人，平均每万人拥有卫生技术人员46.37人，平均每万人有全科医生数6人。2017年，全县有各类型社会福利院13间，床位1352张，收养人数798人；全县得到各级政府救济9238人次，全县共发放救济金额2909.24万元。农村合作医疗覆盖到每个村居。2002年被评为“全国农村初级卫生保健工作先进县”。五是社会保障体系逐步完善。全县农村居民养老保险覆盖率近80%；提高了企业退休人员养老金及离休人员护理费和生活补贴；城乡低保群众实现动态条件下的应保尽保；从2008年起，全县农民参加新农合个人缴费部分由县财政给予30元补助，参保率达100%；从2011年5月1日起，全县户籍人口基本殡葬服务费由县财政统筹解决。六是文化体育活动蓬勃开展。积极加强公共文化设施建设，基层群众精神文化生活日益丰富，全县经常性参加体育锻炼人数达52%以上，先后获得“全国文化先进单位”、“全国群众体育先进单位”等称号。

可持续发展成效突出。获得“中国长寿之乡”“世界长寿乡”“全国文明县城”“全国文化先进单位”“全国计划生育优质服务先进县”“中国全面小康生态文明县”“中国金融生态县”“国家可持续发展实验区”“广东省教育强县”“广东省推进教育现代化先进县”“南岭生态区生态发展试点县”“全国林业生态建设先进县”等20多个世界、国家和省级荣誉称号。在2008年全省121个县（市、区）政府整体绩效评价中，蕉岭县居粤东33个县（市、区）之首，获评“2008年广东山区五市县域经济前十位”；在2009年梅州市县党政领导班子落实科学发展观考评中，蕉岭县综合得分全市第二，获得综合先进奖和四个单项先进奖。2012年，蕉岭县被评为“中国宜居宜业典范县”，广福镇被评为“省宜居示范城镇”，乐干村、广育村被评为“省宜居示范村庄”，高场村被评为“省级生态示范村”，石寨村入选“首批中国传统村落”，同时被评为“广东十个特色古村落”。2013年，南礤村、高思村、大地村列入“中国传统村落”名录。严格耕地保护，被评为“全国国土资源节约集约模范县”。2017年，三圳镇九岭村被国家农业部评为“中国美丽休闲乡村”，获此殊荣的广东省只有3个，是梅州市唯一获此殊荣的县。

精神文明建设成果丰硕。改革开放后，蕉岭县广大干部群众深入学习邓小平理论、“三个代表”重要思想、科学发展观、习近平新时代中国特色社会主义思想，坚持“两手抓，两手都要硬”的方针，在精神文明建设工作中，着力培养“四有”（有理想、有道德、有文化、有纪律）新人，全面提高公民素质。以创建文明城市为龙头，推进精神文明创建活动。制定《蕉岭县创建文明城市（城镇）活动要求、目标及责任单位》《蕉岭县创建“文明单位”、“文明村镇”、“文明户”活动意见》等方案和实施办法。积极开展以社会公德、职业道德、家庭美德为主题的“三德”教育，扎实开展文明窗口、文明单位、文明村等一系列群众性精神文明创建活动。与此同时，积极组织和开展丰富多彩、形式多样、健康向上的群众文化活动。2000 年5 月11 日，蕉岭县十一届人大常委会第十四次会议通过《蕉岭县文明公约、文明用语、蕉岭精神》的决议，成为全县人民树立良好社会道德风尚行为的规范准则。在群众性精神文明创建活动热潮中，涌现出一大批全国、省、市文明单位和先进个人。

人民生活显著改善。随着改革开放的深化发展和经济增长，城乡居民生活水平稳步提高，实现由温饱到总体上达到小康的历史跨越。1996 年 1 月，蕉岭被评为“全国农民收入先进县”。1998 年8 月，蕉岭成为广东省28 个山区贫困县中首个小康达标县。2013 年，全县农民人均收入11282 元，比1978 年69. 66 元，增长162 倍；城镇居民人均可支配收入14337 元，比1978 年120 元，增长119. 48 倍。城乡居民储蓄余额46. 41 亿元，比1978 年0. 028 亿元，增长1657. 5 倍。2017 年，城镇居民人均可支配收入24084. 8 元，农村居民人均可支配收入14783. 8 元。城乡居民储蓄存款余额621570 万元。城乡居民耐用消费品逐步升级换代，电视机、洗衣机、微波炉、电冰箱等家用电器相当普及，摩托车、电话、手机、电脑、小汽车已经进入寻常百姓家。2017 年，光纤网络已经覆盖到 15 户以上常住人口的自然村，4G 信号覆盖全县所有行政村，并按照中央“苏区农村无线宽带接入试点”的工作要求，配合完成了农村超高速无线局域网建设。城乡居民生活消费中，食品消费所占比例逐步降低。2017 年，全县参加基本养老保险的职工人数 37804 人，参加基本医疗保险职工人数 26835 人，参加失业保险职工人数 15321 人，参加城乡居民基本医疗保险有 206409 人，城乡居民医疗保险覆盖率 100%。目前，全县各乡镇已经建立了农村社会保障网络，建立了残疾人生活津贴和重度残疾人护理补贴制度，提高了城乡低保、五保补助标准，全县 60 周岁以上城乡居民全部享受养老保险，城乡居民参加基本医疗保险个人缴费部分、蕉岭籍人口殡葬基本服务费和农民房屋保险由政府统一“埋单”；60 岁以上城乡居民全部享受免费乘坐公交车，公共服务大幅度提高。世界长寿乡、幸福和谐蕉岭，正成为粤东北一颗耀眼的明珠。

2

第二章

闽粤赣边红旗扬

第一节 土地革命战争时期

蕉岭县有光荣的革命斗争历史。早在1922年3月，广东社会主义青年团派人到肇庆、佛山、蕉岭等6处地方组织了分团。随着革命斗争的深入发展，三圳、蕉城、新铺青年团组织相继建立起来。1924年8月，蕉岭分团选派出青年团员丘汉松到第二届农民运动讲习所学习。蕉岭团组织隶属于共青团梅县地方委员会领导。同时，与早期建立起来的工会组织、农民协会、商会、学生联合会等群众团体相互配合，开展各种形式的斗争，传播马克思列宁主义，为蕉岭工、农、商、学运动的兴起和中共蕉岭地方党组织的诞生，打下了良好的基础。

一、中共蕉岭第一个支部——九岭支部的建立

1927年，蒋介石在上海发动“四一二”反革命政变，疯狂屠杀共产党人和革命群众。4月15日，在广州的国民党也大肆逮捕和杀害共产党员和革命积极分子。7月15日，汪精卫集团在武汉以“分共”名义大肆屠杀共产党员和革命群众。全国陷入白色恐怖之中，第一次国共合作全面破裂，轰轰烈烈的大革命失败。在残酷的现实面前，北京、广州等地寻求知识、追求真理的蕉岭籍共产党员、共青团员满怀悲愤，陆续返回家乡，继续进行革命斗争。

1927年五六月间，在北京工业大学学习的邓崇卯，在中山大

学学习的徐持、林敬修、钟占文、钟慕光，在广州法政大学的刘安，以及在黄埔军校毕业的陈顺侯、陈顺云，在潮汕农运训练班毕业的陈杰生等一批共产党员先后回到蕉岭。徐持、钟占文和钟慕光都是三圳镇人，相距仅几里之遥，且都是中山大学学生，返乡后他们经常聚集在一起，讨论时事政治及蕉岭的经济社会、政治问题，密切关注国内革命斗争形势的发展变化。

1927 年 7 月间，钟慕光首先提议在蕉岭建立中国共产党组织，钟占文、徐持积极支持，认为蕉岭成立党组织的条件已经成熟。于是他们利用在三圳九岭村钟双义开办的拳馆习武的机会，秘密在钟双义家中建立了蕉岭第一个中共支部，推举徐持为党支部书记，钟慕光为组织委员，钟占文为宣传委员。中共蕉岭九岭支部成立后，他们以三达学校为活动基点，发展了该校老师徐汉良、邓克琳及该村青年钟焕炎、钟洪江等人加入党团组织，并开展了一系列的革命活动。他们以开办农民夜校为依托，积极宣传共产党的主张、方针，团结发动群众，成立九岭村农民协会和赤卫队，与附近乡村的邪恶势力作斗争，破除迷信，捣毁三圳圩和宫下的神像等。

“八一”南昌起义后，蕉岭的党组织有了较大的发展。先后建立了新铺党支部（书记陈杰生）、狮山党支部（书记钟慕光）、乌土溪党支部（书记刘安），全县发展党员 20 多人。

9 月，根据中共梅县县委的指示，中共九岭支部改称为中共蕉岭县特别支部，领导全县党组织。

中国共产党组织在蕉岭的建立和发展，有力地推动了蕉岭工农运动和革命武装斗争向前发展，不断开创革命斗争的新局面。

二、中共蕉岭县委的成立

随着党组织的发展壮大，中共蕉岭县特别支部及全县各党支部负责人徐持、钟慕光、钟占文、刘安、钟九连、赖德君、陈杰生等人认为，成立中共蕉岭县委的条件已经具备。讨论认为龙虎薮地理位置有利于保密，比较安全，决定在新铺尖坑村龙虎薮赖汉文家召开中共蕉岭县第一次党员代表大会。

龙虎薮位于尖坑村，居住群众少，只有七八户农家，可避免人多嘴杂，便于保密。龙虎薮北靠狮子岃，屋后有一条老虎坑，通向千家寨，山高林密，发生意外可以立即转移疏散上山隐蔽，比较安全。赖汉文是在"四一二"反革命政变发生后从上海回来的共产党员，与邓崇卯、赖清芳等一起从事党的地下斗争活动，经验比较丰富。大家认为，将会议地点设在他家，安全更有保障。为确保会议安全，徐持还亲自到长江支部检查部署会议的准备工作。

1927 年 12 月初，经过周密的酝酿筹备，中共蕉岭特别支部秘密通知全县共产党员到新铺尖坑村龙虎薮赖汉文家集中召开会议，到会的党员有 30 多人。这次会议标志着中共蕉岭县委员会正式成立，会议选举徐持为县委书记，赖德君为组织委员，钟慕光、钟占文为宣传委员，钟九连为组织兼交通委员，陈杰生、陈顺云为军事委员。中共蕉岭县委隶属中共东江特委领导，县委机关设在尖坑村。会议分析了当时蕉岭的革命斗争形势和确定了今后的斗争形式和斗争方向，讨论认为有必要搞一次武装暴动以扩大影响，遂作出了在新铺举行武装暴动的决议。

新铺地处蕉岭县南端，是梅县、蕉岭、平远交会的大圩镇，在这里举行武装暴动影响较大。为鼓舞与会者的信心和斗志，会上赖清芳介绍了他参加梅县地方党组织直接领导的、以工人为主的"五一二"武装起义的成功经验及其教训。

中共蕉岭县委的成立，标志着中国共产党组织在蕉岭的壮大和发展，蕉岭人民革命斗争进入了一个新时期。

三、中共蕉岭县委的改组

中共蕉岭县委成立不久，中共梅县县委派组织部长杨雪如来蕉岭县委指导工作，宣布上级的决定，带来了中共东江特委的《紧急通告》，通告要求东江各级党组织务必利用年关地主豪绅对农民催租逼债之机，坚决地绝不妥协地领导工农实行年关大暴动。蕉岭县委成员向杨雪如阐述了县委计划在新铺发动武装暴动的准备工作，并讨论了组织武装力量等问题，进一步明确了举行暴动的目的是牵制和打击敌人，配合九龙嶂革命根据地的反"清剿"斗争。讨论决定集中全县的工农自卫武装力量，成立"工农革命军十四区团"，由军事委员陈杰生、陈顺云负责训练这支武装队伍。

1928 年 1 月4 日清晨，徐持、钟慕光、陈顺云、钟占文等率领"工农革命军第十四区团"近 200 人的队伍与经梅县石扇绕道经收编的张齐光、陈卓超、钟葵江的武装队伍 100 多人会合。是日午后，新铺武装暴动打响，暴动队伍包围了新铺商团武装和警察所，打死商团武装人员两名，缴获长短枪 40 多支，弹药等军需品一批，暴动取得了胜利。徐持等人在镇南中学（现新铺中学）操场召开群众大会，发表演说，揭露国民党反动派破坏国共合作，制造反革命政变的真相，宣传中国共产党反帝反封建的政治主张，号召贫苦农民起来革命，参加农会和赤卫队，同国民党反动派作坚决的斗争。暴动队伍在新铺圩街头张贴标语，召集新铺商贾开会，筹款募捐，安抚百姓，查封了 3 间反动商号，把没收的物资分发给贫苦群众，得到群众的热烈拥护。

暴动虽然取得了胜利，但中共蕉岭县委的主要领导人徐持、钟慕光、陈杰生、陈顺云、钟占文等人的身份暴露，遭到国民党蕉岭县当局的通缉，被迫转入地下活动。一些地方反动分子勾结国民党军队，纠集反革命武装大肆“追剿”革命分子。

5 月，地方反动武装与陈卓超土匪队伍纠集在一起，在三圳九岭吉塘坜围捕徐持，徐幸得群众掩护才脱离险境，但他已无法继续坚持斗争活动。徐持找到县委组织委员赖德君，要他负责县委的工作，并把手枪和活动经费交给了赖德君。6 月，徐持、钟慕光、邓克琳等先后出走南洋。

在此之前，1928 年 2 月中旬，原中共饶平县委委员、工农革命军东路十四团团长张宏昌在饶平县领导革命斗争失利后，带着革命青年余登烈从饶平回到蕉岭新铺油坑村。回到家乡后，张宏昌又在家乡点燃革命火种，团结进步青年，宣传革命理论，组织青年改进会，开办夜校，建立革命据点，秘密联络邻近乡村的共产党员和进步青年开展革命斗争。同时与蕉岭县委取得联系。在油坑村组织石灰工人成立工会，维护工人权益，组建工农赤卫队，油坑成为蕉岭革命活动的中心。

9 月，面对蕉岭县委主要成员离去，人员机构不健全，难于领导全县革命斗争的实际情况，中共蕉岭县委在新铺油坑半山张召开县委会议，参加会议的有钟占文、赖德君、张宏昌、宋永兴、宋金兴、赖清芳、邓崇卯、钟维敏、余登烈等 10 多人。会议改组了县委，改选张宏昌为县委书记，宋永兴为工运委员，钟维敏为农运委员，统一领导全县的革命斗争。会议同时宣布成立“东江（蕉岭）红军独立营”。

四、东江（蕉岭）红军独立营和蕉平红军独立营的组建与斗争

1928 年 9 月，中共蕉岭县委改组后，随即成立东江（蕉岭）红军独立营。张宏昌任营长，巫志光任副营长，邓崇卯任参谋长，张绍福任军需长。独立营下设三个连：一连长钟占文，副连长赖

佛添；二连长陈南怀，副连长张佛昌；三连长陈谦，副连长赖庆华。独立营建立之初，武装人员分两种形式活动，一种是平时分散在各自乡村，仍称赤卫队，有任务时集中行动；另一种为集中编入连队的独立营骨干，有 40 多人，30 多支枪。独立营以石窟河为界，分河东、河西两个活动区域。河东片属蕉城区，以油坑村为主要活动据点，由张宏昌、钟占文等率领第一、第二连武装，扎营于蕉头窝祖堂屋；河西片为新铺区，以同福、三坑、黄沙为主要活动据点，由巫志光、邓崇卯、陈谦等率领第三连武装，在长滩头、鸭麹里一带扎营。

在中共蕉岭县委的领导下，独立营充分依靠群众，时而分散，时而集中，采取灵活机动的战略战术骚扰敌人，在运动中消灭敌人。蕉城区方面，以油坑为中心，张宏昌联络三圳、九岭、寨子坑、乌土溪、蓝坊、大峰嶂、左槐坑等地的工农武装进行革命活动，其后扩展到梅县白渡、门前圩、松源、隆文一带开展武装斗争。新铺方面，邓崇卯等以新铺同福、尖坑、狮山、黄沙、三坑、上下畲、鸭麹里及梅县石扇，平远东石、热水一带为活动范围，领导工农武装深入农村，走家串户，发动群众，成立农会，扩大武装，抗债抗税抗租，与地主豪绅展开针锋相对的斗争。

1928 年冬，张宏昌、邓崇卯、谢梅初等到三坑、黄沙等地活动，串联发动一批贫苦农民，建立起黄沙农民协会，协会主要负责人谢梅初、钟佛云。张宏昌在油坑团结进步青年，动员张职昌、张少巨、宋永兴、张兆志、宋健云等加入独立营，鼓励钟其勉、钟春生、丘慕良、邓牧民等投笔从戎加入革命武装行列。邓崇卯先后介绍并吸收曹进洪、曹贱贵、曹洪添、曹增金等人参加革命队伍。陈顺侯在家乡也选送了赤卫队员刘孔祥、刘开五等人加入独立营。至 1929 年春，东江（蕉岭）红军独立营人数已达 150 多人。

1928 年 12 月 25 日，正当独立营为解决部队给养问题感到头痛时，得到可靠情报，国民党白渡区长钟柏森将从梅县解饷银和粮食到白渡。根据情报，独立营决定在解饷队伍必经之路赤石径进行伏击。经过短兵相接的战斗，截获了饷银和粮食。在战斗中独立营战士宋海源、张职昌、余登烈不幸负伤被俘，后被押到梅县惨遭杀害。独立营武装主动出击，辗转蕉岭各地，严厉打击各圩镇乡村的土豪劣绅，收缴反动势力的枪支，接二连三地袭击新铺的林巨源、象岭的彭武杰、狮山的曾则生、河西的涂思宗、叟乐的李肃度等一批蕉岭县国民党要员的老家，收缴了他们的粮食及家里藏的枪支。

东江（蕉岭）红军独立营斗争的接连获胜，令国民党蕉岭当局恼怒万分，自卫大队多次对油坑革命据点进行残酷的搜捕“围剿”，杀害革命群众，火烧百姓房屋，革命据点遭到破坏，独立营则灵活机动地依靠群众坚持斗争。

1929 年 4 月间，独立营又一次袭击国民党将领涂思宗的家，缴获枪支 5 支和物资一批。随后敌人派出侦探尾随独立营到油坑，被战士宋德兴发觉后抓获，经审讯后供认是受三圳公学涂谋等指使前来刺探情况的。为打击反动派的嚣张气焰，4 月 28 日晚，张宏昌在宋永兴家召集骨干会议，制定具体行动计划，第二天凌晨，抓获了反动教员涂谋、陈连腾、谢其振三人，缴获短枪两支、子弹百余发，将涂谋等三人带回油坑据点，进行审问后，独立营将此三人处决。

独立营取得节节胜利，声威大振，成为闽粤赣边最具有影响力的革命武装队伍之一。

1929 年 5 月，陈顺侯从松源（中共梅县松江区委所在地）回到南礤，与蕉城区的刘安、孙辉、徐添等人配合，在南礤左槐坑成立农民协会和赤卫队组织，以左槐为据点，开展打土豪斗争，实行减租减息，收缴当地土豪梁志光等人的枪支，并把影响扩大到蓝坊和北礤等蕉岭东部大片地区。左槐成为油坑、三坑、黄沙一样的革命据点。

1929 年 6 月，国民党县自卫大队大队长丘哲夫纠集蕉城的钟国祥、三圳的刘达群、白渡的蔡雪才等地方反动团队共 300 多人，包围了油坑革命据点。敌人对革命据点的群众进行疯狂的烧杀抢掠，抢走耕牛 30 多头，烧毁民房 100 多间，群众财物被洗劫一空。面对敌人的突然包围，独立营在张宏昌的指挥下，奋起抵抗，英勇战斗；在敌人的强大火力攻势下，为保存实力，张宏昌只好组织独立营突围。在突围战斗中，战士潘荣当场中弹牺牲，赖清芳、钟占文受伤，宋元兴被杀害，宋费松等 10 多名无辜群众被抓走。独立营在张宏昌的带领下突出重围，经北坑岗，过鸭嫲渡，入五里径，向黄沙、三坑转移，在鸭薮里与邓崇卯会合。其后，继续活跃在蕉平边界地带与敌周旋、战斗。

钟占文在突围时大腿受伤，行动十分困难，在党组织的精心安排和群众的支持下秘密转移到安全地方医治枪伤。敌人得知后，派出侦探四处打听其下落，通缉风声日紧。钟占文因伤势愈加严重，只得转移到梅县松口石罗岗张屋治疗，但被坏人发现告密，不幸被捕。敌人把钟占文押到三圳公学，严刑拷打，百般折磨，但钟占文坚贞不屈，始终没有吐露党组织半点机密，表现出共产党人的坚强品质。同年 7 月 25 日，钟占文被国民党反动派杀害于蕉城庙岃背，牺牲时年仅 22 岁。

在 1928 年 9 月，中共蕉岭县委已进行了整顿，健全了组织，传达了中共六大精神。蕉岭党组织领导群众走上正确的斗争道路，革命斗争出现了大好形势。张宏昌和邓崇卯在三坑鸭薮里会合后，独立营活跃在蕉平边界地区，与平远县委配合开展武装斗争。同年冬天，平远县委负责人林荣贤和李巴林到河头太阳寨与黄焕章等开会，研究介绍平远同志到鸭薮里参加独立营的问题。不久就选送了陈学生、黄锦秀等6人到鸭薮里加入东江（蕉岭）红军独立营。独立营活跃在蕉平边境。1929年5月间，张宏昌带领独立营突袭平远的柚树、热柘自卫大队驻地，缴获枪支8支、弹药一批。还在平远热水一带宣传发动群众，发展了一批党员，建立了中共热水支部，张宏昌兼任支部书记。此后，蕉平两县县委协同作战，共同斗争，密切配合，互相支援。

1929年5月底，中共平远县委书记李巴林来到三坑鸭薮里，与蕉岭县委负责人张宏昌、邓崇卯等商议集中力量，重振武装，开展蕉平边界联合武装斗争的问题。为有利于蕉平两县的武装斗争，两县县委决定共同组织武装部队，命名为蕉平红军独立营，由两县县委共同领导，以鸭薮里为根据地。张宏昌任营长，邓崇卯为参谋长，独立营武装由两县工农赤卫队骨干组成，活动经费由双方共同筹措，武器由双方共同解决，并动员参队人员自带枪支。独立营设两个连，两县各建制一个连，初建时全营有80多人。由于蕉平两县反动势力十分猖狂，不停向两地革命武装实行封锁清剿，白色恐怖笼罩蕉平两地，局势异常紧张。不久，平远县委转移到丹溪。蕉平红军独立营仍以张宏昌、邓崇卯领导的武装骨干为主。因国民党反动派的层层封锁，经几场战斗后，原东江（蕉岭）红军独立营仅剩50余人。

为巩固扩大蕉平红军独立营的武装力量，扩充兵源、壮大队伍，以及解决部队给养问题，独立营积极向平远边界开展工作，主动寻找战机。7月12日（农历6月初6），张宏昌、邓崇卯、巫志光等率领独立营武装和群众骨干出击平远大柘，他们把队伍编成先锋队、便衣队、大刀队、没收队、破坏队等，星夜出发，在途径柚树贤关村时，袭击了平远地方反动分子林自佐家，收缴其枪支；然后，挥师突袭大柘乡公所，又缴获枪支弹药一批；再突袭平远中学，但突袭平远中学时，陈炯明残兵已撤走。张宏昌等于第二日带领队伍返回鸭薮里。

独立营的频频出击，引起国民党当局的极度恐慌，蕉岭国民党反动派旋即派县自卫大队“围剿”独立营的大本营。独立营则避其锋芒，避实就虚，采取机动灵活的战略战术与敌人周旋，并在转移时选择时机攻打梅县白渡悦来圩，消灭了该圩自卫队，缴获长短枪20多支，大获全胜。

独立营虽然取得节节胜利，但张宏昌在胜利面前仍然保持冷静头脑，认为独立营连续作战，惊动了敌人，要求部队经常转移，驻地加强戒备，加岗加哨，提防敌人的突然袭击。在旱窝坳独立营驻地，张宏昌在一次晚上查哨时，不幸被新入伍的战士误伤右肩胛，伤势危及头颅，不得不离队治伤。在转移到乌土溪治伤时，被当地反动分子徐保六告密，于9月12日被捕入狱。张宏昌在狱中受尽折磨，仍坚贞不屈。10月间，在红四军来蕉岭前夕，张宏昌被国民党反动派杀害于镇山楼下，壮烈牺牲，年仅27岁。

张宏昌受伤后，县委由赖清芳负责。张宏昌牺牲后，赖清芳接任县委书记。独立营由邓崇卯负责，继续在蕉岭和平远两县边界坚持斗争。

五、红四军进兵蕉岭

红四军是朱德、陈毅率领八一南昌起义保留下来的部队与湖南农军到井冈山与毛泽东领导的收秋起义部队会师后，于1928年5月4日组成的比较强大的一支工农武装。朱德任军长，毛泽东任党代表，陈毅任政治部主任。经过多次战斗和发展，于1929年3月，已在赣南、闽西20余县开展游击战争，发动工农群众，进行土地革命，建立红色政权，并和井冈山革命根据地相连，形成割据局面。

中共中央1929年4月致信红四军，建议向东江发展。6月中旬，红四军派陈毅到东江特委，告知红四军及闽西一切情况和红四军要到兴梅地区，要求东江特委做好一切准备。6月18日至7月初，中共东江特委在丰顺黄礤乡召开东江党代表会议，中共蕉岭县委负责人赖清芳出席了会议。会议认为，如果红四军认为有必要来东江，可以来东江，唯不可深入东江腹地，只可接近闽赣边之蕉岭、平远等地为宜，对推动东江革命斗争极为有利。10月中旬，陈毅从上海经香港，与中共广东省委取得联系后，到东江特委驻地，告知中央决定红四军进军东江，并转达了广东省委对东委的指示。东委向各县党组织发出第一号紧急通知，以后又发出一系列指示，具体要求各县从组织上、军事上、政治上和后勤保障等方面配合红四军进军东江的行动。

中共蕉岭县委接到东委指示后，马上行动，做了大量的工作。1929年10月15日，县委派陈顺侯、郭中富等人到福建武平象洞迎接红四军，向红四军领导人报告蕉岭情况。10月18日，林彪率领红四军第一纵队从上杭与武平交界的中堡、湖洋出发，经象洞到步上宿营。19日上午8时半在镇山亭、高陂壁，与国民党陈维远部十三团一营驻军进行激烈战斗，毙敌营长1人，连长2人以下官兵百余人，俘敌甚众，缴获枪支、弹药一批。全歼敌军，取得红军入粤首战大捷，然后乘胜追击到彩山和老圩五星桥，将逃至老圩的国民党军和自卫队击溃。红四军在松源休整了几天。10月22日，陈顺侯、刘安、和黄国丹（梅县松江区委负责人）等又赶到松源迎接红四军到蕉岭，他们受到朱德军长的热情接待，并得到红四军赠给大洋300元，长枪12支及部分弹药，给当地革命武装以极大支持。同时，陈顺侯、刘安、黄国丹等当即研究决定，配合红四军，组织人员在红四军经过之处，剪断敌人电话通讯线路，侦察敌情，张贴欢迎标语，沿途派人设茶水供应，还派人到蕉城替红四军购买军需物品，如手电筒、电池、药物、毛衣等，为策应进蕉还作出了攻打南磜乡公所的计划部署。

1929 年 10 月 23 日晚，红四军从松源出发，从步上经南磜、蓝坊往蕉城进发。陈顺侯等赤卫队还在经蕉岭县城的路上，捉拿了从福建象洞逃亡的豪绅冯国珍，并交红四军总部处理。

24 日，红四军进入蕉岭县城。当时，县城没有驻国民党正规部队，以钟国祥、刘达群为首的警卫队一触即溃，国民党蕉岭县长叶宝伦带着卫兵向河西方向狼狈逃窜。一些反动官僚和政客、土豪劣绅闻风而逃，国民党蕉岭政权土崩瓦解，烟消云散。

红四军进入蕉城后，派出宣传队和政治工作人员深入大街小巷和附近农村张贴告示，刷写标语，召开群众大会，宣讲红军的政策纪律。与中共蕉岭县委取得联系，安抚百姓，召集工商界人士开座谈会。同时，东江特委派军委委员罗欣然等来蕉与蕉岭县委协助红军筹款，共筹大洋 2000 余元，并没收蕉岭土豪古盛孚家藏枪 20 多支，打开县监狱，放出全部被关押人员，并放火焚烧国民党蕉岭县衙。朱德军长在蕉城老南街口武衙门坪发表演说，宣传共产党和红军的政治主张，申明红军是共产党领导下的人民军队，是工农的子弟兵，是为穷人打天下谋幸福的武装队伍。朱德军长号召人民团结起来，参加革命，打土豪分田地，废除苛捐杂税，废除帝国主义在中国的统治和特权，打倒国民党反动派，建立苏维埃政权。并告知商户打开店铺，照常营业，公平买卖。400 多听众围成一圈，仔细聆听朱德军长激动人心的演讲，个个拍手称好，人人受到鼓舞。24 日晚，红军大部队在蕉城西街、西门背一带宿营，秋毫无犯。朱德军长在艾坝住了一晚。

朱德军长率红军部队准备取道三圳、新铺直指梅城。国民党新铺镇公所人员仍作垂死挣扎，在群众中散布谣言，说什么红军是土匪，烧、杀、抢、掠无所不为，派人拆了石窟河上的木桥，驱赶全部船只，妄图阻止红军前进，并下令圩内所有店铺一律关门停业。大部分人不明真相，青年和妇女都跑到乡下或山里躲避，只留下老弱病残留守家园。25 日凌晨，红四军由蕉城出发经新铺进入石扇抵梅县。朱德率部队过河进入新铺圩后，严令不许惊扰百姓，战士们一律沿街席地而坐，秩序井然。通过当地党组织请来一个大胆青年商人陈文明，经过宣传做通思想后，让他敲锣沿街呼喊告示："我们是红军，不是土匪。我们是打土豪的人民军队，是为解放老百姓的。我们保护工商业，买卖公平，请大家不要惊慌，照常做生意……"朱德叫人给了陈文明一块大洋，陈文明立即打开店门与红军做起买卖来，商人和街道居民见红军纪律严明，确实不扰百姓，又买卖公平，各商家便打开店门，米行、盐铺、布匹、小百货接二连三开店经营，新铺圩又很快恢复了往日热闹。红四军在新铺停留了两个多小时，随即进军梅县，沿途红军在大路旁、墙壁上书写"没收土地分给农民""保护工商业""取消帝国主义在中国的特权"等标语。

红四军在蕉岭虽只停留了两天，但给蕉岭人民留下了极其深刻的印象。红军所到之处，军纪严明，不拿群众一针一线，公平买卖，是仁义之师，深受人民拥护。红军所到之处，反动首要分子纷纷溃逃，反动势力顷刻瓦解。加速了蕉岭革命力量壮大，三坑、油坑、乌土、左槐等地的农会组织和工农武装队伍得到发展壮大。红四军入蕉，扩大了共产党和红军的政治影响，提高了人民群众对共产党和革命队伍的认识和理解，使敌人的谣言和中伤在事实面前不攻自破。"红军是人民的军队"深深印在蕉岭人民的心中。

六、中共蕉平县委的成立

1929 年 10 月，红四军进击梅州，给蕉岭革命带来一股清风，革命热潮不断高涨。

然而，革命力量的不断壮大，令国民党反动武装更加恐慌，因此加紧对蕉岭党组织和革命势力的“围剿”和摧残。张宏昌牺牲后，赖清芳接任中共蕉岭县委书记。由于国民党蕉岭当局持续通缉、搜捕共产党人，反动势力卷土重来。在敌我力量悬殊的情况下，蕉平红军独立营暂时分散隐蔽，避敌锋芒。10 月底，国民党蕉岭县自卫大队刘达群等率领近百人围攻洗劫南磜左槐革命据点，陈顺侯家房屋及赤卫队驻地（赞焕居）被全部烧毁，全村财物粮食被洗劫一空，赤卫队员陈集盛，革命群众陈石生、陈朝宗、陈石妹等人被杀害，革命群众陈宾堂等 4 人被抓，全村老少有家不敢归，只得投亲靠友或在山上搭寮居住，造成田园荒芜、民不聊生。陈顺侯等被多次通缉，悬赏捉拿追捕，无处安身。1930 年初，陈顺侯带部分农会干部和赤卫队员前往福建，在永定参加红军。而土豪劣绅在国民党蕉岭当局和国民党驻梅、蕉军队的支持下，大肆进行反攻倒算，气势汹汹，屠刀杀向革命者和革命群众，反动气焰十分嚣张，白色恐怖又一次笼罩蕉岭。红色区域接连丢失，党组织遭到严重破坏。红色区域仅剩边界乡村，回旋余地有限，还经常遭“围剿”，蕉岭县党组织只得转入地下活动，武装队伍仍由邓崇卯等率领转战于蕉、平两县边界之间。

在严酷的形势面前，不利于党组织开展活动的情况下，东江特委考虑到蕉岭、平远两县党的工作实际情况和两县合办红军独立营的实际作用，认为两县党组织进行合并更为有利。于是在 1929 年 11 月将情况报告给省委，提出蕉平两县党组织合并为一个县委，并调鲁达（张晓光）、沙伟文到蕉（岭）平（远）主持工作。12 月 9 日，中共广东省委批准东委这一报告，指示：“蕉平两县工作，目前已无多大进展，为人财力集中起来，暂时可与两县合并成立县委，以指导两县工作，待工作发展时再分立县委。”

随后，中共蕉平县委成立，东江特委指派鲁达（张晓光）为蕉平县委书记，赖清芳为组织委员，邓崇卯为宣传委员，陈德明、何贤为武装委员，邓亚槐为交通员。县委机关设在徐溪长滩头。人员在三坑鸭薮里一带活动，经常转移变换地点，与敌人周旋斗争，重振革命声势。

蕉平县委成立后，即根据东江特委西北七县联会关于“抓紧秋收斗争，以秋收斗争为中心任务，发动斗争，扩大红军，在赤色割据区域中，建立工农县代表大会和政权，实行没收地主阶级土地，分配给少地的农民”的指示精神开展工作；以发展蕉平边界的山区工作为重点，频频活动在三坑鸭薮里到平远热水、东石一带，把原来蕉平红军独立营分散的人员集中起来，加强联系，扩大队伍，挨村逐户开展宣传工作，组织农会，发展党团员，把活动范围变成赤色村庄。

1930 年 1 月，中共东江特委派巡视员刘光夏到三坑检查指导工作，住在上畲刘接胜家里。刘光夏听取蕉平县委负责人的汇报后，称赞狭小山区的农民组织的发展和当地人民高涨的革命热情，指示蕉平县委要积极组织群众，突击和牵制敌人，配合支援东江各地的革命斗争，并对磜尾村、坎头铺一带的农会组织工作作了具体的指导。蕉平县委领导革命武装在边界处骚扰敌人，在交通要冲三角地附近扩大农会和赤卫队组织，印制土地调查分配表格，待机发动农民分田建政。

1930 年 5 月 4 日，红四军第一纵队从江西寻乌经八尺攻入平远县城仁居镇，打通了赣粤边界红色区域的联系。此时，东江西北七县之五华、丰顺、平远、蕉岭、大埔的红色区域基本上与赣南寻乌的红色区域相通。5 月 20 日，红四军一纵队第一支队在队长王良等率领下开赴平远东石，打击土豪地主反动势力。5 月 27

日，陈德明、刘接胜带领县武装摧毁了平远热水乡公所，并扩大出击范围，先后没收磜上土豪叶呈文、山下刘济廷、双坝赖华敏、黄竹坪张金星、高田坑丘俊秀、官田上何基家的粮食分发给农民；平远柚树圩反动商号刘耀合、张益群、刘威五等的布匹杂货被收缴。6 月 20 日，邓崇卯、黄金增、吴祥灵等率武装又出击热水乡，抄了土豪张金芳的家，6 月 30 日，转回三坑鸭薮里，在徐溪高乾一带打土豪，收缴枪支。

红四军第一纵队奉命回闽西后，国民党反动派拼凑平远长田的黄双桂、柚树的刘威五、蕉岭新铺的陈卓超等反动武装，分三路进犯蕉平赤卫队驻地磜尾村，双方激战后，赤卫队隐蔽在山林深处。敌人强迫长田等地的几百名群众集中在热水乡完里村，企图引诱赤卫队陷入圈套，并四处开枪杀人，放火烧毁群众的房屋。磜尾村浓烟滚滚，四座祖堂和当地群众 200 多间房屋全部被烧毁。农会负责人曹远元、李阿三等 8 人牺牲。

为了牵制追击红四军的敌人，蕉平革命武装在热水通衙村树起旗帜，从蕉岭三坑至平远热水磜尾，多次与敌激战。1930 年秋，梅县、蕉岭、平远反动武装汇集 1000 多人再次“围剿”三坑一带，邓崇卯等带领部队在鸭薮顶坚持战斗，终因敌众我寡，部队只得退至平远热水、大柘、坝头一带开展游击战争。这次“围剿”，敌人用烧光、杀光、抢光的残酷手段洗劫三坑，摧毁革命根据地，所到之处庐舍为墟，何贤在战斗中光荣牺牲。敌人又四处张贴告示，悬赏通缉中共蕉平县委党组织负责人，赖清芳、鲁达屡遭追杀，多次遇险。许多可靠群众抓的抓、赶的赶，老家多次被抄被查封，终因无处藏匿，被迫出走荷印。陈德明在三圳横龙岗被捕遇害，张五妹在梅县就义，就义前，张五妹大义凛然，引吭高歌：“荷树结籽花揽花，人家话我共产嫲。红白还没分胜负，江山未知归那侪。”交通员邓亚槐在徐溪夜渡时被捕牺牲。

中共蕉平县委遭到重创，全县党员人数骤减至30余人，且分散在各处，被迫停止活动。武装队伍由邓崇卯等率领继续在蕉平边界坚持斗争。

同年11月17日，刘安在南礤水口一间土纸厂召开会议，被当地反动分子黄增君告密，国民党蕉岭当局派大批军警围捕，刘安与妻子梁文兴在突围中被捕，押至松源刘树南部审讯，受尽酷刑，坚贞不屈。10多天后，转押到国民党蕉岭县二四八团部，团长郑子春得知刘安是中共蕉岭党组织的重要领导人之一，采取软硬兼施、威逼利诱等手段劝刘安投降。刘安心坚志定，宁死不屈。1931年1月10日，刘安被杀害于蕉城镇庙岃背，牺牲时年仅26岁。

七、成立蕉岭县苏维埃政府

蕉岭县苏维埃的建立和发展，是在1927年蒋介石发动“四一二”反革命政变后，蕉岭籍共产党员回到家乡后便开展起来了。首先是秘密组织农会、工会，办夜校，设武馆，办学堂、读书会等各种形式，吸收青年、贫苦农民、工人参加，聚集在一起宣传共产党的主张，打倒封建势力反动阶级，为劳苦大众求解放、谋幸福；其次是培养骨干，吸收他们加入党团组织；最后成立农民协会和赤卫队，建立革命的据点，壮大自己的革命组织。革命的星星之火，很快就在蕉岭大地上点燃。当时全县的主要革命活动据点有：

（1）在三圳九岭成立中共蕉岭第一个支部的同时，就秘密组织起农会，徐持任农民协会执行委员会主席，徐志轩、徐汉良、钟敬民、钟焕炎、钟绍持、曾永松二、曾松麟等为执行委员，首批会员有30多人。协会领导农民进行反帝反封建和反压迫反剥削、实行减租减息的斗争，建立农民自卫武装。

（2）在新铺矮车等地，邓崇卯与赖清芳一齐办“三社公学”，吸收进步青年以学工学艺为名，宣传革命道理，培养训练工农子弟40多人，并在新铺矮车、坪头、龙虎薮等村秘密组织邓氏青年自治会和农民协会。

（3）在文福乌土溪，刘安、钟传桂、徐念伦等办起乌土夜校，在成立党支部的同时，组织农会，建立武装，影响逐步辐射到文福大部分地区，并与蓝坊、南磜等地革命组织建立密切联系。

（4）在南磜左槐村陈顺侯等人，以办拳馆，舞金狮为名，组织农会和农民自卫武装。因陈与梅县松源关系密切，先与松源同志建立中共松江区委员会，并在1929年8月中旬，在左槐村举行松江区革命委员会成立大会，并进行宣誓和祭旗仪式。领导成员由文福、南磜、北磜、梅县松源、宝坑等地的同志组成。后松源区委和蕉岭县委紧密联系，密切配合。

（5）在新铺油坑，张宏昌等牵头组织青年改进会，成立石灰工人工会、农民协会，组织工农赤卫队……这些农民协会和农民自卫武装组织在中共蕉岭地方党组织的领导下，与地主豪绅开展针锋相对的斗争。

1927年10月间，成立了“蕉岭县工农革命委员会”，推举徐持为主席，委员有陈杰生、陈顺云、钟慕光、钟占文等。

在党组织的领导下，早期工农武装斗争，锻炼了群众，培养了骨干。组织了新铺的武装暴动，显示了工农群众和工农武装的力量，震动和影响极大。当时的革命声势虽大，但由于革命实践和经验不足，组织准备不充分，加上当时上级党组织对农村革命运动的指导存在盲目性，人员素质又参差不齐，战斗力不强，加之国民党反动当局在军事上占绝对优势和地方反动势力的疯狂镇压、剿杀，蕉岭县委几任领导人频繁变动，革命发展形势时起时伏。但蕉岭地方党组织在失败面前不妥协，失败了再干，打散了重新聚集起来，不屈不挠，不断总结经验教训，咬定青山不放松，重新整装再出发，继续坚持斗争。

1930 年 2 月，东江特委巡视员刘光夏来到蕉平县委驻地三坑传达东江特委的指示，介绍了东江各县的斗争形势，指示蕉岭县党组织要领导农民实行土地革命，建立苏维埃组织。3 月，在三坑召开农民协会会员代表大会，每 20 人选出 1 名代表，代表在会上报告所在地方的债务、田地情况，开展实行平分田地，取消老租老息的斗争。4 月间，蕉平县委书记鲁达到东江特委汇报工作回来后，认为当前的形势很好，中央红军游击活动将急速向东江方面发展。经上级决定，蕉岭县革命委员会宣告成立，指派赖清芳任主席，邓崇卯、鲁达、陈德明为委员。同年，10 月 10 日，在邓崇卯主持下，蕉岭县革命委员会在三坑下畲村三才学校召开群众大会，蕉岭县苏维埃政府宣告成立，选举钟永佛为苏维埃主席。下设 5 个科：土地科，科长张佛庆，主管土地丈量和土地分配；财政科，科长刘传兴，管理苏维埃政府的财政收支；军事科，科长钟生云，负责军事斗争，侦察敌情，押运货物，收缴保管枪支弹药，扩大人民武装等；总务科，科长钟月桂，负责苏维埃政府的后勤供给；赤卫科，科长由钟永佛兼任，负责组织群众自卫，有大刀队、运输队、救护队等。刻印了“蕉岭县苏维埃政府”公章，出示布告，实施土地政纲，苏区人民行使当家作主的权利。

蕉岭县苏维埃政府成立后，在蕉岭县委和县革命委员会领导下，立即领导苏区人民打土豪斗地主，实行土地革命，没收封建公尝和生、死地主的土地，烧田契、出仓谷，抗租抗债。土地革命的基本做法是按照东江特委第十九号通告的实施办法和西北七县联会 1929 年 12 月 3 日的决议进行，只分田地，未分阶级。分配土地以村为单位，先没收尝田、租田，按人口平均分配，在原耕基础上抽多补少。具体做法是，土地科拟定了 3 至 5 人为土地委员，负责调查全村土地分布、占有情况，然后根据人口、土地面积作出按人口平均分配计划，待分配方案作出之后，召开村民代表会，公布分田数量，宣布地主、封建公尝的土地没收，分配给全体贫苦农民，新分的土地不得买卖抵押。做方案时，为防止人口变动，留下部分公田，用公耕或采用四六或平均分成的办法进行经营耕种，除耕作者所得外，其余交苏维埃政府。对于红军战士及其家属，则根据西北联会决定，分配土地时规定：现役红军照常给予土地，由苏维埃人民代耕；牺牲的红军，家属不能谋生活或生产能力薄弱者，苏维埃仍照常分给土地，令人代为耕种，直至其家人能自谋生活为止；因伤残废的其土地由苏维埃政府代为耕种，以养其终身；过去因伤残或牺牲的红军，同样适用上述待遇。这些规定在扩大红军，建立革命武装中起了重要作用。

蕉岭县苏维埃政府领导苏区人民重新分配土地后，即按新分户进行耕种。苏区的贫苦农民第一次成了土地的主人，生产积极性空前高涨。当年春夏风调雨顺，苏区人民便开始插莳早造秧苗。心情格外高兴，乡村内外，到处呈现一派新气象。

八、蕉平寻县委、县苏维埃政府的成立

1930 年 9 月，中央红军粉碎了国民党军队对中央红色根据地的第一次“围剿”，红军队伍扩大，苏维埃政府得到巩固，赣南、闽西两个革命根据地基本连在一起，形成拥有 21 个县城，250 万人口的中央苏区。

同年 10 月底至 11 月初，在大南山大溪坝村，召开闽粤赣苏区第一次党代表大会，会议决定成立闽粤赣边区特委，东江地区设西南、西北两个分委，隶属闽粤赣边区特委领导。根据党代会决议，边县相继成立县委和县苏维埃政权。地处中央苏区南端的江西省寻乌县，由于红军两次进驻，革命斗争形势较好，全县基

本成为红色苏区。12 月 11 日，西北分委巡视员刘琴西给龙川、兴宁、平远、蕉岭、寻乌县委来信："由寻乌县委即召集蕉平两县委筹备蕉平寻三县合并党代表会。"尔后，西北分委派刘琴西、李巴林到寻乌留车，指导蕉平寻三县党代表大会和工农兵第一次代表大会的筹备工作。

1931 年 1 月 10 日，寻乌县委以寻乌行委名义就《关于派送代表出席蕉平寻党团代表大会问题》发出第 7 号通告。提出"要在闽粤赣苏区党西北分委的指导下，合蕉、平、寻三县成立——新县委，指挥三县工作"。经过短期紧张的筹备，于 1 月 15 日至 21 日，蕉平寻三县党团代表大会与工农兵第一次代表大会在江西省寻乌县黄田同时召开。大会选举产生了蕉平寻县委，并于 1 月 22 日蕉平寻县委发出第一号通告，告知全体同志。大会选举赵冠鹏为县委书记；曾加锦、林汉倜、易敬永、李大南、赖兴邦、邝三妹为县委委员，候补委员 3 人；刘兰芬为县委秘书长；李大南任县苏维埃主席；曾不凡任团县委书记。县委机关和苏维埃政府机关设在黄田。蕉平寻苏区正式形成。

蕉平寻县委、县苏维埃政府成立后，发出一系列文件，积极贯彻执行党团大会和工农兵代表大会的政治、经济、政权、武装等方面的决议，积极进行苏区的自身建设。

蕉平寻县委在 1931 年 1 月 23 日，发出第二号通告，将三县按地域关系分为五区。蕉岭设三圳、蕉城、新铺 3 个区，后又改为蕉城、新铺两个区。中共新铺区委、区苏维埃政府机关设在徐溪黄坑，由谢梅初（后为刘传兴）负责；中共蕉城区委、区苏维埃政府机关设在油坑村，由宋永兴负责。区以下设乡，乡设苏维埃政府。县苏维埃设常委会，常委会下设调查、经济等委员会和秘书处。区苏维埃则相应设立各科，乡苏维埃设立各股。

党的组织建设。首先健全了区乡两级的党组织，区设区委，乡设支部。1931 年 1 月下旬至 2 月中旬，县委先后召开三次组织工作会议，会议决定要彻底清理富农、流氓、动摇分子出党，健全支部生活，建立城市工作和巡视员制度，吸收在斗争中积极、勇敢、坚定的贫雇农入党。在三次组织工作会议上，共审批吸收了 28 名同志入党并处分了一些同志。在各地党组织的努力下，党的队伍迅速发展壮大，在短期内全县共吸收新党员 320 名，使党员总数增加到 600 多人。

政权建设方面。县苏维埃政权内设调查、经济、军事、裁判、交通、文化、土地、粮食、劳动委员会和秘书处。在两个代表大会上还通过五个决议：（1）健全苏维埃的政权组织和军事组织。组织雇农工会、贫农团，工会中组织工人纠察队，农民中组织赤卫队。（2）苏维埃的财政政策。除土地税、累进税外，不得向群众征收任何税款，保护商店，允许私人贸易，积极帮助群众发展生产。（3）反右倾问题。必须反对回避斗争，脱离群众，做群众尾巴；反对不正确的扩大红军，苏维埃官僚化，苏维埃人员分好田的错误做法。在发动群众说服教育的原则下向右倾机会主义作斗争。（4）猛烈扩大红军，组织地方暴动。努力扩大红军队伍，壮大红军力量。深入白区发动城市贫民、小商户进行抗捐抗税，发动农民组织农会，打土豪分田地，抗租抗债。（5）充分发挥青年妇女的作用。

群众团体建设。（1）建立县总工会。1931 年 2 月 7 日，召开了全县第一次工会代表大会，出席代表 108 人。选举出钟步云、曾灼如为县总工会负责人。（2）逐步组织建立县、区、乡三级的雇农工会和贫农团，确立贫雇农在农村中的领导地位。（3）加强青少年工作，成立团组织。团县委书记曾不凡（后为罗华明），刘泮林任团县委巡视员兼儿童团书记；并在全县发展 340 名团员，其中蕉城区 15 名，新铺区 15 名。4 月间动员 75 名青年参加红军，其中蕉城区、新铺区各 5 名。县设立少儿总队，总队长谢应章；区设大队，乡设小队。四，建立妇女会。县、区、乡设立劳动妇女委员会。县妇女会负责人古佛秀、黎冬玉、古婉玉。发动广大妇女参加革命斗争，废除封建买卖婚姻，提倡男女平等。

武装建设与武装斗争。1930 年底，原寻乌赤卫总队被编为红三十五军独立营，营长陈必达。新县委成立后，又从各区、乡征调赤卫队员，重建县赤卫总队，并把寻乌赤卫队及平远赤卫特务营归编于红六军第二师独立营。各区、乡都有赤卫队，蕉平地区还建立了一些游击队。地方武装队伍的扩大，有力配合主力红军，与红军协同作战，粉碎了敌人一次次的"围剿"和进攻。守卫好中央苏区的南大门，有力地支持中央苏区三次反"围剿"斗争。

1931 年春起，由于受王明"左"倾路线的影响，闽西苏区内部开展肃清"社会民主党"运动和赣西南苏区的肃杀"AB 团"，波及蕉平寻县委和东江地区，使不少红军和地方干部被逮捕甚至被杀害。中共蕉平寻县委在 4 月份的苏区内部开展反"AB 团"斗争，县委书记赵冠鹏、县委秘书长刘兰芬、县苏维埃主席邝世芬等亦被错杀。东江特委派梁锡祜、罗华明分别担任蕉平寻党团书记，梁极力推动行王明的"左"倾路线，大搞宗派主义，他们采取怀疑一切、打倒一切的错误做法，错杀了许多革命干部。至 1932 年春，蕉平寻苏区约有 300 多人被杀害，使蕉平寻苏区党组织和苏维埃政府及革命武装都遭受重大损失，元气大伤，后果极其严重。

1931 年 2 月 21 日，西北分委派梁锡祜、陈侃、陈炳坤到蕉岭徐溪三坑苏区召开党团代表会议。会议主要是贯彻中共六届四中全会精神，蕉岭、平远、梅县及松源的党团代表 40 余人出席了会议。会议由陈侃、邓崇卯主持。会后，邓崇卯还到白渡的大坑尾周坑党支部贯彻会议精神，在塘子尾开了两天会议。2 月 26 日，邓崇卯等十多人前往寻乌，遇敌“追剿”只好返回平远东石，一直在东石坳一带活动。10 月 1 日，因被土豪密报，在平远东石坳东子岗被反动武装张英部一个中队包围，突围中邓崇卯为掩护战友，不幸头部中弹，壮烈牺牲，年仅 28 岁。

邓崇卯牺牲后，中共蕉城区委、新铺区委分成两个区域，坚持武装斗争。东面由宋永兴、吴国桢等人在蓝坊大峰嶂一带活动；西面由刘传兴等人在铁山嶂等地与敌周旋。同年 3 月，中共蕉城区委主要负责人徐添在长潭普滩石蛇被捕，在蕉城惨遭杀害，壮烈牺牲。

这一时期，国民党军队大举“围剿”中央苏区。广东军阀奉蒋介石之命，派重兵进攻东江西北的蕉平寻等根据地，企图截断东江与中央苏区的联系。由于敌我力量悬殊，到处白色恐怖，蕉岭县党组织和革命武装活动更加隐蔽小心，转战不停，继续在边区坚持斗争，在人民群众心中始终认为还有共产党、有红军、有赤卫队，广大人民群众对革命充满信心和希望。由于革命据点多次被围剿，苏区干部和群众屡遭洗劫和屠杀，革命苏区到处断垣残壁，田园一片荒芜，有家不能归，生活极端困难，一些群众面对如此惨状情绪低落，不少人离乡背井，外出谋生。

由于根据地屡遭洗劫，蕉岭地方党组织工作开展受阻，后来，独立营的一部分同志由宋永兴、刘传兴等率队转到江西参加红军，被编入红三十五军。红军长征时宋永兴参加中央红军。1935 年，宋永兴在抢渡金沙江时壮烈牺牲。刘传兴参加红军后，曾被派往大埔青溪兵站工作，任过站长，不久又被派回家乡继续坚持斗争，在艰苦卓绝和恶劣的环境下，仍然带领同志坚持战斗在蕉平边界。

蕉平寻县委、县苏维埃存在的时间虽短，但是在特定的历史条件，根据革命斗争的形势需要建立起来的。苏区人民在中国共产党领导下开展了艰苦卓绝的斗争，为保卫中央苏区南大门作出了应有贡献，党组织和革命武装经受到严峻的考验，经受了血与火的洗礼，革命的火焰在蕉岭这片大地一直在燃烧，为光辉的革命事业添上浓重的一笔。

九、红色交通线

为粉碎国民党对中央苏区的经济封锁，蕉平寻县委和县苏维埃政府以边境贸易、中转经销等办法对付国民党的经济封锁。寻乌地区的进出口物资均由蕉岭、平远和兴宁、龙川地区的个体商贩通过山路中转，晚上偷运，乔装过境等办法，把土特产品运出去换回日常用品以满足人民生活的需要。当年，为打破国民党的经济封锁起过重大作用的商业贸易通道——石正至�门岭、中行至安远两条山路，被蕉平寻县委分别命名为“列宁路”和“马克思路”。

“列宁路”和“马克思路”贯穿粤赣红白交界地带，以山间小路为主，避开县城和大道，运输主要靠人力和骡马。这两条交通线民国初年就已形成，至中央苏区时从未间断。那时，蕉岭新铺是盐的中转站。盐的运输有两条水路，一条由新铺运上蕉城艾坝，另一条从新铺沿柚树河上平远坝头，然后由陆路运上赣南中央苏区。蕉岭新铺转运的食盐每年有9000多吨。

据考证，中央苏区时期秘密交通线有4条：一条是上海、香港、汕头、潮安、大埔、青溪、永定；一条是上海、香港、汕头、澄海、饶平、平和、大埔、永定；一条是上海、香港、汕头、潮安、梅县、蕉岭、寻乌、安远、会昌、瑞金；一条是上海、香港、厦门、漳州、龙岩、永定、上杭、汀州等（《试论上海至中央苏区的秘密交通线》，王新生，2018. 10。《中央红色交通线学术研讨会》）。

1934年10月，上海中央局被破坏，警察从一个自称“陈启惠”的女子随身携带的袋子里搜出了《有关上海苏维埃区间经由香港韶关广东及以由汕头蕉岭广东的二交通路线的纪录》等中共重要文件，印证了“中央红色交通线”复线的客观史实（《中央红色交通线复线》，徐宝来，2018. 10。《中央红色交通线学术研讨会》）。

毛泽东《寻乌调查》（1930 年 5 月）记载：从寻乌城出发，往门岭 90 里，往武平 180 里，往梅县 240 里，往兴宁 240 里，往安远 110 里，往龙川 310 里，往定南（经上坪、胡山、太平、鹅公坪）160 里。

陆路运输工具大多数是活人肩胛，其次是骡马。县城通梅县大路上骡马很多。

梅县一带很缺乏米，价比寻乌贵一倍，寻乌每年要供给它很多。石城、瑞金的米到门岭，大部分经罗塘、下坝（武平属），新铺（蕉岭属）往梅县，每天约 300 担过。

第二节 全民族抗日战争时期

一、蕉岭的抗日救亡运动

1937年7月7日，日本帝国主义以其制造的卢沟桥事变为借口，发动了全面侵华战争。中国共产党通电全国，号召全国人民进行全民族抗战，中国革命由十年内战进入伟大的全民族抗日战争时期。

地处闽粤赣边区的梅州地区战略地位十分重要，又与被日本占领的汕头相连，唇亡齿寒，梅州人民强烈地感受到被日本侵略的危机。1937年8月31日，日军飞机对丰顺汤坑、留隍等地进行轰炸，接着又对梅县县城和郊区进行侦察轰炸。梅州各地党组织在民族危亡的紧要关头，积极领导保卫家园的抗日救亡运动。1937年10月，中共闽粤赣边党代会在福建龙岩白沙召开，成立中共闽粤赣边省委。12月，撤销中共韩江工委，分别成立潮汕、梅县两个中心县委。

在中共梅县中心县委的领导下，蕉岭的南礤、北礤、新铺、三圳、文福、蕉城等地，广泛开展了抗日救亡运动。南礤、北礤地区（党组织隶属中共松源区委领导）以党员为核心，组成一支以中小学师生、社会知识青年和各阶层先进分子为主力的抗日力量，以梅蕉六甲联立中学为中心，各小学为基本阵地，开展了抗日救亡运动。1937年6月，中共松源区委成立后，积极在中小学师生中发展党员。蕉岭的郭鼎英等先后入党，成为抗日活动的骨干。抗日队伍如雨后春笋般不断涌现，形式多样的抗日活动遍地开花。新铺成立了义勇队、御侮救亡会等，并组织壮丁队，举行受训壮丁演习。镇南中学（今新铺中学）出版《镇中校刊》，转载和发表宣传抗日的文章。

1938 年 7 月，在中共梅县中心县委指导下，蕉岭新铺等地就读梅县东山中学的共产党员林连宗、林珍凤等人利用暑假时间，串联梅州中学、乐育中学的新铺籍同学，组成“回乡抗日救亡工作团”，在家乡开展抗日救亡宣传活动。他们串联、发动了镇南中学及附小的陈义章、陈忠权、陈凡胜、陈晋火、林曲发等教职员共 20 多人，积极开展抗日救亡运动。通过演白话剧、唱抗日歌曲，宣传发动群众。他们先后到镇南中学、新铺油坑、矮车、长江、尖坑、南山、福岭等村庄及三圳、蕉城等地演出，得到社会各界人士的欢迎和支持。他们在西岭小学组织了晨呼队，每天早晨天亮时，师生整队跑步到新铺圩街头，高呼“打倒日本帝国主义”等口号，高唱《义勇军进行曲》《枪口对外》等抗日歌曲。他们还编写了“月光光，耀耀光，拿起刀，拿起枪，杀日本，保家乡”等儿歌，在少年儿童中教唱。他们还在新铺圩街上设立了一间流动书报社，书籍主要靠同学们捐赠，也集资购买了一部分书籍，有《政治经济学》《大众哲学》《矛盾论》《实践论》《论持久战》等 200 余册。前来阅读的人络绎不绝，时常把流动“书报社”挤得水泄不通。

蕉岭县城的抗日救亡活动主要以蕉岭中学为中心，中共蕉岭中学支部是领导师生开展抗日救亡活动的核心，他们创办校刊，宣传抗日救亡思想，成立了战时乡村服务团等。

蕉岭中学在出版《蕉中校刊》的同时，还出版了《蕉中学生》《蕉中青年》《新蕉岭》等刊物。这些刊物除发表宣扬抗日救国的文章外，还发表批驳错误主张、抨击消极抗日的文章。1938年出版的《新蕉岭》在其创刊号上发表文章，认为应加强蕉岭民众抗敌后援会的力量，指出原会中人选多是县中名绅，他们不是公务冗繁，就是家务太重，根本无法对民抗会负责，也不能接近民众，所以必须改组民抗会，加进一些进步青年分子。这些刊物还登载了大量抗日救亡运动的新闻、消息。

1938 年 5 月，蕉岭中学高中学生成立战时乡村服务团，全校高中学生分成两队，下乡开展抗日救亡工作。一队负责文福、广福、蓝坊、高思、南磜、北磜等乡；二队负责招福、新铺、徐溪、兴福等乡。蕉中战时乡村服务团多次利用寒暑假分队出发到各乡村进行抗敌自卫、兵役、锄奸讨汪和一元献金等宣传活动。1938年 11 月，蕉岭中学战时乡村服务团自动组织 100 人的特务中队，内分大刀队、步枪队、步哨队、运输队等，聘请军事人员进行训练，还组织全校员工千余人，从蕉中出发到新铺作集体行军演习。

为支援前方抗战，蕉中战时乡村服务团多次开展募捐活动。发动各团员捐制慰劳袋共 250 只，每袋内装面巾 1 条，万金油、八卦丹各 1 包，于 11 月 5 日交邮局寄前方将士。女团员则全体出发向外募捐，将募捐款购买棉布，分由各女团员裁制，共缝成棉衣 20 件，亦邮寄前方。此后，蕉中服务团还举行抗战义演、义赛、义卖等活动，将所得款项缴交蕉岭义卖献金筹备会转汇前方。组织金狮团，到城乡为各界舞狮，共筹款 2 万余元，赈济豫灾，慰劳湘北抗战将士。

在抗战初期，国民党蕉岭县党部、县政府也开展过一些抗日救亡工作。1937 年下半年，成立了抗敌后援会。在蕉城、新铺、三圳等地举行义卖献金运动，将所得款 8525 元支援前方抗战。

1938 年 7 月 5 日，6 架日本飞机轰炸蕉岭，在镇山楼等地投放炸弹 10 余枚，炸毁了关帝庙和平民医院楼房一角，炸伤 1 人，炸死1头水牛。目睹日本帝国主义的罪恶行径，蕉岭人民无不义愤填膺 。1941年4月24日，蕉岭籍抗日英雄谢晋元在上海被日伪收买的叛兵杀害。噩耗传来，蕉岭全县各界人士集会举行隆重的追悼大会。1941年12月，蕉岭各界为驻军第十挺进队筹募寒衣一批，募集国币3000。中共蕉岭地方党组织在领导这场运动中，积极宣传党的方针、政策及一系列革命理论，极大地提高了广大人民群众的觉悟，其中不少先进人物奔赴抗日前线。当时松源区就输送了陈增棣、何振庭、郭鼎英等6人参加新四军，一部分同志参加了东江纵队。“新铺回乡抗日工作团”的林连宗、林珍凤等人则奔向延安参加抗日。各地纷纷组织募捐队，到城乡募捐，做到有钱出钱，有力出力。募捐所得，输送前方慰劳抗日将士。

二、东区服务队在蕉岭

中国共产党抗日民族统一战线的主张，得到全国各阶层民众的拥护，全国各地乃至海外青年、爱国人士，大批涌向延安，接受党的教育，投身于伟大的民族解放事业。爱国民主人士丘琮（抗日志士丘逢甲之子、同盟会会员、中山大学工学院教授），为了寻求抗日救国的真理，在中国共产党抗日民族统一战线政策的感召下，毅然于1938年春奔赴延安考察。在延安，他先后拜见了毛泽东、周恩来、林伯渠、张闻天等中央领导同志，访问了陕甘宁边区各级人民政府和群众团体，表达他对中国共产党积极抗日的敬意，表示愿同从延安学习结业后返回广东工作的青年合作，开展抗日救亡活动，争取抗战最后胜利，得到毛泽东等中央领导的赞许。在延安，他经常到抗日军政大学和陕北公学听课，听中央领导同志作报告，经常深入广东、福建籍学员中座谈，希望他们学习完后回广东，和他一道发动群众，进行抗日。

1938年夏初，丘琮从延安回到广东，被任命为国民革命军第十二集团军总司令部少将参议，他联络八路军驻广州的杜声闻、林启舟、丘继英、魏凡（魏良俊）、卓扬（卓伦）、蔡伟青（蔡子培）、关其清、黄炳辉、邓云龙（邓惠）、肖道藩（肖炯）等人，筹建抗日救亡团体。1938年10月中旬，日寇迫近广州时，丘琮通过他的朋友、十二集团军总司令部参谋处长、爱国将领赵一肩的帮助，把该司令部支持的两千元作为经费，组织抗日团体。这时，陶祖梅、肖昭声、丘时婉等人也参加了这个组织。至此，这个组织的初期成员共13人，其中中共党员7人。他们于11月中旬到达梅县，在梅县经讨论，决定正式成立东区服务队，作为“广东民众抗日自卫团统率委员会”属下的一个组织，队长由丘琮担任。其建队宗旨是“动员民众，同起抗战”。制定了队旗、队徽、队歌，刻制了大印，制订了工作计划。在梅县，东区服务队里的中共党员，与当地党组织取得了联系。在中共梅县中心县委的指导下，成立了中共东区服务队支部，卓扬为支部书记，并吸收了丘继英、陶祖梅入党。队里另有一个“民主建国社”，是东区服务队的核心组织，丘琮为社长，队员都是社员。

1938年12月上旬，丘琮率领东区服务队开赴蕉岭，在他的家乡文福乡举办自卫组织干部训练班，培养抗日骨干。按照丘琮的计划，要把文福建设成为抗日根据地，使其成为群众抗日示范地区。这时，梅县中心县委派古关贤（古奇，蕉岭地下党员）到东区服务队，稍后，由他担任中共东区服务队支部书记。后来，梅县中心县委又派出党员陈载盘（陈奋光）、李费淼、熊振国等到东区服务队举办的干训班学习，并成立中共学生支部，书记陈载盘，以加强党对干训班学员的领导，干训班设在文福创兆学校。1939年1月，以丘琮为班主任，林启舟为教务主任，卓扬为训育主任，杜声闻为事务主任。干训班原计划吸收当地知识青年100

名，后来中共梅县中心县委动员了东山中学准备北上延安的6位青年前来学习，梅县、五华、大埔等地的党组织也介绍了一批“青抗”、“学抗”会员前来学习，使学员增加到140人左右；分高级班（初中毕业程度）、初级班（小学毕业程度）进行训练，时间1个月，内容和方法基本上参照延安抗大与陕北公学的教学形式。政治课程有政治经济学、哲学、抗日民族统一战线、抗日游击战术、抗日群众运动、中国革命问题、三民主义等，采取讲课与小组讨论相结合的学习方法，不断提高学员的政治思想水平；军事课程运用毛泽东“敌进我退，敌驻我扰，敌疲我打，敌退我追”和“诱敌深入，各个击破”的作战方针，进行了“伏击行动之敌，拂晓袭击敌寨，黄昏退却”等三次军事演习，使学员深刻、生动地学习和掌握灵活机动的战略战术思想。另外还开办了一个研究班，吸收当地小学教师及高中毕业程度的青年参加小组学习和讨论。宣传发动群众，课余文艺活动搞得十分活跃，到处都是抗战歌声。训练班结束后，除个别学员被吸收参加东区服务队工作及外调外，大多数学员组成8个分队，深入文福各个自然村，发动群众，建立夜校、武术馆等，成立青抗会、妇抗会，组织青年、妇女学政治、学文化，教唱抗日歌曲。据当时统计，从2月至6月，文福全乡共办妇女夜校49间，其中已填表，有名单、有负责人的40间，学员1171人。东区服务队队员每晚都下到村里，轮流辅导，跟当地群众建立了密切的关系。那段时间，整个文福乡白天生产热火朝天，晚上学习灯火通明。还发动妇女做布鞋900多双，交战区转送前方，鼓舞前方将士的斗志。

东区服务队在文福期间，还利用“一二八”十九路军抗日纪念会和三八国际妇女节的庆祝活动，邀请各学校师生、工农群众和有关人士参加，起草告民众书，印发宣传资料，舞狮演戏，扩大抗日救亡运动的影响。在“一二八”纪念大会上，学员们唱起了毕业上前线歌："这是时候了，同学们，该我们走上前线，我们要去打击侵略者，怕什么千难万险？别了！别了，同学们！我们再见在前线！"

对东区服务队在文福乡的抗日救亡工作，国民党蕉岭县当局和反动派十分害怕，并以"文福乡被赤化"、第三党等罪名进行攻击。1939 年 10 月，东区服务队被迫结束在文福乡的工作，开赴潮汕前线华振中独九旅部继续开展抗日救亡工作。

在整个抗日战争中，不少蕉岭优秀儿女在战场上奋勇杀敌，抗击侵略者，血洒疆场，壮烈殉国，其中杰出代表是率领八百壮士坚守上海四行仓库掩护部队撤退的谢晋元。

1937 年 10 月 26 日，时任 88 师 524 团副团长的谢晋元奉命率八百壮士坚守上海四行仓库，掩护大部队撤退。在经过 4 天 4 夜的激战后，胜利完成任务，奉命撤退到英租界。1941 年 4 月 24 日，早操时，谢晋元被叛兵郝鼎诚等杀害，举国哀恸，国民政府追赠其为陆军少将。

2009 年，为迎接新中国成立 60 周年，中央有关部委联合组织开展了"100 位为新中国成立作出突出贡献的英雄模范人物和 100 位新中国成立以来感动中国人物"活动，谢晋元是 150 名候选人之一。在纪念抗日战争胜利 70 周年活动中，谢晋元率领的八百壮士被评为英雄群体。2015 年 12 月 17 日，民政部正式批准追授抗日英雄谢晋元为烈士。

第三节 解放战争时期

一、中共杭武蕉梅边县委的建立

1945 年 8 月 15 日，日本帝国主义宣布无条件投降，中国人民经过 14 年艰苦卓绝的抗战最终取得了胜利。

当全国人民还沉浸在庆祝抗战胜利的欣喜之时，国民党反动派又挑起全面内战。面对国共两党严酷的斗争形势，摆在梅州地区共产党组织面前的首要任务，是争取和平民主与保存武装、保存干部，并要经受国民党长期黑暗统治的严峻考验，准备在有利时机到来后发展壮大。蕉岭也和梅州地区各县一样，以进步师生为骨干，在蕉城等地开展了爱国民主、要和平、反内战、反独裁的运动。

9 月 11 日，由闽西特委副书记兼王涛支队政治部主任陈卜人和韩纵一支队副支队长邹子昭带领的一个分队，到松源活动。在当时属蕉岭南礤的田心村鹞子顶山上遭到国民党梅县自卫队驻松源中队的包围。在遭受敌人突然袭击的情况下，小分队领导临危不惧，指挥战士们登上山头，顽强反击。陈卜人、陈威、巫俊程 3 人不幸壮烈牺牲。

鹞子顶战斗后，国民党军队形成对王寿山革命武装驻地包围的态势，二大队和一支队决定避敌锋芒，撤出王寿山向永定县境转移。

1946年2月，李碧山主持召开中共粤赣中心县委扩大会议，根据抗战胜利后的形势，决定撤销中共梅蕉武埔县工委，分别成立中共杭武（福建省上杭县、武平县）蕉梅（广东省蕉岭县、梅县）边县委和埔北区区委会。杭武蕉梅边县委由王立朝、王志安、谢毕真、王振先、谌学钦等委员组成，王立朝为书记，县委机关设在南礤的田心和松源的满田等地。韩纵一支队队长由王振先担任，政委由王立朝兼任，谌学钦任副支队长。

根据闽粤赣中心县委的指示和部署，杭武蕉梅边县委积极开展分散发展，恢复老据点，开辟新据点的工作。随后，一支队组成若干个武工队，在蕉岭南礤、北礤，梅县松源、嵩山、白渡、隆文、悦来一带山区开展工作。

4月，中共杭武蕉梅边县委为了开展蕉岭的工作，派王志安、黄青、陈育权等前往蕉岭，开辟三圳、油坑一带新的秘密据点。王志安等人进入蕉岭后，秘密找到钟化雨了解情况。1946年春，钟化雨向组织请假回家，恰逢王志安等人到来。经过钟化雨介绍，王志安等人又认识了钟文聪、刘雨舟、钟逢甲等人。鉴于当时形势，进行党的活动必须严守秘密。王志安等人以做生意为掩护，以上九岭为联络点，调查了解社会情况，考察民情风俗。他们觉得三圳等地民情好，有骨干，利于开展工作，可以发展党员，建立党组织。首先吸收钟化雨入党，钟文聪、刘雨舟、钟逢甲三人也随后加入了党组织。1946年下学期，钟化雨仍回油坑丰乐公学任教，钟文聪在九岭三达学校任教，刘雨舟、钟逢甲在牖民学校任教。

蕉岭地方党组织建立后，在王志安等的指导下，为打通三圳、蕉城、文福至福建岩前的交通线，经请示上级党委同意，决定在蕉城西门开设一间粮油商店，以便更好地开展党的地下工作，也作为与各方面联系的一个据点。商定由黄青充当老板，请两个进步青年做店员，主要经营粮食、油料等。

1946 年 8 月，国民党在各县成立清乡委员会，在梅县松口召开 9 个乡镇的“清剿”会议，反复强调今后剿匪事务“清”重于“剿”。敌人经常派出小股武装袭击游击基点，还出动便衣特务，与反动保甲长勾结，侦探捕捉游击队员。一支队队员梁碧华、张阿南、王延秀、曾光军先后在松口、松源、嵩山被捕叛变，特别是张阿南为敌引路到处残害革命家属和堡垒户、接头户，破坏党的交通网点。整个杭武蕉梅地区党的基层组织遭到严重破坏，致使杭武蕉梅边区从隆文、松源到南磜、北磜、梅县悦来、低沙一带的所有交通站均被迫停止活动，党组织联络中断。陷于严重困境的一支队，难于立足，只好分散隐蔽。杭武蕉梅边县委书记王立朝调地委特务队任政委。谢毕真率领一个由姚丁、钟雄、曾万生等人组成的武装工作队，坚持在杭武蕉梅边的北磜上九、松源湾溪和桃尧塔子里、李子坪一带活动，一直坚持到重建杭武蕉梅边县委和边县人民游击队成立。

1946 年冬至 1947 年春，解放战争形势正迅速朝着有利的方向发展。在国民党统治区的南方各省农村出现了有利于发动敌后游击战争的新形势，在潮汕及梅州地区没有国民党正规军，留在闽粤两省的国民党驻军只能驻防大中城市和主要交通要道，对广大乡村难于顾及，为粤闽两省的地方共产党组织在农村发动领导人民游击战争创造了有利时机，南方各省共产党组织抓住这一有利时机，积极开展解放活动。

1947 年 5 月上旬，闽粤边区工委在大埔埔北召开工委扩大会议，魏金水传达了中共中央 3 月 18 日发出的《关于在蒋管区发动农民武装斗争问题的指示》，并作了《关于形势与任务问题》的传达报告，同时在会上宣布“先粤东后闽西南”的战斗发展方针，已经得到香港分局的同意，并获得中共中央的批准。

5月，粤东地委组织部长陈仲平来到上杭、武平、蕉岭交界的蕉岭北礤东洋山，召集会议给杭武蕉梅武工队和闽西西路挺进队传达闽粤赣边区工委的指示和粤东地委的决定：“立即建立队伍，开展游击战争，以粤东为主要出击方向，普遍小搞，准备大搞。”同时宣布重建中共杭武蕉梅边县委，谢毕真任书记，王志安、谢伦瓒、饶仁珊为委员。同时，成立边县游击队，由闽西西路挺进队和杭武蕉梅武工队合并组成，谢毕真任政委，谢伦瓒、饶仁珊分别担任正、副队长。队员有谢启发、钟雄、姚丁、曾万生、苏嘉善、丘阿荀、郭阿生、郭阿义、李福朋等不足20人。其任务是放手发动群众，扩大武装，摧毁国民党武装政权，消灭敌人，开展“反三征”运动。

东洋山会议后，谢毕真、谢伦瓒、饶仁珊、谢启发等继续在东洋山研究工作，并决定边县委机关和边县游击队移驻北礤水涨田村。

水涨田村距离东洋山不足2.5公里，离武平的岗背5公里，与上杭的保安相隔1.5公里；全村约有100户人家，与东洋山、多宝石、中畲、赖田、罗地、茅坪、岳古潭、黄葵塘、白坟坳等村相连。这些村经过王涛支队二大队和韩江纵队一支队的活动，打下了一定的群众基础，但水涨田村的放点工作却未全面开展。边县委和游击队决定移驻这里，主要是村子较大，容易解决给养；山形地势好，且又有两个地下党员和接头户，有条件成为机关和部队的基地。他们首先在村子北面天子崇山麓的背夫坑，搭起山寮，然后与郭履洁和接头户何富香研究开展村里的工作。因郭履洁担任石寨中心小学校长，在当地有一定的社会地位，村民信任他。在他的协助下，工作得以顺利进行，在短短的几天内，边县委和部队就与全村群众见了面。从此，人人注意保密，许多群众积极帮助游击队采购物品，青年们踊跃参加游击队，水涨田村成为闽粤边远近知名的基点村。

杭武蕉梅边县委在水涨田村召开过多次会议，讨论和布置工作。县委派出工作组，分别到北磜的石寨、福建象洞、梅县松源和隆文等地，联系原杭武蕉梅地区的党员，逐步恢复组织活动，向党员传达形势和任务，要他们加紧活动，积极配合以武装斗争为中心的各项工作。工作组继续开辟各地山区基点，特别加强松源、桃源、松东上井到大埔坪沙长达100余公里的交通线，便利了同地委的交通联络。在水涨田村，杭武蕉梅边县委策划指挥惩处地方恶霸，筹粮筹款解决部队给养问题。8月下旬，抓获象洞地方恶霸魏凌轩和松源何伟三，因两人作恶多端，民愤极大，边县游击队在出示布告公布罪状后，分别处决于象洞和松源圩，震动很大，对敌直接起到了震慑作用，人民群众拍手称快。9月，县委委员王志安带领一批新入伍的战士黄庚、张志姚等，由徐溪黄坑出发，越过文福长岗岃，经大畲、将军地、曹地来到县委驻地水涨田。象洞、松源、隆文、桃源、南磜各地参军的青年不断来到驻地，编进队伍参加学习和训练。水涨田村也有郭建平等10余人先后入伍，边县游击队力量迅速扩大。

为了使多年疏散在外地执行“三勤”（勤业、勤学、勤交朋友）政策的党员回来参加武装斗争，边县委发出信件到江西寻乌、瑞金，湖北汉阳，东江，以及海外的印尼等地，通知陈振厚、陈连亨、王进秀、陈秉链、王立俊、王立德、朱毅宏、李振龙等，要他们接信后即回来向县委报到，接受任务。疏散在外地的党员，了解新的形势和新任务之后，都克服种种困难，先后回来向县委报到。李振龙是在印尼的巨港接信后，乘飞机到新加坡赶回来的。与此同时，分散隐蔽在就近的钟化雨、钟文聪、刘雨舟、钟王盛等，也先后回到边县委参加游击队。这些党员回来后，大大加强了部队的力量，有力推动了地方工作的开展。

二、边县游击队摧毁南礤北礤乡公所

1947 年 6 月，闽粤赣边区工委领导机关从永定移驻大埔。这时，敌我形势又发生了新的变化，国民党“闽粤赣边清剿委员会”撤销；闽西保安第三总队调往闽北，闽西南地区只留保安第二总队驻防；粤东保安第七总队调往他处，梅州地区只有梅县警察大队和地方自卫队。客观形势有利于闽粤赣边区共产党组织发动和领导游击战争。

8 月8 日，粤东地委在大埔县州瑞麻子坜村召开了地委执委第一次扩大会议，出席会议的有粤东地委、粤东支队和各县县委的领导。会议确定首次大规模出击的地点在梅埔丰边的大麻或三河，然后移师梅兴丰华和韩江河东，以牵制敌人可能对梅埔丰地区的报复进攻，以巩固梅埔丰，然后再考虑攻打蕉岭或松口。

9 月18 日，闽粤赣边区工委又发出《关于武装斗争方针致总队及各地委的信》，指出“客观形势的发展，要求我们的武装斗争，要比前一时期大胆一点，放手一点，普遍一点”；“实行小搞（包括肃反、袭击、埋伏、截击敌人），准备进行大搞，不放弃在不违反武装斗争原则和有利条件下，作某种程度的较大动作”；并提出了“加速准备力量，迎接大军南下，壮大人民武装，配合全国总反攻，推翻闽粤赣边国民党反动统治，解放闽粤赣边苦难人民”的口号。这封信，成了边区人民开展武装斗争的宣言书和进军令。

为了配合粤东地委开展重点武装斗争的部署，杭武蕉梅边县委决定，出击南礤、尧塘、桃源、松源、北礤等乡公所，并决定首仗先打南礤乡公所。

南礤乡公所设在三溪口，有敌人驻军自卫队两个班。1947 年11 月15 日，边县游击队派出一支 29 人的队伍，趁黑夜从北礤水涨田出发到达离三溪口 5 公里的步上村，隐蔽在接头户郭耀昌家中。16 日拂晓前，部队到达三溪口东面山头隐蔽，长枪班在路旁高地埋伏，控制整个圩场，在往松源方向派出暗哨。当天是三溪口的圩日，上午 9 时，趁赶集群众人多时，饶仁珊、陈振厚、钟化雨、钟雄、张建新、刘雨舟 6 人组成突击组进入圩场。原计划由陈振厚以找同学乡长王汉能为借口，进入乡公所，迫使王汉能下令解除自卫队武装，但王汉能没有在乡公所，突击组进入乡公所时，哨兵毫无觉察，未遇任何抵抗就解除了自卫队的全部武装，缴获长枪 10 余支，烧毁田赋、征兵册。旋即在圩上宣传党的政策和主张，发动群众破仓分粮，2. 5 万公斤粮食分给群众。首战告捷，随后部队转战梅县松源、桃尧等地。12 月下旬，部队公开向北磜进发，在石寨圩收缴了石寨乡公所、自卫队和郭姓祖尝存放在各店铺的枪支 45 支，弹药一批。

三、攻克蕉岭县城

随着梅州地区游击战争的胜利和游击根据地的建立，粤东支队和地方游击队、武工队日益壮大。

1948 年 1 月中旬，粤东地委在丰顺马图召开执委第二次扩大会议。会议结束后，发表了《告各界同胞书》，进一步阐明粤东地委和粤东支队的方针政策和奋斗目标，号召全区人民积极参军参战，大力支援解放战争。此后，各县党组织发动了声势浩大的年关斗争，普遍实行减租减息，群众斗争出现了新的高潮。

面对闽粤赣边区熊熊燃烧的革命烈火，国民党广东当局采取各种“措施”，企图挽救其失败的命运。制订了“半年剿匪计划”，任命曾举直为第六行政区专员，并把第六行政区划分为三个清剿区，其中第二清剿区指挥所设梅县，辖梅县、蕉岭、平远三县。同时下令各县建立“戡乱”机构，扩大县保警和自卫队，强化基层反动统治力量，妄图在半年内扑灭粤东地区的游击战火。

为了粉碎曾举直部的“清剿”计划，实现攻克蕉岭县城的目标，粤东支队在进军杭武蕉梅途中，采取声东击西、长途奔袭的战略战术，故意发出刘永生要带队伍打回永定的信息，扰乱敌人。其实队伍转移到梅县桃源，为迷惑敌人，又一路上公开向群众了解松口的敌情，有意制造部队要攻打梅县松口的假象，使敌人难于捉摸粤东支队的真正意图。然而部队却秘密挺进蕉岭北礤水涨田，为攻打蕉岭县城做准备。

2 月24 日，廖启中带着侦察员来到杭武蕉梅边县委驻地水涨田，经研究作出分两路侦察蕉城的方案。一路由蕉岭武工队的刘雨舟、张志姚两人，到蕉城负责侦察和监视敌情，并确定时间，到文福长岗岃迎接攻城部队；另一路由廖启中率领谢志平、郭履洁化装进入蕉城侦察。两路侦察人马机智地走遍全城，观察地形地貌，掌握敌人布防情况。

2 月28 日下午，刘永生、朱曼平主持召开了作战会议，参加会议的有各队队长、指导员、杭武蕉梅边县委负责人及独七大队长等。首先由廖启中、郭履洁汇报蕉城守敌的分布情况：蕉城国民党驻军县自卫大队分三个中队，共有百余人，集中住在平民医院（现人民医院）一带；县警察中队，约 50 余人，住县政府——大门阁楼；刘越民中队三四十人，驻枧厂；钟勇土匪 30 余人，住县政府后面，这股土匪、身挂短枪，便衣打扮。以上兵力，有作战能力的约250 人，配备轻机枪 2 挺，县自卫大队和县警察中队各1 挺；另有1 个新兵连驻傅家祠。会议决定：3 月2 日，攻打蕉岭县城。会上，刘永生作了战前动员和具体的战斗部署：“迎队”“大队”（为迎接大军南下，粤东支队内设有“迎队”“接队”“大队”“军队”）和独七大队一中队及北礤的一部分民兵，由副支队长廖启中和支队参谋长郑金旺率领，负责解决城内之敌；“军队”占领县城后面的镇山楼附近高地，支援“迎队”、“大队”的战斗，同时加强对福建岩前敌人的戒备；“接队”负责打援，分别对付新铺和梅县白渡圩来援之敌。命令蕉岭武工队一部分人员回蕉城继续侦察和监视敌情，配合行动；一部分人组织上九岭民兵，破坏蕉城至梅县的电话线路和公路桥梁，以及组织水涨田民兵和群众随部队行动，负责救护伤员和后勤保障工作。同时，为分散目标，牵制敌人，命令独七大队第二中队由副大队长饶仁珊、独七大队政治处主任王志安等率领，在桃尧一带活动，收缴枪支，扩大队伍，发动群众筹粮筹款。

2 月 29 日晚，粤东支队、独七大队一中队和民兵约 500 余人，由水涨田出发，到达营子（武平县属）、桂竹园（蕉岭县属）宿营。支队领导深入各中队进行政治动员，并做好各种准备，全体指战员信心十足，士气高涨。在营子村，挑选了 30 多名青壮年组成一个排的民夫队随行。3 月 1 日晚，部队沿山路向蕉城进发，经文福的长岗岃时，先期派到蕉城侦察敌情的刘雨舟、张志姚按事先约定，由蕉城前来向支队领导汇报蕉城情况。部队踏上蕉武公路后，在路亭坪剪断了蕉城至文福、武平的电话线路。与此同时，蕉岭武工队队长钟化雨，与钟文聪、钟壬盛等人，带领上九岭民兵前往油坑，切断蕉城至新铺、梅县的电话线路，破坏公路桥梁，阻击梅县、新铺增援之敌。

3 月 2 日凌晨 5 时左右，部队到达蕉城北面边缘，“军队”占领镇山楼、老虎坑山顶制高点，各部随后按预定计划向各自目标前进。5 时 30 分左右，总队长刘永生发出攻击令。担任正面主攻国民党县政府的“迎队”到达十字街口、北街一带，突击组从掩蔽处跃出突袭大门前的哨兵，因距离较远，视野开阔，未到达就被敌哨兵发觉，“迎队”随即开火强攻，枪声顿时响彻山城夜空。因县政府的铁栅门锁着，住在铁栅门上面的敌人，用两挺机枪固守顽抗，封锁了通道。“迎队”派一个班爬上县府大门邻近的屋顶掩护进攻，但强攻了几次都因北街地形狭窄，火力难于发挥，没能攻进去。

担任右侧攻击县政府的“大队”，从蕉岭中学操场绕到县府后面。此地筑有高墙，高墙内就是县政府大院。当“迎队”的战斗打响后，“大队”听到县政府内人声嘈杂，即乘机向院内投掷手榴弹，一个班冲开了紧闭的后门，进入县政府大院内，受到敌人阻击，丘恒、谢强、章思敬3人英勇牺牲，另有2人负伤，部队被迫退出。“大队”转而进入考棚下（蕉岭中学学生宿舍），向隔壁的县府看守所进攻，终因房高墙厚，多次进攻未能奏效。

驻忠烈祠的敌新兵连和枧厂的自卫队分别被独七大队一中队和“接队”解决。独七大队一中队随即占领小古屋北的山顶，监视北面武平动静，掩护攻城部队。“接队”占领有利地形，准备阻击梅县援敌。

“迎队”“大队”攻打县政府的战斗在僵持，指挥员在调整兵力，部署新的进攻时，王立朝从镇山楼指挥所下到蕉岭中学钟楼上，找到一支喇叭筒，蹲在阳台水泥栏杆下，居高临下，向县政府守敌喊话，高喊“缴枪不杀、优待俘虏”。他随后到“大队”与指导员赖江平商量，决定用炸药爆破。“轰隆”一声巨响，一股黑烟冲天而上，据守在县政府内的敌人乱成一团，大部分慌忙丢下武器，打开一扇小门，争先恐后逃命。爆破点正好在监狱的墙上，炸出了一个一米见方的大洞，被关押的百多名“犯人”，戴着手镣脚铐，从洞口爬出。“大队”战士从洞口打进县府内，把县政府正门的铁门打开，“迎队”的战士们潮水般冲进国民党县政府，占领了蕉岭县城。

战斗结束后，蕉城各商店纷纷打开店门，城郊的群众也进入县城，拥向街头，欢迎人民子弟兵。政治部分成几个小组，在街上书写、张贴标语口号，散发宣传品。有的站在桌子上向群众发表演说，宣传共产党的政策主张和全国解放战争的大好形势，指出国民反动派的反动统治一定会灭亡，给群众以极大的鼓舞。

梅县县长张简逊得悉粤东支队围攻蕉城消息后，于午后亲自率两个保警中队乘车赶来援救，到达城郊马鞍潭和谷仓岃背后，受到“接队”的拦截阻击。刘永生在镇山楼指挥所得悉敌增援部队到来，命令战士们用重机枪扫射。敌人受到阻击后，龟缩原地，不敢前进一步。

此役，歼灭敌军自卫队、警察队、新兵连等 5 个中队，共毙、伤、俘敌（含法院院长、县府官员）90 多人，缴获长短枪 300 多支，子弹 15000 多发，军用物资一大批。摧毁了国民党县政府、县党部、法院、监狱等政权机构，烧毁军械库一座及县政府的全部文件档案和田粮册。攻占警察局和自卫队队部，打开监狱释放全部“犯人”，开仓分粮给广大群众。战斗结束后，俘虏经教育后全部释放。部队纪律严明，秋毫无犯，执行保护工商业政策，赢得了各阶层人民的支持和拥护。粤东支队及各部队在完成任务后于下午 4 时许撤出蕉城。不久，从蕉城逃脱的国民党县长李秋谷，因“疏于防范”的罪名，被国民党广东省主席宋子文撤了职。

随后，粤东支队各中队和独七大队又分散于松源、桃源、尧塘、南磜、北磜和象洞等地，发动群众，扩充队伍，开展收缴零星枪支，镇压反革命，扫荡反动势力，建立统一战线等工作，巩固和发展了杭武蕉梅边游击根据地。

蕉岭县城是解放战争中闽粤赣边被攻克的第一个县城，威震闽粤边，给刚上台的“剿共”总指挥涂思宗当头一棒，打乱了他妄图以梅县、蕉岭、平远三县武装“会剿梅北”的计划和“扫荡梅埔丰”的军事部署。

四、击退敌人在蕉武边的三次进攻

1948 年 3 月中旬，闽粤赣边“剿共”总指挥涂思宗指挥国民党军队，连续对梅州各边县游击根据地进行“扫荡”和“清剿”，其重点进攻目标是梅埔丰（广东省梅县、大埔县、丰顺县）边、埔永（福建省永定县）梅边和杭武蕉梅边。敌军来势汹汹，气焰嚣张，欲找粤东支队和主力决战。梅州人民武装的主力部队，根据敌情，不急求战，采取避敌锋芒，突出外围，伺机行动的对策。

敌人在“围剿”梅埔丰游击根据地铜鼓嶂、阴那山未达目的，只好撤退。在埔永梅边县委达到进占坪沙的军事目的后，敌人急忙调整军事部署，转而集中兵力，对杭武蕉梅游击根据地发动扫荡，企图消灭在这一地区活动的人民武装。粤东支队和独七大队于 3 月 2 日攻克蕉岭县城后，转移到蕉岭北礤、梅县松源、武平象洞一带活动，分散发动群众，以小分队袭扰的办法，对付敌人的集中进攻，并开展瓦解敌军的工作。此时，涂思宗亦加紧部署，欲寻找粤东支队主力决战。3 月 29 日，敌人第一次进攻，涂思宗派蕉岭县保安营，由营长林岳率部队从蕉岭县城沿小路出发，经文福、南礤桂竹园疾奔石寨，偷袭粤东支队教导队。教导队遭到突然袭击，仓促应战，边打边撤，来不及撤走的教导队事务长叶祝及地方党员郭建康、郭玉如被俘（两人于 4 月 9 日在蕉城被杀害）。4 月 10 日早，敌人发起第二次进攻，在进攻松源旱寨子时扑了个空，转攻北礤水涨田，粤东支队英勇还击，敌死伤多人，被迫退回石寨。敌人恼羞成怒，叫嚣要血洗水涨田。次日，敌人又再次进攻水涨田，发现粤东支队已经转移，进村后疯狂报复大肆洗劫，杀死无辜村民郭江湖，民兵何焕江被抓后杀害于石寨，在郭玉如家中搜出抗战时用的大刀、绑腿带，被当成“罪证”，在郭坚城家中搜出县委留下的油印的毛泽东著作《目前的形势和任务》小册子20多本，刻字钢板一块；敌人在村中大肆洗劫财物，掠去粮食30余担。粤东支队和独七一中队暂时避敌锋芒，移驻岗背张天堂。

粤东支队和独七一中队数百人进驻福建武平岗背村后，消息不易封锁，不胫而走，涂思宗获得情报后，急忙纠集上千人马，组织所谓“六路围剿”，分别从上杭的沙浦，武平的岩前、象洞、将军地，蕉岭的皇佑，梅县的松源等处，向福建武平岗背进攻，妄图一举歼灭人民武装主力。

敌人的企图，粤东支队领导早已预料，决定主动出击敌人，各个击破。粤东支队与独七一中队秘密移防，驻防背水口的透水坑，该地山高林密，高山哨位可瞭望松源、中都、象洞、岩前的敌情。驻防部队占据有利地形，构筑工事，据险而待。

4月13日晨，敌人发起第三次进攻，六路兵力分别从驻地出发，向岗背合围。上午9时许，高山哨发现从松源方向来的敌人。刘永生、朱曼平、郑金旺等闻报急速上山指挥。10时30分左右，敌闽保三团薛营160多人，大摇大摆进入岗背水口马岃岗休息。这时，刘永生一声令下，轻重机枪、排枪同时发出怒吼，粤东支队的“迎队”“接队”如猛虎下山冲向敌人，此时枪声、军号声、喊杀声震撼群山，打得敌人狼狈不堪，仓皇逃窜，溃不成军。敌人不堪一击，战斗很快结束，共毙敌连、排、班长各2名，士兵20多名，伤敌副营长以下官兵10多名，溃散60余名，敌主力被击溃，其余5路敌人闻枪声各自缩回驻地，无一路敢前来支援。涂思宗精心策划的“六路围剿”以惨败告终。战斗中，粤东支队分队长阿芹子牺牲，参谋长郑金旺右肩负伤。

4月中旬，水涨田惨遭洗劫后，谢伦瓒、谢毕真率领独七大队，从北磜转移到南磜高山笔，深入到插峰、高山下、案山背、百丈礤、托上、蓝源村及小蕉坑等地发动群众，开辟新的革命据点。

五、中共蕉岭县工委与县人民游击队的成立

1948年秋，粤东地区人民武装在反“清剿”斗争中取得节节胜利，迫使敌人从战略进攻转入重点防御。嚣张一时的涂思宗因屡战屡败，9月1日，被宋子文撤职。“闽粤边剿总指挥”由国民党汕头专员俞英奇接任，总部亦随之从松口迁至潮州。薛莜青营由松源撤回福建，驻南礤的刘水清自卫队所剩三四十人，也撤回蕉城。至此，杭武蕉梅腹地仅存广东省保警独立第一营和地方武装。这时，广大农村都是武工队控制活动的地区。国民党县自卫队龟缩在县城内，不敢轻易出动。

1948年11月，梅州地委根据形势发展的需要，决定将杭武蕉梅边县委领导的蕉岭武工队与梅兴平蕉边县委领导的梅北武工队，合并成立中共蕉岭县工作委员会（原在蕉岭县境内活动的南北礤武工队和隆文武工队，仍属杭武蕉梅边县委领导），由地委直接领导。24日，地委书记廖伟来到蕉岭徐溪黄坑村东河岭鼓子坑的老屋场，正式宣布成立“中共蕉岭县工作委员会”，任命钟化雨为书记，彭霖为组织部长，马添荣为宣传部长。同时成立蕉岭县人民游击队，队长丘丙元。下设三个武工队：三圳武工队，队长钟文聪，副队长钟崇光（钟壬盛）；新铺武工队，队长郑岳尊，副队长林文；徐溪武工队，队长张志姚。以后又设立了两个站：高思载楼坑交通站，站长钟秋；徐溪黄沙税收站，负责人张志姚。

根据地委的部署，县工委的主要任务一方面是放手发动群众，壮大人民力量，巩固和发展根据地；另一方面是打通至江西寻乌和福建武平边的通道，建立交通线，以迎接南下大军。为此，县

工委主要领导作了适当的分工，钟化雨和彭霖率领县游击队北上，打通上述交通线。还组织了一个北上武工队，由张志姚担任队长，约一个班的兵力，班长陈安祥，队员共13人，从铁山嶂出发，经平远锅叾里、东石、泗水，目的地是江西寻乌的项山。马添荣配合各武工队，继续做好发展新区和开展统一战线的工作。

县工委成立不久，接到上级通知，指示县工委书记钟化雨和组织部长彭霖，率领武工队沿石窟河西北上，到北磜与郭履洁率领的南北磜武工队会合。钟化雨、彭霖带着10多位队员，从黄沙坑出发，经铁山嶂、锅叾里，转向斗米石到长潭的鬼见愁，经八溪里到文福姜畲，再挺进到将军地，然后到南磜的桂竹园。一路上克服重重困难，经过10多天的长途跋涉，才到达目的地，与南北磜武工队胜利会合。

南北胜利会师进一步壮大了人民游击队的力量，为解决给养问题，决定组建一个税收队，约一个排的兵力，流动于平远柚树河至徐溪桥的小胆子、端风头等地，对运粮的过往船只和汽车，征税10%的份额，解决了部队给养和当地群众度荒的困难。

与此同时，三圳武工队在石窟河两岸积极活动，巩固老区，开辟新区，为发展壮大武工队，解决人、钱、枪等问题。他们在上九岭、土坑等老根据地发展党员，成立党组织，分别在这两个村成立了党支部；上九岭党支部书记钟云二，党员有钟天保、钟洪兰等人；土坑支部书记为徐福祥，党员有徐汉杰、徐德轩等人。还成立了农会、民兵、妇女会、儿童团等群众组织。他们从老区出发，向周围开展活动，扩大根据地，每到一地，发动群众，开展减租减息，清尝废债，收缴枪支，在斗争中提高群众觉悟。武工队本身也在斗争中不断发展壮大，先后参加三圳武工队的有50多人。

1949年初，三圳武工队与县人民游击队、梅北武工队的部分兵力共40多人，到三圳筹粮，住在寨子坑学堂里。2月12日（农历元宵节）晚，武工队派何端暹带领6人，从寨子坑学堂出发，到洋蛟湖华侨地主华石六（钟伟华）家中筹集钱粮。突然与陈葛光带领的县保安营100多人相遇，敌人开来排枪，何端暹等分散冲出，张罗佛负轻伤。住在学堂里的40多位队员听见枪声后，从后门冲出，边打边撤，回到北磜。游击队员肖国荣受伤后被俘，惨遭杀害。寨子坑群众钟荣寿也被杀，群众的猪、牛等财物被敌抢光。

为迎接解放大军南下，武工队智取福岭粮仓。武工队长钟文聪派队员徐增化装前往新铺塘福岭，通过住在粮仓附近的钟文聪姐姐钟金玉了解情况，发动群众破仓分粮。这次破仓，武工队把缴获的三四千块光洋和一些金条交给了上级。

3月上旬，县工委组织部长彭霖参加中共梅州地委松源径口召开的组织工作会议，回来宣布地委决定，增补钟文聪、郑岳尊为中共蕉岭县工委委员。同时，开展建党工作，重点教育培养一批积极分子为建党对象。

县工委成立后，点线工作的开辟和新区的发展很快，东起土坑、松坪、茶园、下寨里、洋蛟湖、磜背、大地、蓝坊、高思、程官与隆文武工队相连接；南起油坑、新铺、南山、北方、石峰径和梅县的白渡、梅大、半步、丹竹坑与白渡武工队沟通；西至平远的上、下锅叾及东石、长田、热柘，与梅西武工队呼应；北至平远的泗水、蕉岭的长潭、文福和南磜桂竹园，与南北磜武工队相联系。至此，蕉城四周的大片山区，均为游击队所控制。

在解决人、钱、枪等方面也有很大的收获，主要是通过三条渠道：一是继续袭击和摧毁国民党的区乡政权，先后出击了三圳、新铺、蓝坊等区乡公所；二是加强统战工作，区别不同对象，采用征、募、借三种形式；三是通过税收。

新成立的蕉岭县工委及县人民游击队，在摧毁敌区乡政权后，遵照中共中央“以能在广大乡村中站稳，为根据地奠定基础”的指示为原则，从地区的选择、党的建设、群众组织的巩固与发展、统战工作的开展等方面，建设、巩固根据地。

在游击战争中，蕉岭县工委都选择在边县的山区结合部，在敌人统治力量较弱，群众基础较好，容易解决给养的山区，如南礤、北礤、蓝坊、高思、徐溪、新铺等地，作为游击根据地。根据地的政权建设，先从基层着手，凡敌区、乡政权被摧毁，反动武装被消灭，敌无力维持与控制的地区，都建立起新政权，派出人员，主持区、乡政权。凡敌区、乡政权虽被摧毁，但敌仍派兵驻扎并重建区、乡政权的地区，则通过统战工作，请能接受党领导的进步分子或中间人士出任区、乡长，表面上是公开按照国民党的布置办事，暗中则接受中国共产党的领导，以革命的两手对付国民党。

在游击区内，充分发动群众建立群众组织，放手发动群众反“三征”，破仓分粮，减租减息，逐步建立农会、民兵、妇女会、儿童团等组织，发挥各组织的作用。这些组织支持革命，在掩护武工队、带路、站岗放哨、探听消息、传递信件、采购物资、募钱募粮、挑运战利品、护理伤病员等方面作出了极大的贡献，充分显示了人民群众的伟大力量。

1948 年 3 月 2 日，粤东支队在独七大队配合下攻克蕉岭县城时，水涨田等地就出动了 100 余名民兵做支前工作。从 1948 年 5 月至 1949 年 3 月中旬，在南北礤区人民民主政府成立的近一年时间里，南北礤武工队发动群众建立了农会组织 8 个，有会员 200 多人，民兵队 8 个，民兵 100 多名。在农会、民兵的协助下，募捐粮食 300 石、布匹一批，收缴长、短枪 20 多支，子弹 6 千多发，手榴弹 5 颗，毙敌 1 人，俘敌 19 人，为游击队输送干部、战士 30 多人，支援游击队枪支 15 支。

从 1948 年春至 1949 年 4 月，先后有蕉岭武工队、梅北武工队、徐溪武工队、三圳武工队、新铺武工队、蕉岭人民游击队、一支队司令部、二团（星火队）、四团等部队，在徐溪各村驻扎，前后共有 600 多人。建立了徐溪游击根据地，组织农会 6 个，会员 385 人；民兵队 6 个，民兵 264 人。一是协助武工队设站收税，累计收光洋 1860 块，稻谷 16 万多公斤。二是开展反“三征”斗争，获光洋 495 块，稻谷 5. 5 万余公斤。三是收缴长短枪 27 支。四是民兵参战 25 次，共出动 457 人次。另外，武工队还为部队输送兵员 27 人。

三圳的上九岭村，是解放战争时期游击队的中转站和联络点。粤东支队和独七大队攻打蕉岭县城时，上九岭的民兵密切配合蕉岭武工队，剪断了蕉城与新铺、梅县的电话线路。攻克蕉城后，上九岭游击根据地被暴露，国民党县政府把被捕的游击队员钟权寿，押到上九岭山门口杀害。

高思的大坑尾村，地处梅蕉两县边沿，与梅县的隆文毗邻，背靠大峰嶂、尖峰笔两座大山。1948 年 4 月，李振龙率领隆文武工队到这一带活动，开辟为游击队的基点村。后来在这里设立了一个交通站，由李桂云负责，接待过许多过往的武工队员。这个交通站后来归属于蕉岭徐溪黄坑交通总站所辖，与三圳九岭等 19 个交通站结成严密的交通网络，连结着东南和西北的游击活动区域。

六、南北磜区和高蓝区人民民主政府的成立

1949 年，随着春季攻势作战的不断胜利，梅州各根据地不断扩大，农会、民兵、妇女会、青年团等群众组织普遍建立起来，减租减息工作全面开展。由基本群众到上层民主人士，都要求建

立民主政权。在杭武蕉梅地区，1949 年2 月13 日，宝坑战斗胜利后，驻尧塘的国民党保警独一营徐育达连当天撤回松口，驻松源新圩的该营营部及三、四连，也于第二天一早撤回松口。独七大队和各武工队配合一支队二团，乘胜扫荡了各乡重建的反动武装和乡公所，几天内解放了南磜、北磜、松源、尧塘、隆文等连片地区。3 月上旬，梅州地委在驻地松源径口召开建立政权的会议，在总结松源区人民民主政府建政经验后，批准成立南北磜区和高思区人民民主政府。

1949 年3 月中旬，南北磜区人民民主政府在南磜步上成立，区长兼指导员郭履洁，副区长范树德。区政府下设组织、宣传、民政、财粮、妇女、文书、炊事员各一人，另设区武装队，队员20 人。

区政府一成立，就碰上严重的春荒，许多贫苦农民以糠羹 、野菜度日，物资紧缺，物价飞涨。区政府在地委、县委的领导下，积极做好支前工作，用征募借等办法，大力筹集粮食、物资，供给机关、部队。征募的主要对象是各姓的祖尝谷和殷实户，重点地区是敌人盘踞的村庄。区政府先后向敌占区三溪口、石寨等村共筹集到大米三四百石，其中仅石寨就征集了近二百石。同时努力抓好生产救荒。各村普遍组织有各阶层代表人物参加的“救荒委员会”，在农会的领导下，集资开荒种杂粮，根据各村情况，有的合伙开荒，有的互通有无借粮度荒，有的搞副业生产竹制品等。地委通知有木材的地方，可以募树救荒。区政府即以北磜皇佑村为重点，向各姓公尝山募成材木 20%—50%，砍伐后运至河头，扎木排运到潮汕出卖，买回粮食，按贫苦程度，民主评级，定量分发给农民。救荒会实行民主理财，账、物公开，月结上墙公布，村民十分满意。区政府做一步，总结推广一步，度过了严重荒灾，大大提高了党和政府以及农会在群众中的威信。

在解决群众度荒的同时，抓好建立健全农会、民兵组织，维护社会治安。

为了巩固新生的区人民民主政权，区政府成立后，采取有力措施，大力抓好培养骨干，建立党、团组织及村政权等工作。由于区政府基本上是在当地武工队的基础上组建的，熟悉情况，在工作中注意发现和培养积极分子，对出身好、思想觉悟高的加强教育，定为建党对象。北磜的何开永、梁素梅、肖文春、何寿新、郭伟康、郭坚城、郭新发、郭尚仁，南磜的郭耀昌、刘日昌等一大批骨干，后来多数入了党，大部分参加了各级政府和部门的工作。在条件具备的村，建立党组织，北磜的皇佑村首先成立了党支部。

村政权的建立，一般以自然村和国民党统治时“保”的区划范围为一个行政村，当时全区规划建16—18个行政村。为便于管理，梅州地委决定，把一向属南磜管辖，但地理位置靠近松源的田心、山塘子等村划归松源。村政府设半脱产或不脱产的村长、副村长、财务、文书等，负责该村的行政、生产、治安、调解、财务等工作。

3月1日，一支队司令部及直属二团来到高思程官铺，在黄德维的家乡大窝里隐蔽。第二天晚上，由黄德维带领一个行动小组，到村中逮捕敌乡长黄玉明，要求其下令自卫队缴械投降。同时，行动小组迅速四面包围了乡自卫队，自卫队敌人负隅顽抗，在二团机枪、手榴弹的猛烈攻击下，敌自卫队队长黄政元率全体士兵放下武器举手投降，此战计缴获长枪30余支，短枪1支，子弹3000余发。还收缴了国民党将领黄涛及黄干英家中短枪1支，电话机2部，炸药1箱。当天，在程官村祠堂门口召开了村民大会，一支队司令员郑金旺在会上讲话，畅谈革命的大好形势，号召人民行动起来，迎接大军南下，解放全地区，全村人民受到极大的鼓舞。

由于敌乡公所和自卫队仍然盘踞在高思，区人民民主政府不可能有固定的办公地点，也不可能实行固定的行政职能，仍旧带着武工队的色彩，行踪无定。区政府的大印还在背包上，不过政治影响却大不相同了，广大群众第一次看到区人民政府的安民告示，心情振奋，增强了胜利的信心。

黄德维、李振龙参加梅州地委径口会议，接受了任务回到高思后，随即成立高思区人民民主政府，黄德维任区长，李振龙任指导员，管辖高思、程官铺、大地三个大村。区政府成立后，主要工作一是继续开辟新区，经过三个月的宣传发动，开辟了边沿地区，打通了通往隆文、白渡、松口、三圳、蓝坊的交通线；二是壮大革命力量，主要是扩大区政府工作人员和为部队筹钱、筹粮、安排驻地，收缴枪支、弹药，为部队输送新战士等。

1949 年 5 月，蕉岭和整个粤东地区得到了解放。新中国成立后，高思区人民民主政府改名为高蓝区人民民主政府，辖区增加了原蓝坊乡的范围。

七、黄沙坑伏击战

1949 年春，按照香港分局和闽粤赣边区党委的战略进攻决策和军事部署，边纵一支队在梅州地委的领导下，乘大好时机，开展了声势浩大的春季攻势。

一支队在杭武蕉梅边县委和独七大队配合下，扫荡杭武蕉梅边的反动武装，再次摧毁了梅县松源、尧塘、隆文和蕉岭南礤、北礤 5 个敌人重建的乡公所和自卫队，共缴枪 200 多支。3 月初又解放了蕉岭的高思、程官铺，使杭武蕉梅边解放区连成一片。

为进一步加强梅兴平蕉边的力量和扩大主力部队，梅州地委和边纵一支队决定以程严独立营为基础，从独三大队和独七大队抽调部分武装，合编为“中国人民解放军闽粤赣边纵”第一支队第四团。

4 月中旬，四团奉命秘密开赴梅蕉平边，经 3 个晚上夜行军，于 4 月 16 日到达蕉岭徐溪黄沙坑下村一带。这时，蕉岭县工委领导的县人民游击队，在摧毁敌蓝坊乡公所后，根据地委的指示，正集合在黄沙坑整训，并把县人民游击队扩编为独立第二大队。队伍突然增加 200 多人，给养遇到很大的困难。为了解决这个问题，蕉岭县工委负责人和四团的领导共同决定在徐溪设点收税。

4 月 22 日晚，国民党蕉岭县自卫大队由大队长林岳、副大队长陈葛光率领两个连 120 多人，连夜进入徐溪高车村，天亮前，在徐溪桥北面的山下埋伏，妄图消灭税收队。幸亏高车村农会会员陈连玉及时报告了敌情，税收队立即撤离并将敌情报告县工委和四团领导。饶仁珊团长得到情报后，立即召集排以上干部开会，部署、下达战斗任务。部队马上占领有利地形，在黄沙坑设下伏击圈，待敌人进入口袋时将其全歼。饶团长亲自率领二连在主攻阵地配置强大火力；副团长刘安国率领一连，占领山下村尾的饭箩墩，堵截敌人并负责阻击梅县石扇增援之敌；三连由政治部主任陈程明率领，登上山下村口西山坡的乌石岗，切断敌人的退路。独二大队的一部分，由彭霖、马添荣等带领，占据山下村高坡坑前的东山坡，配合四团二连主攻；另一部分由钟化雨率领登上高陂坑后的山顶，防止敌人从后面袭击。黄沙湾子里、山下村、高陂坑、野猪畲、臭油坑、甜竹凹和三坑村等地的民兵也编入战斗单位，协同部队作战。300 多人的部队隐蔽得很严密，等待敌人进来。午后时分，敌人的先头部队进入二连机枪的射程内，副连长陈志洪、机枪手王守如不动声色，让敌人靠近时再开火。但敌人的队伍拉得很长，后续一个排的敌人还没有完全进入伏击圈，埋伏在山下村屋后的民兵沉不住气抢先放了一枪，饶仁珊团长只得下令开火。部队居高临下朝敌人猛烈射击，枪声和手榴弹爆炸声响彻山谷，打得敌人抱头鼠窜。号兵吹响冲锋号，部队如猛虎下山，奋力冲杀。凌厉的攻势迫使敌人停止了抵抗，一个个从草丛中、田埂下、山坑里出来举手投降，除未进入伏击圈的敌兵约一个排慌忙逃窜外，一个小时的战斗，共毙敌 2 人，抓获俘虏 68 人，缴获机枪一挺（排长李志光缴获），长短枪 75 支，弹药一批。我军四团排长李志光和独二大队战士陈其火负了轻伤。黄沙坑战斗的胜利，惊动了国民党广东省政府，国民党蕉岭县长曾涤民被撤职，由陈英杰接任。

4 月28 日，独七大队又消灭了文福与广福交界分水凹设置的“护路队”，俘敌 10 多人，缴获长短枪 9 支，手榴弹 5 颗，子弹 380 多发。广大军民沉浸在胜利的喜悦中，群众宰鸡杀猪慰劳部队，群众热情高涨，纷纷踊跃报名参军，部队一下子就扩大一个连。此时，蕉岭的徐溪、新铺，梅县的石扇、梅屏，平远的热柘联成了一片游击根据地。

八、蕉岭的解放

1949 年 4 月底，梅州地委和边纵一支队领导研究分析了宝坑战斗和黄沙坑战斗后的敌军动态：保警独一营营长蓝举初在该营第一连被全歼后，时刻担心俞英奇的惩处；而保警十二团团长魏汉新与俞英奇又有矛盾。于是决定抽调陈柏麟、梁世育成立敌军工作组。工作组通过李昌庆很快就与独一营蓝举初营长约定，5 月10 日晚在离松口西部五里地的一间山神庙里会面。第二天上午会见了十二团团长魏汉新，争取在解放蕉城时首先起义。蓝举初马上回营部布置准备起义，并写好起义的指令，叫李昌庆持函陪陈柏麟一同到隆文见地委书记廖伟和副书记陈仲平。

经过协商，保警独一营决定 5 月 14 日在蕉岭县城起义。保警独一营原有四个连编制，李昌庆连及营部驻松口，张爱群连驻宝坑（1949 年 2 月在宝坑战斗被全歼），徐育达连驻新铺，廖石磷连驻蕉岭，并命令各连官兵于 14 日黎明前赶到蕉城东面的山地集结，做好起义的准备，配合解放军攻打蕉城。与此同时，5 月 12 日，梅州地委书记廖伟、副书记陈仲平，与一支队司令员郑金旺一起研究作出了攻打蕉岭县城的部署，并通知在平远锅叾的支队领导王立朝、黄戈平率四团迅速返回蕉岭。命令二、四团，独七大队和独二大队，于 13 日晚在蕉岭城郊集结，包围蕉岭县城。

5 月 14 日凌晨，在地委主要领导人廖伟、陈仲平的率领下，中国人民解放军闽粤赣边纵队第一支队二团（星火队）、独立第七大队从蕉岭蓝坊向蕉城进发，攻城总指挥部设在溪峰口牌坊下。司令部按预定作战部署发出命令，由蓝营起义部队负责主攻，二团、独七大队及地方武工队相互配合，一齐攻城，蓝营部队进入县政府大门后，首先包围了警察局，解除了他们的武装，同时扣留了县政府内的全部人员，控制了县政府。但县长陈英杰潜逃了，县自卫大队大队长林岳则领兵据守各点，一个排占据了镇山楼的制高点，还分兵把守了罗家祠、赖家祠、枧厂等地，他们凭借占据的有利地形和防御工事，负隅顽抗。攻城部队首先用枪榴弹攻打镇山楼碉堡，火力很猛，打死了敌排长，夺下了碉堡，控制了高地。这时，作战指挥部立即增派兵力，全面投入战斗。部队迅速登上横岗山头及东山岃的制高点，用重机枪扫射，掩护增援部队进城。攻城部队一路沿着横岗的山下排匍匐前进，绕过山脚向城内进攻；另一路由田段中沿着磨坊下的引水圳前进，占据了蕉岭车店。驻扎在东南面碉堡里的守敌用机枪阻击，经过一个上午的激烈战斗，攻城部队打垮了各点守敌。下午 3 时，全面占领县城。敌自卫大队大队长林岳率领三四十人退至县城西北，踞守炮楼继续顽抗。傍晚，林岳、陈英杰率领残部逃入长潭天马山，占据高台庵一带。

同一天，一支队四团的部分兵力和独二大队会同地方武工队，扫荡了新铺、三圳的自卫队及涂思宗的老家，歼敌一个排后，挥师进入蕉城。至此，除长潭一部分山地外，蕉岭全境解放。此战共毙、伤、俘敌100多人，缴获轻机枪3挺，八二迫击炮2门，枪榴弹筒2支、长短枪200多支，子弹1万多发。

我部队进城后，即以闽粤赣边纵队一支队的名义，由司令员郑金旺颁布安民告示，并成立了蕉岭县军事管制委员会，初由边纵一支队二团团长刘铁珊任军管会主任，李国瑶、谢伦瓒任副主任，后改由王志安任主任，钟化雨任副主任。6月1日，成立蕉岭县人民民主政府，钟化雨任县长，黄德维任副县长。

九、扫除长潭残敌

蕉岭县城解放，全县人民欢欣鼓舞。但原国民党政权的伪县长及县自卫大队长带其反动武装残部逃到长潭，并纠集地方反动残余分子共120多人，盘踞在长潭，分驻在蛤蟆鲶、高台庵、砧头岃和林丹九祠及其对面的庙内，扼守着蕉城进入山门的路口，设置岗卡，搜刮民财、强征粮食，还经常在夜间派出小股匪徒，窜入城里放冷枪，扰乱民心，凭借长潭天险，隔水背山，居高临下的有利地形，负隅顽抗，叫嚣以长潭河为界与人民政府抗衡，反动气焰甚为嚣张，群众恨之入骨。

为消灭这股反动武装，地委动员起义将领李洁之、林君�、练惕生等到蕉岭做劝降工作。经两次谈判，顽敌认为胡琏兵团即将南窜，形势对他们有利，根本没有和谈诚意，狂妄地提出要划地而治和很多无理要求。地委和一支队司令部决定调动兵力会剿顽敌，彻底消灭这股残匪。

1949年6月19日早晨，根据一支队司令部的部署，二团、独五团派部队从正面发动主攻，消灭在林丹九祠和对面庙里的敌人，并用强大的火力掩护部队渡河，直取高台庵456.3高地；独八团的一部分兵力，从平远泗水方向压来，堵截敌人向西北溃逃的退路；暂编三团的兵力，在支队司令部直属部队的炮火掩护下，从高陂头方向渡河，夺取砧头岃643.0高地的重机枪阵地；独九团则在山下坪树林里隐蔽待命。战斗一打响，炮声隆隆，烟雾滚滚，三个据点的敌人，自恃有利地形，对峙顽抗。高台庵的敌人，又从后面向砧头岃643.0高地增援。战斗打了一天，在我方强大火力的攻击下，敌人逐渐败退。正面主攻的部队胜利攻占了林丹九祠及对面高台庵前守敌的火力点。部队进攻至渡口后，因缺船工，部队没有渡河的工具，敌人又居高临下，第一天没能攻下高台庵。暂编三团渡河后，推进到643.0高地下面的山头，因炮火射程有限，无法得到炮火的支援，643.0高地的重机枪阵地没能拿下。

第二天，司令部调整作战进攻部署，从两个方面形成腹背夹攻之势，向敌发起攻击。经过激烈战斗，首先攻占砧头岃拿下敌重机枪阵地，接着攻占高台庵，到下午战斗胜利结束。除伪县长及县自卫大队长带几个侍卫潜逃外，俘敌108名，而进攻部队无一伤亡，缴获重机枪一挺，轻机枪2挺，各式长短枪40余支，彻底摧毁了在蕉岭的国民党武装。

十、抗击胡琏兵团残部窜扰，保卫新生政权

蕉岭县解放后，人民民主政权加紧进行接管工作，积极开展各项建设，安定社会秩序，恢复和发展生产。这时，驻江西的国民党胡琏兵团残部，在南下大军的追击下，为保存实力，逃脱被歼灭的命运，于1949年7月初，分两路向南逃窜。一路从江西瑞金进入闽西长汀、上杭、武平、永定至大埔；另一路（第十军）从江西会昌、寻乌进入平远、蕉岭、梅县、兴宁。

7 月3 日下午，胡琏兵团残部南路的一个团（番号“雄狮”）1000 多人，由江西寻乌越过闽粤赣三省交界处的项山，经湖洋窜扰平远差干，受到驻在差干白炮楼的一支队八团一连一排的顽强抗击。4 日，中共梅州地委派王志安到蕉岭传达部署抗击胡琏兵团残部的工作，决定县党政机关暂时退出县城。蕉岭县党政机关和军管会与中共梅州地委、边纵一支队司令部向东面蓝坊、高思方向转移；各区、乡、村政权及武装人员，原地隐蔽活动；九团兵力则分东西两路撤出，东路由团长余杜和率领第一连和公安队随县党政机关转入东面山区，主要任务是随军管会行动，保卫军管会，并把100 多名在押犯人解押进山。7 月6 日晚，县党政机关开始陆续撤出蕉城，转移驻扎在蓝坊丰口的昌义楼。边纵一支队司令部则设在高思小学附近的汤屋。武装部队也随机关转移，把100 多名犯人押管到蓝坊的中村小学看管。县军管会把张轰等10 多人分配到高蓝区人民民主政府，以加强当地武装力量。西路由武平县委、军管会和驻扎武平的边纵一支队十团组成，分三队撤出县城。一队由饶练带领，撤至蕉岭的南北磜；二队由郭履洁带领撤到北磜的皇佑村；三队由谢启发带领撤至武平的象洞。

7 月16 日，胡琏残部数千人马，由新铺窜扰进犯蕉岭，除驻防蕉城外，还派兵分驻在文福、兴福、三圳、新铺沿公路一带的大片村庄，重新扶持陈英杰上台当县长，建立区乡基层反动政权。蕉岭人民在中共梅州地委和蕉岭县委的领导下，团结一致，同仇敌忾，大力支援解放军、武工队在山区开展抗击胡琏残部的游击战争。

7 月18 日晚，中共梅州地委秘书长、一支队政治部主任黄戈平带领九团和四团等转移到三山蓝坊肚休整。7 月19 日，东岭的反动分子吴松林等窥探到部队已经转移到了蓝坊肚后，秘密到蕉城县城向胡琏部通风报信，并加紧策划“进剿”驻在三山蓝坊肚的部队。经过一番筹划以后，胡琏残部派出番号“飞虎”“三溪”

等约300多人的队伍，分两路进山从东南两个方向袭击驻三山蓝坊肚的我方部队，并在沿途抓人带路。从南面龟子窝来的，通过了龟子窝尾九团班哨位，班哨发觉迟，等到发觉后开枪阻击敌人时，黄戈平才匆忙指挥部队向马头耳方向登山。这时，敌人已占据了有利地形，在驻地后的山坡上，以密集的机枪火力，向撤到马头耳半山腰的部队猛烈射击。四团设在北面马头耳山上的排哨（由四团副排长刘义带领）用火力还击，阻止了敌人多次的进攻，但难于压制敌人的强大火力。由于地形不利，部队遭到严重的伤亡，牺牲三四十人，受伤和被俘20余人，指挥员黄戈平壮烈牺牲。上午10时左右，胡琏兵已撤回榕树村的临时指挥部，在那里停留了一段时间后，害怕遭到袭击，便匆匆撤回蕉城。

7月下旬，梅州地委、边纵一支队司令部和县党政军机关已向高蓝区的龙潭、梨树坑等地转移，一支队司令员郑金旺接到群众报告发现大批胡琏兵从高思大坑尾和载楼坑方向窜来。他立即指挥武装部队进行阻击，掩护撤退，歼灭了部分敌人后，队伍安全转移，继续在高蓝区和南北磜区的大片山地里辗转与敌人周旋。

县党政军机关转入山区开展游击活动后，新铺、三圳、广福等地的区中队（工作团）发动和组织群众，抢时间夏收，向圩镇工商户收税，为进山的机关、部队筹募钱粮，解决给养。同时，利用当地熟悉的地形地物，依靠群众、民兵伏击和骚扰敌人。7月17日，胡琏残部一个营的兵力进驻洋蛟湖、三圳圩一带，游击根据地上九岭村又一次遭受洗劫。在敌人到处拉丁杀人、抢劫财物、放火烧屋的情况下，九岭村人民群众，仍然不畏艰险，积极筹集粮食，星夜抢割稻谷，送给山里开展游击斗争的部队和机关。

在敌情十分严峻的情况下，县委委员、三圳区区长钟文聪率领区中队到三圳圩收税。何端暹背着打税收到的三百多块大洋，跑在最后，坚持把税款全部背回磜背，胜利完成任务。

共产党员、中共土坑村支部书记徐福祥，接到三圳区委部署的支前工作任务后，连夜抢割完自己家里的早稻，支援部队。并动员各家各户抢收夏粮，带领群众筹粮，砻谷做米，运到山区部队去。7 月 24 日，徐福祥到三圳圩侦察敌情，被三圳自卫队的便衣队发现，不幸被捕。徐福祥被捕后，经受了敌人惨无人道的酷刑，但他立场坚定，宁死不屈，惨遭敌人杀害。

7 月下旬，在胡琏残部窜扰徐溪乡村时，当地民兵除监视敌人活动外，还配合新铺区中队，在黄坑公路上伏击敌军，炸掉敌军车一辆，并打伤一名敌军副师长。

在胡琏残部窜扰广福时，岩广工作团有计划地撤退到留畲的野胡顶，守在高山上监视来犯之敌。一天，当地反动分子联络叛徒吴汉恒，向胡琏驻文福部报告岩广工作团的行踪，胡琏部队连夜出动一个营的兵力，企图包围岩广工作团。敌情严峻，岩广工作团趁黑夜下山，在夜深人静时进入留畲村，借杨家祠堂休息，并派出小分队到群众家里购买粮食。天快亮时，忽然传来枪声，敌人步步逼近。工作团钟建民等迅速开枪还击，掩护撤退。工作团边打边撤，终于借着漫天大雾安全撤离险境。

8 月间，南下大军解放了赣南广大地区，直逼兴梅，胡琏残部害怕被人民解放军歼灭，仓皇向潮汕方向撤退。8 月28 日，胡琏残部蕉城守敌弃城而逃。9 月 1 日，蕉城人民喜气洋洋，迎接县党政军机关重进蕉城施政。

蕉岭人民在中国共产党领导下，经过 20 多年的前赴后继，英勇奋斗，终于获得了解放。许多革命前辈为革命的胜利献出了宝贵的生命，付出了巨大的代价。新中国诞生以后，蕉岭人民进入社会主义革命和建设的新时期。

3

第三章

为有牺牲多壮志

第一节 革命烈士

张宏昌

张宏昌（1902—1929），又名碧光，蕉岭县新铺区油坑村人。1921年在新铺公学毕业，后在文昌小学任教。1922年考入广州师范图音班就读。

1924秋，张宏昌毕业后，任饶平县一中美术教员。同年冬，加入该校的社会主义青年团外围组织“新学生社”，随后由余登仁介绍加入共产党。1925年5月，在新丰楼仔角成立上饶区第一个农民协会。1926年4月，张宏昌以画师的身份作掩护，与汕头地委派来的省农协特派员杜式哲开展工作，深入到上饶区的九村、石井、陂敦、坑子里、下祠、双善等地发展党团组织，成立党团支部，开展农运活动。10月，张宏昌组织举办“饶平农民自卫军训练班”。“四一二”政变后，张宏昌离开饶平一中，到游凤岗等地开展活动。7月底，与其他领导人一起，组织上饶农军攻打饶平县城，得胜后旋即回到上饶根据地。1927年8月，张宏昌当选中共饶平县委员会委员。1927年9月，饶平县成立“工农红军东路第十四团”，张宏昌任团长。10月，十四团攻打了饶平县城，朱德派师长周士弟带三百人来助战。1927年底，又再一次攻打了饶平县城，革命声威大震。“八一”起义军在潮汕失利后，反动武装全面“围剿”，十四团处境困难，暂时解散。张宏昌领着年仅 17 岁的少年革命者余登烈回到家乡蕉岭新铺镇油坑半山张。

张宏昌在村里组织“张氏青年改进会”，以本地小学作为阵地，启发进步老师投身革命，开办夜校，在蕉头窝成立了“石灰工人工会”，成立农会，建立赤卫队。5 月间，张宏昌、邓崇卯等人还在平远边境的礤尾村发展了一批党员，成立支部，张宏昌为支书。1928 年 9 月，在油坑半山张（宏昌家）召开了党员会议，改组了中共蕉岭县委员会，会议选举张宏昌为书记。同时，以油坑为据点，成立了“东江（蕉岭）红军独立营”，张宏昌任营长。1929 年 6 月 7 日，国民党地方武装 300 多人“围剿”油坑，张宏昌被迫率部辗转于蕉平边境。

1929 年 6 月间，部队驻扎鸭薮里，张宏昌在夜间查哨，被新入伍的赤卫队员所误伤，伤势严重，离队治伤。1929 年 9 月，在文福乌土八驳桥医治时，被徐保六告密，遭到伪县自卫大队围捕，9 月 12 日被捕入狱。在红四军来蕉（1929 年 10 月 24 日）前夕，张宏昌被杀害于镇山楼，时年 27 岁。

钟占文

钟占文（1907—1929），家名钟葵兰，出生在蕉岭三圳寨子坑村的一个农民家庭。父亲钟露园，母亲谢四妹，均为人忠厚老实，勤劳俭朴，耕田种地，生活殷实。钟占文有姊妹兄弟 8 人，他排行第二，中等身材，性格刚直，有强烈的正义感。少年时期在本村启民学校、三圳公学读书，后考入蕉岭县立中学。他勤奋好学，成绩优良，且一手毛笔字写得很好，成为学校中一名品学兼优的学生。在学校中，他不但在学业上下功夫，而且在政治上积极要求进步，经常阅读《新青年》等进步书刊，积极参加学生运动，是学潮中的中坚分子，深受师生拥护。

1927 年初，钟占文前往广州投考中山大学，时值工农学运动风起云涌，革命浪潮席卷中华大地。在反帝反封建的形势下，他受到进步思想的熏陶，懂得了许多革命道理，矢志革命的信念更加坚定。此时，钟占文加入了中国共产党。四五月间，蒋介石在上海、广州等地制造反革命政变，并在全国各地进行清党，大肆屠杀共产党员和革命人民。革命形势逆转，钟占文接受党组织的重托，冒着白色恐怖的危险，与徐持、钟慕光等共产党员一道回到自己家乡，开展革命活动。他们在三圳上九岭村成立了蕉岭第一个中共支部——九岭支部，钟占文选为宣传委员。党支部建立后，以三达学校为据点，开办农民夜校，积极宣传党的政策和主张，秘密发展一批共产党员和共青团员，成立九岭农民协会和赤卫队，经常在附近乡村与邪恶势力作斗争。同时，发动群众，摧毁三圳圩和宫下的神像，进行示威游行，使反动势力极为惊慌。

是年暑假考试期间，蕉岭县立中学掀起驱逐校长钟公任、事务主任涂草堂的学潮。由于学校当局无理开除进步学生钟焕炎，党组织及时派出党员钟占文、钟慕光等人，指导进步师生，秘密集会，采取对策，利用封建矛盾，组织学生罢课，示威游行，开展针锋相对的斗争，这一行动及时得到新铺公学和旅梅学生以及社会人士的声援和支持，把学潮推向高潮，迫使校长和事务主任下台，斗争取得了胜利。

“八一”南昌起义后，蕉岭县的党团组织和革命力量有了较大的发展。组织了新铺、长江、九岭、乌土四个党支部和蕉城、新铺两个团支部，共有党团员四五十人。为了加强党的领导，发展革命形势，12 月间，在新铺尖坑村龙虎薮赖屋召开党团员大会，成立“中共蕉岭县委员会”，钟占文被选为县委宣传委员。根据上级党组织指示，为了牵制和打击敌人，配合九龙嶂革命根据地反扫荡斗争，联合各方面力量，建立“蕉岭县工农革命委员会”，推举钟占文为委员，接着成立“工农革命军第十四区团”，徐持为政治部主任，随即组织和筹划“新铺暴动”，做好一切准备工作。事前，县委派钟占文、陈杰生、陈顺云等前往梅县、兴宁边界的罗岗圩，联络陈炯明残部张齐光、陈卓超、钟葵江的武装参加。1928 年 1 月 4 日，成功地举行了“新铺暴动”，打死商团武装 2 人，缴枪 40 余支。暴动后，党组织领导人徐持、钟慕光、刘安、钟占文等受敌通缉，为此，党组织领导人只得进行分散隐蔽。这时，原在饶平县进行革命活动受挫折的领导人张碧光（张宏昌）回到家乡油坑村，继续进行武装斗争。在党组织的领导下，为更好地打击敌人，壮大人民革命力量，经商议后，于 1928 年 9 月，改组“中共蕉岭县委”，改选张宏昌为书记，钟占文为委员。并组建“东江（蕉岭）红军独立营”，下设三个连，钟占文为第一连连长。他们频繁地活动于蕉岭、梅县、平远边缘，打土豪、缴枪弹，发展革命组织，建立革命据点。从此，声威大振，队伍迅速壮大。

钟占文对广大劳苦大众深受反动派、恶霸、豪绅压迫剥削的痛苦非常同情，对那些作恶多端的家伙极为痛恨，他多次执行组织上的决定，机智勇敢地在敌人眼皮底下锄奸惩恶。1929 年 6 月 6 日，他率领短枪突击队惩办反动透顶的为首分子陈连腾等，为人民除了害。这件事震动全县，群众处处谈论，拍手称快，说赤卫队有能人，谁作恶就取谁的头，反动派则闻风丧胆，惊恐异常，伺机报复。6 月 7 日，蕉岭县反动当局纠集县警队和地方团队武装 300 多人，“围剿”油坑村革命根据地，企图扑灭熊熊的革命烈火。在敌人重兵包围下，广大群众遭殃，房屋被烧，财物洗劫一空。在战斗中我牺牲 1 人，被捕群众 2 人，钟占文亦大腿中弹受伤，行动十分困难，只得躲藏在山上荆棘丛中，在党组织和群众的支持下，秘密地转移到安全的地方医治。由于敌人追捕风声很紧，几经辗转，最后转移到梅县松口石罗岗张屋医治养伤，被坏人发现告密，不幸被捕。

敌人把钟占文押到三圳公学，施尽百般酷刑，折磨得死去活来。后来，又把他押赴蕉岭县城坐牢，继续酷刑逼供。钟占文始终坚贞不屈，严守党的秘密，表现出一个共产党员的坚强品格。1929 年 7 月 25 日，钟占文被国民党反动派杀害于蕉城庙岃背。临刑前，钟占文面不改色，英勇就义，年仅 22 岁。

刘　安

刘安（1904—1931），蕉岭县文福乌土村（后搬至泉水坝）人。蕉岭县立中学毕业后考入广州法政大学就读，在学校中经常阅读《向导》《先驱》《新青年》等革命书刊，在学期间加入了中国共产党。

1927 年冬，刘安与妻梁文兴回到家乡，在蓝坊启文小学教书，以教员身份继续从事革命活动，在中共蕉岭特别支部的领导下，组建了中共乌土溪支部，刘安任党支部书记。1928 年 2 月，乌土村农民协会成立，推选刘安为会长，兼任武装赤卫队队长。1929 年 8 月间，中共蕉岭县委书记张宏昌被捕遇害。刘安、徐添经过周密调查，惩办了反动分子徐保六。由于其身份暴露被反动派悬赏通缉。刘安之父两次忍心地卖掉田地筹款给儿子往南洋躲避。刘安坚定地回答：“最多是人头落地，怕什么!”刘安将钱交给组织作为活动经费。

1929 年 八九月间，刘安转移到乌都场、浒竹坪、南北磜、蓝坊、高思、隆文等山村，开辟新的革命据点，组织了左槐坑、浒竹坪等村的农会，成立松江区革命委员会和蕉城区赤卫队，刘安担任主任和队长。10 月 23 日晚，红四军进入蕉岭县境内，蕉岭县委立即派刘安、陈顺侯等带领农民赤卫队前往边界迎接。朱德在听取了蕉岭党组织领导人的工作汇报后，肯定了蕉岭的革命斗争形势，并支持蕉岭长枪12支，大洋300元。刘安、陈顺侯带领赤卫队为到达蕉岭的红四军带路，站岗放哨，侦察敌情，发动青年、妇女、儿童做三角红旗，张贴标语，清扫房屋庭院，沿途摆设茶水供应站点，帮助红军购买电筒、毛衣、粮食和药品等。

1930年八九月间，刘安在浒竹坪村土纸厂召开会议，被该村反动分子黄增君告密。9月27日（农历），刘安及其妻梁文兴不幸在水口背纸厂被捕，受到严刑拷打，但他铁骨铮铮，保守党的秘密，1931年1月10日，被敌人杀害于蕉城庙峁背，年仅27岁。

陈顺侯

陈顺侯（1905—1931），家名应堂，又名陈义，蕉岭县南礤镇左槐村人。陈顺侯是个独生子，父亲陈树郎，母亲何氏，都是勤劳质朴的农民。陈顺侯少年时代就帮做农务，人小干大活，苦难的岁月的磨炼，使陈顺侯从小就养成了勤劳勇敢的性格。

1913年秋，陈顺侯进入村小学读书，三年级后转入南礤圩的道南学堂念高小，1921年在道南学校高小毕业后，随即考取了梅县松源的六甲中学。初中毕业后，因家庭经济困难，经人介绍到松源罗庚坪陈氏柏虎祠小学任教。2年后，又在尧塘大塘尾小学教书。在尧塘大塘尾小学教书时，陈顺侯结识了一批进步青年，学习了一些马列主义著作。为寻求平等与自由的革命理想，他投考了广州黄埔军官学校第四期，在这时期加入了中国共产党。随后，组织派他去海陆丰参加农民暴动，暴动失利后回到家乡，就地开展革命活动。

1927年5月30日。陈顺侯在南礤圩领着年仅十多岁的侄子陈逢庆化装上街演说，揭露和抗议帝国主义侵略中国的暴行，宣传共产党人坚持民族统一战线的正确主张，宣传救国救民的道理。陈顺侯在家乡左槐坑、龙华盖两个小山村里，组织青年锻炼国技，成立拳馆，舞弄金狮，团结了一批进步青年，以及开办夜校，演出白话戏等宣传革命思想。

1927年“四一二”政变，蒋介石在上海公开背叛革命后，大肆屠杀共产党人和进步人士，到处实行白色恐怖。这时，陈顺侯在南磜圩寄寓于堂兄的衣车店中，以做米贩生意为掩护，经常奔走于蕉城、松源及至福建武平、上杭、永定等各个圩场，借以联络革命同志，常与刘安、徐添、孙辉、王文斋、罗庆侯、罗耀华等人一起串联发动贫苦农民，开展革命的宣传活动。1929年三四月间，在陈顺侯家里，经常集合各地革命同志，以成立演白话戏班子为名，开会研究工作，并在村里演戏宣传发动群众，大批群众深受教育，革命力量日益壮大。同年5月，成立农会，组织刘开五、刘孔祥、陈德根等人，成立了赤卫队，向地主豪绅开展斗争，减租抗税，保护农民的利益；收缴了土豪梁志光等人的枪支弹药。1929年8月中旬，在左槐坑举行了松江区革命委员会的成立会议，领导成员主要有刘安（文福人）、陈顺侯（南磜人）、徐添（蕉城人）、孙辉（蓝坊人）、郭中富（北磜人）、黄国丹（松源宝坑人）、温仲华（松源人），成立时举行了祭旗仪式，进行宣誓，成立当晚又把队伍带到宝坑黄国丹家中。当时没有固定营地，为了安全起见，队伍每行动一次就要转移一次，活动在蕉岭、梅县的边境地带。

1929年10月15日，红四军来蕉岭前夕，陈顺侯受党组织派遣由南磜出发，路径北磜邀集郭中富等人一同到武平象洞迎接红四军，向朱德军长等红军领导人报告了蕉岭、梅县的情况，次日返回，路经松源圩，发现敌军已进驻有两个连的兵力在那里扎营，于是他们当晚又返回到象洞向红四军报告了敌情。10月22日，刘安、陈顺侯、黄国丹等又赶到松源迎接红四军到蕉岭，他们受到朱德军长的热情接待，并得到红四军赠给大洋300元、长枪12

支以及部分弹药的支援，加强了赤卫队的装备力量；并当即研究决定，配合红军来到蕉岭时，剪断敌人的电话通讯线路，侦察敌情，张贴标语，沿途设茶水供应，还派人到蕉城替红军购买军需物品，如手电、电池、药物、毛衣等等，同时还作出了攻打南磜乡公所的计划部署。

1929 年 10 月 23 日晚上，红四军由松源出发，24 日黎明前到达南磜，径直往蕉城进发。为了打击地方反动武装和土豪劣绅的嚣张气焰，24 日天亮前，陈顺侯等率领赤卫队员 28 人，以及革命群众七八十人，吹响喇叭号，佩戴红臂章，高举红旗，手持各种武器，打下南磜乡公所，镇压了彩楼岗的大土豪，缴枪 5 支、子弹 300 发，破开王家谷仓，开仓济贫，把粮食分给贫苦农民；接着，又在三溪口圩场召开群众大会，群情激昂，当天下午就有 80 多人报名参加赤卫队。与此同时，还从南磜到蕉城的山道上，截获抓到武平县象洞的逃亡土豪劣绅冯国珍，送交红四军总部处理。

红四军撤离蕉岭后，蕉岭县地方反动武装头目丘哲夫立即率县自卫大队，汇合梅县地方反动武装和国民党张达旅，接连进山围剿左槐革命根据地，烧杀抢劫，无恶不作，鸡犬不宁。在南磜抓走了陈顺侯的堂兄陈宾堂及革命群众陈朝宗等 4 人，无辜群众陈朝宗被枪杀于蕉城镇山楼下。同时还悬赏 2500 元光洋通缉陈顺侯等地下党员。这时，陈顺侯只好躲藏在百上磜岳父王殿庚家的谷仓中，十多天后，接上组织关系，由罗耀华前来接应引路，经隆文转松口乘船去香港避风，暂寄居在同乡陈阿兰店中。同年 11 月底，陈顺侯又与春古三（天灯下人）从香港返回大埔三河坝，然后由春古三通知其家中筹钱送物到三河坝，次日，陈顺侯妻王广秀即与招仔麻随身带五十元光洋及衣衫等物，来到松源尧塘大塘尾张阿锦家住夜，再由张阿锦陪送到三河坝的杨桃坪时仔村小学，找到松源湾下籍教师陈冠文，才见到陈顺侯。陈顺侯即于同年12月，带领部分赤卫队骨干到福建永定苏区加入红军队伍。

自南磜暴动后，国民党反动派更是恼羞成怒，用三光政策对付革命人民，多次派兵进山反复"围剿"。陈顺侯家更是无安宁之时，抓不到陈顺侯，就抓亲属问罪，捉王广秀到南磜乡公所关押拷问，供不出什么情况来，又让人保释出去。1930年3月，国民党反动派更是变本加厉残酷迫害革命者的家属，放火烧了赤卫队队部及陈顺侯等人的房屋；王广秀返回娘家，陈顺侯的父母也从此走亲串戚，无可寄寓，几经辗转，最后走到永定找到陈顺侯，生活才算安顿下来。同年8月，王广秀也来到永定，一家人才团聚在一起。10月，王广秀还参加了永定红军后方医院的救护工作。

陈顺侯来到永定苏区后，改名陈义，参加了永定县赤卫队，初时落脚在县城一中；1930年2月，他参加了永定县苏维埃政府工作，调驻湖雷盾芯寺。在闽西地下党领导人张鼎丞以及中共永定县委、县苏维埃的领导下，陈义参加武装暴动，打击地方反动势力，收缴土豪的枪支弹药等，积极工作，逐步成为一个骨干分子。1930年5月，以闽西各县赤卫队武装力量为基础，在龙岩组建成立红十二军，总部设在龙岩爱华医院，下辖六个团，龙岩、上杭，永定，连城，长汀等各成立一个团，永定县编为红三团，阮山任团长，陈义任团参谋长。同年11月5日，根据上级党组织的指示，永定县各区军事负责人及区苏维埃主席会议决定成立永定游击总队部，总队长阮振鹏，政治委员谢宪球，参谋长陈义，下辖三个大队。1930年12月16日，蒋介石调动十万兵力，开始对我中央革命根据地进行第一次"围剿"，革命根据地的全体军民奋起抵抗，进行了伟大的反"围剿"斗争。

在1931年5月的一次战斗中，陈义不幸中弹，负伤被捕后被杀害于永定西澄罗坑，壮烈牺牲时年仅 26 岁。

邓崇卯

邓崇卯（1903—1931），蕉岭县新铺同福坪头村人。出身于农民家庭。1925 年考入北京工业大学，在校期间，积极参加反帝反封建的学生运动，并加入中国共产党。

1927 年夏，邓崇卯回到家乡，与党组织取得联系，创办三社公学，亲任校长并讲课，同时还办妇女夜校、青年自治会、读书会等进步组织。1928 年，他与张宏昌互相配合，发动群众参加农会，打土豪劣绅，抗租减息，发展党团员。1928 年 9 月，邓崇卯参与组建成立中共蕉岭县委员会、东江（蕉岭）红军独立营，任参谋长。1929 年春，在三坑、鸭薮里、黄沙坑一带进行革命活动，建立革命根据地。1929 年 10 月，红四军从梅县北撤后，成立了蕉平县委，邓崇卯任蕉（岭）平（远）县委宣传部长和蕉（岭）平（远）革命委员会委员。1930 年 6 月间建立三坑革命根据地苏维埃政权，领导农民进行土地革命。10 月 10 日，在邓崇卯的主持下，县苏维埃政府在三坑下畲村三才学校成立。

1931 年春，邓崇卯往江西寻乌接受任务后回到蕉岭，在三坑主持召开了来自蕉岭、平远，梅县、松源等地的四五十个共产党员的会议，总结经验教训，把全县划分为蕉城、新铺两个区。完成任务后偕同十余个武装人员到寻乌报告工作，在平远境内受敌阻击不能前进，返回平远县东石一带活动，长达八九个月时间。后因土豪刘民四向平远县国民党政府告密，1931 年 10 月 1 日早晨，邓崇卯在东石坳上车子岗掩护同志时，头部中弹，不幸牺牲，时年 28 岁。

宋永兴

宋永兴（1905—1935），蕉岭县新铺区油坑乡蕉头窝人。他出身于农民家庭，祖辈以种田为生。早年丧父，全家靠租种薄田以维持生计，家境贫寒。永兴长大后，除务农外，亦到本村富户宋晋登、宋晋联开办的石灰厂做工，成为烧石灰工人。

1928 年 2 月中旬，“八一”南昌起义军在三河坝战役失利后，曾配合朱德部队攻打饶平县城的饶平县委委员、东江红军第十四团团长张宏昌（张碧光），自饶平县返回故里，在村里发动群众，开展革命活动，清尝废债，组织农会，又串联了石灰厂工人宋建云、宋永兴等，成立石灰工人工会。永兴斗争积极，思想觉悟提高很快，成为工会的中坚分子，参加了共产党组织。为维护工人群众的利益，五月间，根据党组织的指示，宋永兴积极组织和发动工人进行罢工斗争，提出了“工作八小时，工资五毫银”的要求和条件，直至取得了罢工斗争的胜利。此后，永兴又在张宏昌的领导下，发动石灰厂工人和贫苦农民组建了油坑工农赤卫队。初时只有 30 多人，后发展到七八十人。他们到处打土豪，收枪支，缴弹药，壮大人民武装力量。当时的油坑村成了蕉岭县对敌斗争的前哨阵地，呈现一片热火朝天的革命景象。

1928 年 9 月，在油坑半山张屋（张宏昌家）召开了蕉岭县党员代表会议，宋永兴出席了会议。这次会议改选了县委，永兴当选为工运委员。为了保护人民群众的利益，打击土豪劣绅欺压人民群众的嚣张气焰。1929 年 4 月 29 日，在宋永兴家里召开了赤卫队的骨干会议。根据会议决定，由钟占文、宋永兴率领武装袭击了三圳的“防共自卫队”，镇压了反动透顶的为首分子涂谋、陈联腾等三人。这件事震动了蕉岭县的国民党反动政府。不久（5 月 1 日）当地的反动势力和县自卫队互相勾结，串通一气，出动了大批人马疯狂围攻，进行反扑，油坑村遭洗劫。在这场斗争中，宋永兴临危不惧，把个人生死置之度外，掩护革命同志和群众安全转移。他的妻子曾氏及火兴、开兴兄弟三人被敌人抓去，关押在监狱里，受尽严刑拷打，坚贞不屈，拒不向敌人投降，使得敌人无计可施，最后只好把他们绑赴到蕉城北教场枪杀了。永兴眼见自己的亲人被害，悲愤万分，为了人民的解放，更加英勇顽强地战斗着。同年 10 月，县委书记张宏昌壮烈牺牲后，油坑等地的斗争即由宋永兴担负了主要领导责任。他带领一支武装，活动在鸭薮里、灵峰山、大峰嶂，转战在蕉、梅、平边境，同国民党反动派进行殊死的战斗，不断打击敌人，壮大自己，一直坚持斗争。

1931 年1 月15 日，蕉平寻县委、县苏维埃成立后，蕉岭地区的党组织于 1 月下旬在三坑下畲曾玉兰家里召开了党员代表会议，为了便于领导，更好地打击敌人，决定把蕉岭划分为新铺区和蕉城区，永兴担任蕉城区委书记兼革命委员会主席。他领导着油坑、蓝坊、南北磜一带的革命斗争，搞得反动派惶恐不安。7 月 20 日，惩处了反动政府派驻油坑的团董宋品青，并袭击了以廖秋屏为首的警卫训练队，给他们以沉重的打击。

1932 年 2 月以后，反动派集中了梅、蕉、平三县的反革命武装，实行大规模的“围剿”，敌人到处构筑层层封锁线，实行“山砍光、屋烧光、人杀光”的三光政策。在这极其险恶的情况下，永兴领导的武装坚决抵抗，采取小型分散的活动方式，以打圈子和挺进游击的战略战术，对付敌人的“清剿”。但因敌我力量悬殊，斗争形势十分险恶，革命斗争处于低潮。其时上级党组织决定：新铺、蕉城区的全部人员及武装，到江西省寻乌县报到，分配工作。永兴他们于 8 月初到达寻乌县，找到了县委书记梁锡祜，汇报了蕉岭方面的情况。适其时，会昌中心县委书记兼中央军区第三作战分区政委邓小平来到寻乌，指示蕉岭县来的同志到军分区训练并分配工作。于是，他们同年10月来到江西会昌筠门岭营地受训，3个月以后，宋永兴、刘传兴、陈炳坤、曹秋生、曹亚松5人分回蕉岭县做交通联络站的工作，为党组织和游击队传递消息和保护革命同志来往的安全，还护送了一批人员前往江西、福建红色根据地去参加革命。1933年初，因曹秋生父子逃跑回家，身份暴露，不能继续坚持开展工作。是年3月，永兴等又返回筠门岭第三分区重新分配工作，担任军分区粮服科科员。1934年10月参加长征，1935年在长征途中渡金沙江时壮烈牺牲。

郭建康

郭建康（1918—1948），字玉明，又名烈光，蕉岭县北礤乡石寨村人。1936年就读梅蕉六甲联立中学（松源中学前身），1938年，参加中国共产党。

1939年，他初中毕业后，党组织安排他至梅县中心县委开设的新生印务局工作，他表现积极，严守纪律，一心为党工作。1940年，新生印务局被国民党查封。1941年，由地下党介绍至梅县隆文岩前培英小学教书。1942年，他疏散回家，在北礤的石寨圩开了一间广福商店，以经营大米、棉布等生意作掩护，担负闽粤边地下交通联络任务。1945年，党领导的抗日游击队韩江纵队第一支队来到杭武蕉梅地区开展工作，支队长邹子昭曾在其家联络并布置任务。当时的石寨村，也逼于福建保安团所谓治安联防的压力，组织一部分壮丁搞“联防自卫”，晚上放哨巡逻，阻碍游击队行动。秋冬间的一晚，党组织通知他与郭履洁两人，至石寨村口护送地下党的负责人王志安过村。是晚，月白风清，稍有寒意，两人依约至指定地点执行任务，顺利地让王志安安全通过该村。

1946 年，第一支队在福建铁钉栋打仗后，转移到离石寨村数华里的松源旱磜子村，每逢石寨圩日（农历每逢一、五、八日为圩期），梅县的松源、隆文、福建的象洞、中都等地的群众，均云集该地，郭建康在石寨圩开设的店铺成为交换情报的秘密交通点和部队粮油菜的供给转运地。这年秋，因王延秀、张亚南等队员相继被捕叛变，供出交通站的情况，郭建康为保证文件、财物的安全，把从松源转移至他家保存的一批文件、书信、书籍、衣物等移藏黄草栋大山，后被山火焚烧了。11 月 27 日清晨，驻松源的广东省保安团黄振发中队，到石寨逮捕了郭建康，押解至松源。郭建康在被捕后保持了共产党员的气节，未泄露任何秘密，使敌人抓不到证据，于同年 12 月 3 日交保放出，出狱后继续完成党交付的任务。

石寨村人烟稠密，房屋集中，几乎全是郭姓，祖尝大，收租多，是一个较难开展工作的村庄。原有 4 个共产党员，但有的早年参加新四军，有的外出谋生，只有郭建康一人在当地坚持党的工作。1947 年冬，杭武蕉梅县委及其领导的游击队，摧毁北磜乡公所后，收缴该村恶霸枪支、征募军粮等大量工作才在该村开始。1948 年 3 月，闽粤赣边区总队打下蕉岭县城后，教导队住进石寨。这时斗争越来越尖锐，在斗争中，郭建康的政治身份暴露。该村反动乡长郭国纪等与闽粤边“剿匪”总司令涂思宗早有勾结，涂上台后关系更密切。1948 年 3 月 25 日，涂思宗部偷袭教导队，郭建康和郭玉如同志来不及撤退，同时被捕，营救无效。1948 年 4 月 9 日，郭建康于蕉岭县城英勇就义，临刑时高呼“中国共产党万岁”！牺牲时年仅 30 岁。

郭玉如

郭玉如（1901—1948），蕉岭县北磜乡水涨田村（新中国成立后改名尚田村）人。他生在一个农民家里，从小耕田，只有小学文化程度。年轻时不满国民党的反动统治，憎恨人压迫人、人剥削人、人吃人的黑暗社会。据老赤卫队员何耀文等回忆，第二次国内革命战争时期郭玉如曾参加过工农赤卫队。

抗日战争时期，在共产党的抗日民族统一战线的宣传影响下，郭玉如爱国热忱日增，深恨国民党蒋介石集团的卖国投降政策。他毅然丢下锄头扁担，去参加国民党蕉岭县后备役训练，操着土制大刀长矛，苦练杀敌本领。但是，受训结束后，他未能达到上前线杀敌的愿望，仍回家耕田。为了生计，又在本乡石寨圩一间杂货铺中当店员，经常接近党的地下工作同志，并参加党的地下活动，张贴标语，散发宣传品，积极参与地下活动，表现积极，于1945 年4 月参加中国共产党。

1946 年秋，由于韩纵第一支队个别队员被捕叛变，部队安全受到严重威胁，在转移受伤的王振先支队长的过程中，郭玉如胆大心细，积极出主意，想办法，请轿子，并扛抬伤员转移，胜利完成安全转移任务。

1947 年春，杭武蕉梅边县委和边县游击队移驻水涨田村后，他以店员身份为党报送消息，替游击队购买军需品和日用品，严格保守了党的秘密，积极帮助县委开展水涨田的工作，在建立水涨田武装民兵的过程中，起了很好的宣传动员和带头作用。

是年冬，杭武蕉梅边县游击队收缴北礤乡自卫队的武器，以及郭姓祖尝枪弹时，他事先调查摸底，掌握情况，如数收齐。不久在摧毁北礤乡公所后，他又串联群众，协助开展石寨村的工作。

1948 春，闽粤赣边区总队攻打蕉岭县城前后，特别是教导队住进石寨村时，他热情接待部队同志，提供给养，转交粮食等，往来频繁，他暴露了地下党员的身份。3 月25 日，地方反动分子勾结涂思宗部属一个中队偷袭教导队时，他来不及撤退，不幸被捕。27 日，敌军包围村庄，洗劫了水涨田，在郭玉如家中搜出大刀、脚绑等物品，被作为“罪证”，随后解至蕉岭县城，经多方营救无效，受尽折磨，1948 年 4 月 9 日，与郭建康一起英勇就义。

徐福祥

徐福祥（1910—1949），蕉岭县华侨农场土坑村人。自童年时代起就与养母相依为命，过着凄苦的生活，只靠租种薄田和打柴度日，是一个在旧社会饱经风霜、苦大仇深而又老实正直的农民。他好不容易熬到二十出头，娶钟八妹为妻，一个 5 口之家只有 3 间烂屋，过着清贫苦难的生活。迫于家庭困境，终年靠出卖劳动力，做牛做马，谋求生存，因而铸成了他勤劳勇敢、吃苦耐劳、脾气倔强、刚义耿直的性格。三年解放战争中，在钟文聪等武工队同志的串连发动和培养教育下，徐福祥从一个普通的农民走上革命的道路，从一个普通群众锻炼成为一个共产党员。他为革命赤胆忠心，为人民解放事业鞠躬尽瘁，流尽了最后一滴血。

全国解放战争时期，在中共杭武蕉梅边县委的正确领导下，1947 年 11 月 24 日，成立了“蕉岭县地方武装工作队”，揭开了蕉岭县石窟河两岸人民游击战争的序幕。武工队建立之初，主要活动于高思、大光、三圳、上九岭、黄沙坑、黄坑、磜背等地的大片山村，那时，三圳的上九岭村是游击队武装活动的中心地带，游击队逐步向周围乡村做开辟工作。至 1948 年 6 月间，蕉岭县三圳武工队队长钟文聪先后带领钟崇光、何端暹、冯英辉、徐增等人在茶园下、土坑里、吉塘坜、油坑、蕉头窝、洋蛟湖、寨子坑、石埂、晋元中学等地开展工作，通过各种活动，成立了妇女会、民兵、儿童团等组织，同时举办夜校、妇女识字班，团结教育贫苦农民，从中发现和培养积极分子。在土坑村开展工作时，武工队员先是利用亲戚关系入手，串连发动了徐汉杰，很快又由徐汉杰介绍结识了徐福祥及其妻子钟八妹。徐福样夫妇苦大仇深，对革命同志有特殊的感情，一见到武工队员就像兄弟姐妹般亲热，每当革命同志来到茶园村、土坑村活动时，他就积极参加站岗放哨，打探敌情，保护革命同志的安全，安排好同志们的吃住及安全转移等事情。不管风雨交加的深夜，还是严冬酷暑的季节，他都任劳任怨，为了保护游击队同志，甘愿自己受苦受累，毫无怨言。在当时对敌斗争的环境里，情况非常复杂，游击队每次到土坑村活动，白天不敢在村里久留，常常在村子背的山上坐乌督（地名）隐蔽。徐福祥夫妇经常假装上坟，给同志们传递情报，送饭或送茶送水，送日常生活必需品。晚上游击队的同志入村活动时，徐福祥的家就成了游击战士接头的堡垒户。

随着解放战争形势的日益发展，武装队伍逐步扩大，要发动青年参军参战，为部队输送兵源，壮大革命斗争力量。因此，地方武装工作队的主要任务就是要解决人、钱、枪。不论是发动青年报名参军参战，还是筹款募粮，收缴反动派的枪支弹药等方面，徐福祥都积极带头行动。土坑村虽是个干旱瘠薄的穷山村，群众生活困苦，度日艰难，但徐福祥每次接受任务，总是想尽千方百计，支援游击战争，只要是革命的需要，他都认真去做，不管接到多么艰难的任务，他都千方百计去完成。为探敌情，替游击队传送情报，徐福祥四处奔走，上县城，去三圳，赴新铺，往白渡，他到处奔走，不论遇到什么困难和危险，只要一发现敌情，他不分昼夜，辗转寻找游击队报告敌情，商量对策。为了传送一个情报，他常常从土坑到磜背，入大地、高思，又转到九岭、吉塘坜、油坑、寨子坑，以至白渡、徐溪、黄沙等处都找遍，一股劲儿直至完成任务为止。经过革命斗争的锻炼和考验，徐福祥已成为一个坚强的革命战士。1949 年春，武工队党组织发展徐福祥、徐汉杰、徐德轩三人光荣地加入了中国共产党，建立起中共土坑村支部，徐福祥任支部书记。从此，他更加积极地为党为人民工作，为夺取解放战争的胜利，为人民的翻身解放而努力奋斗，不久就迎来了蕉岭县的胜利解放。

1949 年 7 月 16 日，在我南下大军的追击下，溃退南窜的国民党胡琏兵团残部窜扰梅州，有一部分窜入蕉岭县境。在此之前，中共梅州地委指示蕉岭县党政军机关暂时撤出蕉岭县城，转入山区隐蔽，各区民主政府及武工队则坚持就地分散隐蔽活动，做好“保卫家乡、保卫夏收、发动群众、支援战争”的工作。胡琏残兵窜入蕉岭后，为了保证我党政军机关转入山区后的供给问题，县委分配各区武工队做好支前工作，重点是解决粮食问题。当徐福祥接到三圳区武工队的部署和任务后，带头抢割自己的早稻做成米，支援部队。同时，他一方面做好宣传发动工作，向群众筹粮；另一方面，发动各家户抢收夏粮，砻谷做米。在徐福祥等人的带动下，土坑、上九岭、吉塘坜、茶园、礤背、洋蛟湖等村庄的群众发动面都达八成以上，共筹粮 200 多石。徐福祥还积极协助游击队向殷实大户募粮，他胆大心细，出面做洋蛟湖的“老虎六”（即华石六）的宣传发动工作，先后动员他募粮几百石。为了解决粮食运输问题，徐福样夫妇又积极串连发动群众，组织青年、民兵运输队和妇女运输队，挑的挑，背的背，星夜送粮进山，还组织一批会游泳的青年背米渡河（八轮车渡口），一驳接一驳，克服重重困难，把一批又一批的粮食运到徐溪、蓝坊肚等地，保证了部队的给养。

胡琏残部窜入蕉岭后，从蕉城、兴福、三圳直到新铺一带的大片平原村庄都驻扎着敌兵，形势十分严峻。敌人到处拉丁勒索，强奸妇女，抢劫钱粮，无恶不作，搞得城乡上下鸡犬不宁。7 月 20 日，胡琏残兵偷袭了我三山蓝坊肚的武装集结队伍，同时又窜入高蓝山区及南北礤山区袭击转移的县党政机关。7 月 24 日，在形势十分紧张的情况下，徐福祥仍冒着极大的生命危险到三圳圩刺探敌情，不料被三圳自卫队的便衣队发现告密，不幸被捕。当时，我游击队员还有十多位同志停留在土坑村徐福祥家里，文件、背包、枪支也还放在屋里，游击队闻讯后火速撤到后山，安全转移。

徐福祥被捕后，经受了敌人的严刑拷打、火烙、电刑等惨无人道的逼供，但他立场坚定，始终如一，宁死不屈。1949 年 8 月 12 日，在蕉城镇山楼下，惨遭敌人杀害。就义前高呼“中国共产党万岁!”表现了一个共产党员的铮铮铁骨和视死如归的高尚品质。他牺牲时年仅 39 岁。

附录　蕉岭县革命烈士英名录[1]

林修明	张宏昌	邓崇卯	陈顺侯	陈亚五	陈　谦
谢振肆	邓克英	赖葵祥	赖华庆	邓接祥	邓克如
林诗可	林国安	刘　安	徐　添	张清文	张职昌
宋新喜	宋坤保	陈柏英	丘国亮	曾永盛	钟火龙
钟永佛	钟福昌	钟桂和	谢梅初	张水连	刘开粦
刘中戴生	刘中来寿	刘梅生	陈集盛	钟占文	林强兴
谢开华张（女）		何维贤	谢富二	高万五	田汉二
刘兴福	钟生云	赖城粦	张永昌	宋金华邓（女）	
宋金兴	宋德汉	宋炎兴	宋永兴曾（女）		宋佛松
宋永兴	宋火兴	宋顺保	宋开兴	邓喜松	邓亚关
张长生	温育金	陆学平	钟柏生	曾荣丰	邓克南
丘新淦	温兰招（女）		徐汉谦	李淦松	李大猷
李佛全	林　青	林丙盛	谢金招（女）		张　梅
何焕江	郭玉如	郭汉京	郭建康	郭长寿	郭淦仁
王文明	徐福祥	陈安祥	陈鑫昌	傅仑山	傅汉环
丘亚宏	傅　飞	陈永福	邓建安	钟顺兴	钟丙庆
王其寿	王盛昌	林远槐	张南胜	钟运元	郭亚选
丘　标	林保华（女）		汤春来	赖城禄	丘　先
丘先开	谢建芳	刘伟祥	林泉安	丘永火	汤昌荣
曾繁淼	廖志君	利永新	张添星	徐金保	曾庆保
李育鑫	汤均森	邓来保	汤炳清	张远杰	林城汉
宋镜清	钟绍坤	陈广美	陈　辉	谢晋烈	何全锦
吴生昌	何开永	何锦英	林新华	谢仁安	曾思兴
张久煌	丘炳文	刘志敏	刘政钦	汤钦福	刘安泰
陈通怀	曾　立	曾祥稳	古庆伟	钟志伟	何志钦

---

① 蕉岭县人民政府 1982 年编。

第二节 革命人物

曾鉴修

曾鉴修（1916—1985），蕉岭县新铺镇长江村人。1937 年参加山西青年抗敌决死队，1939 年加入中国共产党。抗日战争时期，任决死四纵十总队连指导员、营政治教导员、团政治处副主任，山西省汾阳县政府秘书、岚县县长兼县游击队队长、静乐县县长兼县游击大队大队长。参加了创建晋西北抗日根据地，反顽、反“扫荡”斗争。解放战争时期，任晋绥野战军独立第三旅政治部宣传科科长，晋绥军区、西北野战军第三纵队独立第三旅政治部组织科科长、政治部主任，第一野战军三军八师政治部副主任。参加了运城、晋中、太原和进军大西北诸战役。中华人民共和国成立后，任师政治部主任，第八军政治部副主任，西北军区政治部秘书长、组织部纪律检查处处长，中国人民解放军总政治部群众工作部副部长，昆明军区后勤部政委，石家庄高级陆军学校政治部顾问。1964 年晋升少将军衔。1985 年 4 月 24 日在北京病逝，享年 69 岁。

赖清芳

赖清芳（1901—1941），又名赖国平，蕉岭县新铺镇同福尖坑村人。少年时入同声公学（坪岗小学）读小学。1924 年 4 月至

1927 年 5 月在梅县广益中学、学艺中学读书。在学期间，品学兼优，善于演说，思想进步。积极参加学生运动，曾先后推选为全梅学生互助社、梅县学生联合会总干事、主任、宣传委员、副主席等职，后加入中国共产党。

1927 年 5 月 12 日，参加梅城工人武装暴动，后由于反动派的反扑，革命力量撤出梅城，转入疏散隐蔽活动。那时，赖清芳回到家乡尖坑村，在矮车重德学校教书作掩护，从事党的地下活动。并和共产党员邓崇卯一起，废除庙宇，创办“三社”公学，培训骨干，组织农会，建立赤卫队，进行抗击封建势力等斗争，搞得有声有色，有赖姓、邓姓“满地红”之称。同年底，当选为中共长江狮山支部书记。1928 年 3 月选为新铺区委组织委员，9 月选为中共蕉岭县委委员。1929 年 7 月，县委书记张宏昌受伤后，接任县委书记。12 月，中共东江特委指示，将中共蕉岭县委和平远县委合并，成立中共蕉平县委，赖清芳为组织部长。1930 年 4 月，选为蕉平县革命委员会主任。由于国民党反动派的血腥镇压，频频进剿革命据点和苏区，党的组织和革命力量受到很大损失，形势发生了变化，赖清芳被迫出走马来西亚，从事教书生涯。1941 年由于反对日本帝国主义的侵略，惨遭日军杀害，为革命流尽最后一滴血，时年 40 岁。

林连宗

林连宗（1918—1981），又名育民。蕉岭县新铺潘田村人，出生于荷兰属邦加文岛（现属印度尼西亚）一个小商家庭。父亲林文珠，是清朝末年的秀才，早年出南洋经商。母亲陈玉秀，是农村妇女。1934 年，林连宗在苏门答腊岛芸林中华学校高小毕业后，毅然回国接受教育，就读于梅县东山中学。

1938 年 4 月 5 日，林连宗在梅县石坑堡光荣加入中国共产党。8 月，他利用假期回乡，组织了新铺暑期学界乡村工作团，深入新铺、三圳、蕉城等圩镇农村，开展抗日宣传、募捐等活动，在潘田、新铺镇南中学发展了 5 个党员。8 月，林连宗在梅县党组织的安排下，奔赴革命圣地延安，到洛川抗日军政大学六大队学习政治、军事、文化科学知识。1939 年 12 月，调至延安军委一局任教育干事。1940 年 5 月，在延安国际和平医院任政治干事。1942 年 5 月起在延安边区保安政治部组织科任组织干事。

1945 年 6 月，林连宗奉调至广东干部队学习。8 月，部队行军至洛阳附近时，日寇宣布无条件投降，他奉命调往东北，11 月到达吉林，分配到民主抗日联军汪清第三支队警卫营任政委。1947 年 2 月，林连宗调任汪清县委任常委、组织部长，1948 年 9 月任县委副书记兼组织部长。

1949 年 10 月，兴梅地委分配他回蕉岭任县委书记。此后，他与蕉岭县委副书记、县长钟化雨等县委一班人一起，领导蕉岭人民开展了清匪反霸、抗美援朝、土地改革、社会主义建设等一系列工作。

在社会主义建设时期，林连宗于 1953 年 10 月调任国营揭阳糖厂任党委书记兼厂长，1956 年 3 月调任国营广东糖酒建筑安装工程公司经理。1959 年 10 月，他担任广东省轻工业厅制糖局局长，为广东糖、酒工业的发展作出了很大努力。1960 年以后，林连宗一直担任广东省轻工业厅副厅长。

林连宗长期带病工作，为党的事业废寝忘食，呕心沥血，积劳成疾，病倒在工作岗位上。1981 年 5 月，他患急病送进医院治疗，住院期间，还念念不忘党的事业。1981 年 5 月 18 日晚 10 时，林连宗因患脑溢血，经急救无效在省人民医院逝世，享年 63 岁。

钟化雨

钟化雨（1925—2016），原名锦鸿，参加革命后化名阿夏，蕉岭县招福乡（今三圳镇）洋蛟湖村人。

1940 年，钟化雨考入蕉岭中学，1943 年毕业于蕉岭中学附设师范科。1944 年，他在油坑丰乐公学教书时，接受党组织的启发、教育。1945 年，经李仲先、李志坚介绍到梅县隆文岩前公学代理地下党员负责人杨扬的校长职务。1946 年，钟化雨加入中国共产党。1947 年冬，杭武蕉梅边县委在桃源高窝村召开战地会议，决定成立蕉岭武工队，由钟化雨、钟文聪、刘雨舟、钟崇光、张志姚等组成，钟化雨任队长。1948 年夏，蕉岭武工队遵照地、县委的部署，开展减租减息“双减”斗争，结合开辟新的活动区域。蕉岭武工队的频繁活动，震动了国民党蕉岭县政府，国民党县政府发出通缉令，悬赏捉拿钟化雨等人。

1948 年 11 月，根据地委的指示，成立蕉岭县工作委员会，钟化雨为书记，同时，把县人民游击队与武工队扩编为独立第二大队，由钟化雨兼政委。1949 年 6 月 1 日，成立蕉岭县人民政府（军管会并存），钟化雨被任命为首任县长。7 月，国民党胡琏残部数千人，从闽赣流窜梅蕉，由新铺进犯蕉岭，钟化雨带领蕉岭县党政机关，向高蓝区撤退，转移至高思大光与敌周旋。

1949 年 10 月，林连宗任县委书记，钟化雨改任副书记兼县长。钟化雨重视水利建设，亲自带领水利干部和技术员实地勘查，制订修复、加固石窟河堤围的计划。在石窟河拦河筑坝，同时从大坝两岸深挖东西干圳，东从长潭口至麻坑、陂角、兴福、三圳直到新铺福岭、矮岭，西从白马、堑垣、神岗直至河西的横龙岗，全长 50 公里的东西干圳使沿河两岸 2. 8 万亩旱地改为水田，3 万多农田受益。

1957 年，钟化雨调任粤东区党委农村部任副部长，随后辗转兴宁、紫金等地工作。1980 年从紫金县委书记调任惠阳专区巡视员（地专级）。

1989 年，他从惠阳地区巡视员领导岗位退下来，2016 年 6 月 16 日，因病医治无效在惠州逝世，享年 92 岁。

第三节 重大革命事件

一、新铺武装暴动

1927 年 12 月，在成立中共蕉岭县委的同时，作出了在新铺举行武装暴动的决议。与会人员认为，新铺地处蕉岭南端，是梅县、蕉岭、平远交会的大圩镇，也是粤东通向赣南的经济集散要镇，地理位置十分重要，在这里举行武装暴动影响较大。

1928 年 1 月 4 日清晨，徐持、钟慕光、钟占文等率领“工农革命军第十四区团”近 200 人的队伍，与前期已谈判好的陈炯明残部张齐光、陈卓超、钟葵江等百余人会合。是日午后，新铺武装暴动战斗打响，暴动队伍包围了新铺商团武装和警察所，打死商团武装 2 人，缴获长短枪 40 多支，弹药军需品一批，暴动取得了胜利。暴动队伍占领新铺后，徐持等在镇南中学（现新铺中学）内操场召开群众大会，发表演说，揭露国民党反动派破坏国共合作，制造反革命政变的真相，宣传中国共产党反帝反封建的政治主张，号召贫苦农民参加农会和赤卫队。暴动队伍在新铺街头张贴标语，安抚百姓，召集新铺商贾开会，筹款募捐，查封张福源布店、均兴油盐店、陈运元粮店等反动商号，把没收的物资分发贫苦群众，受到群众的热烈拥护。1 月 6 日，暴动队伍撤离新铺，分散隐蔽。

新铺武装暴动，是中共蕉岭县委根据上级党组织的指示，精心策划的一次工农武装暴动，它与东江各县的武装暴动遥相呼应，达到了打击和牵制敌人的目的，减轻了梅埔丰革命根据地的压力，为巩固扩展革命根据地，发展壮大工农武装作出了贡献。新铺武装暴动的成功，揭开了工农武装割据斗争的序幕。

新铺武装暴动载入了中国人民解放军历史资料丛书《土地革命战争时期各地武装起义》卷。

二、赤石径伏击战

1928 年 9 月，中共蕉岭县委在新铺油坑半山张召开县委会议，会议改选张宏昌为县委书记，会议决定成立“东江（蕉岭）红军独立营”，由张宏昌任营长，邓崇卯任参谋长。

1928 年冬，邓崇卯、张宏昌、谢梅初等人在三坑、黄沙等地活动，串联发动了一批贫苦农民，建立起黄沙农民协会。张宏昌在油坑村团结进步青年，并动员张职昌、张少巨、宋永兴、张兆志、宋健云等人加入独立营，鼓励钟其勉、钟春生、丘慕良、邓牧民投笔从戎加入革命武装行列。

1928 年 12 月 25 日，独立营得到可靠情报，国民党白渡区长钟森柏将从梅县解饷银和粮食到白渡。根据情报，张宏昌立即把独立营武装编成两个小分队，到赤石径伏击。经过一场短兵相接的战斗，截获了饷银和粮食。在这次伏击战斗中，独立营战士宋海源、张职昌、余登烈不幸受伤被俘，后解押到梅县被国民党反动派杀害。

1929 年春，“东江（蕉岭）红军独立营”人数已达 150 多人。党组织也进一步巩固发展，县委所辖蕉城、新铺两个区委，党支部由原来的 5 个增至 12 个，全县党员发展到 150 多人。

三、左槐燃烈火

左槐村位于蕉岭东部南礤镇，离镇政府 1 公里，距离县城 23 公里。左槐革命老苏区是在大革命时期（1927—1930 年）由左槐村民陈应堂（参加革命后改名陈顺侯、陈义）创立，新中国成立后经广东省人民政府批准确认的。陈顺侯 1926 年在广州黄埔军官学校学习时加入中国共产党。1927 年 5 月，受组织派遣参加海陆丰彭湃领导的农民暴动失利后，又受组织指派，把革命的火种带回家乡，开展农民运动。

他回到家乡后，开始以做米贩生意作掩护，到各地联络革命同志，宣传共产党的主张，以办武术馆、办夜校的名义，发动青年练武、舞狮等作掩护，进一步秘密串联发动农民群众，组织农会、农民自卫武装，开展了早期的工农武装斗争，建立农村革命根据地。1929 年 5 月，在左槐成立了农民协会和赤卫队武装组织，开展打土豪斗争，实行减租减息，成为蕉岭县的重要革命根据地。1929 年 8 月中旬，在左槐村举行了松江区革命委员会成立会议，陈顺侯选为委员。1929 年 10 月，陈顺侯等受党组织派遣到福建武平象洞迎接红四军，报告蕉岭情况，后率赤卫队为红军探敌情，放哨带路，使红军顺利经南礤到达蕉城。红军还赠大洋、枪支、弹药支持左槐赤卫队。后来赤卫队多次组织清算土豪，处决罪大恶极欺压群众的王姓大土豪，破土豪粮仓，把粮食分发给农民群众。陈顺侯率赤卫队攻打南礤国民党乡公所后，在南礤圩坪公开演说，宣传共产党的革命主张，喊口号“千富我不要，万富少我钱，谁人跟我去，每月三块钱（大洋），打倒土豪劣绅！……”很多农民群众围看听其演讲，拍手叫好，有人竖起拇指称他是好汉，纷纷跟随他闹革命，先后有本村和邻近村民 80 多名青年参加农会和赤卫队，其中有父子、兄弟参加的，如陈朝中父子，荣寿古、荣寿二，德林、德根，左才、公才兄弟均参加了赤卫队，革命队伍得到发展壮大。就这样，革命的火种点燃了蕉岭东部左槐山村，给人民群众以极大鼓舞希望，给反动派和土豪劣绅沉重打击。对此，当地土豪怀恨在心，趁红四军离开蕉岭之机，勾结国民党反动派武装一个连的兵力乘机反攻倒算驻扎南礤圩，对左槐革命苏区进行疯狂报复，残酷镇压左槐的革命志士和群众，还贴出布告，悬赏通缉捉拿“匪首”陈顺侯和赤卫队员。赤卫队和农会的文件、传单、书籍、袖章（斧头镰刀的徽号和红布臂章）、苏维埃红布旗帜、苏维埃印章、陈顺侯的住房、农会会址及赤卫队队部和房子等等被洗劫焚烧净尽。对村民的被服、现金、牲畜也洗劫一空。当场被捉去的有王生何（女）及陈德灵、陈朝宗、陈长生等人。陈朝宗仅担到破仓谷 2 斗，被押到蕉岭即被枪杀。全村陈姓村民和赤卫队只好转移进山，陈顺侯带部分骨干前往福建，参加永定张鼎丞的红军部队，他牺牲时年仅 27 岁。此后长达三四年时间，左槐村群众有家归不得，背儿负女，风餐露宿，流离失所，村民不敢出圩入市买卖，常被中途拦捉，连耕作都提心吊胆。反动派匪军经常来村捉人，造成田园荒芜；有的人寄居亲戚家，有的亲戚怕株连，不敢招呼挽留；学校关门，在学儿童也多无法维持学习，该结婚的男青年娶不到老婆。在路上捉到送监狱，被敲诈勒索，有的妇女改嫁，有的子女送人家，有卖儿卖女、卖田卖山求生路的。有的男人外出无归，有的妻离子散，家破人亡。走进村见不到一个人，变成无人村，恐怖恐慌的日子连续好几年。

解放前夕，闽粤赣边纵游击队在南北礤活动时，阿洁哥（郭履洁）带领南北礤武工队，把左槐作为秘密据点，游击队有时住山上有时住在村民家中，有不少人为游击队购买物资用品、送饭。小孩陈森庆假装上山割草送饭。为游击队侦探敌情，暗中放哨，送情报，提供住宿衣被食物等等，做了大量工作，大革命牺牲的陈集盛烈士的儿子陈荣中以及陈思檀、陈其、陈炳才等村民参加了游击队。村民王锦娣阿婆深夜借锄头给游击队，活埋通风报信害人的姓黄的汉奸坏家伙。游击队员说，左槐的群众真好，为我们游击队做了很多工作，左槐真不愧是当年大革命时的老苏区。

新中国成立后，党和政府对左槐村为革命作出重大牺牲和贡献给予肯定，并依据革命老区的事实和国家的有关规定，评定左槐村为革命老苏区。政府每年派出慰问团到左槐村慰问，进行座谈，了解民情、嘘寒问暖，对老苏区的生产生活和建设给予帮助和扶持。为左槐村架桥修路，村容村貌逐步改善。左槐老苏区的群众异口同声说：没有党的好领导就没有左槐今天的大变化。左槐人民衷心感谢伟大的中国共产党和毛主席。

（引自内部资料《边火燎原》，作者陈其才）

四、攻进蕉岭城

2003 年 10 月 16 日，我到蕉岭县旅游，来到县城镇山楼山顶高处烈士纪念碑前，先瞻仰，后照相。我环视了一下，猛然觉得，这立纪念碑的山头，正是 50 多年前我们刘永生部队攻打蕉岭城的火线指挥部，也是重机枪班和我所在的小鬼班的阵地。立即心潮滚滚，难以平静。我特别怀念当时攻城英勇牺牲的章思敬、谢强和丘恒三位烈士。

1948 年春节前几天，即 2 月 14 日，我们奔袭了丰顺县的黄金镇。那时，我和人们惯称“阿余”的章思敬同志同在教导队一个班，盖一张毛毡睡觉，他说我年纪小，行李由他背着。他常说一句话：“除旧迎新！”在马头（今称马图）北山嶂过元旦时，他用筷子敲着吃饭、刷牙和饮水三用的搪瓷茶缸子在操场连连高喊这话。就在攻打黄金的炮楼时，他又呼着这话英勇拼杀。这一仗，全歼了县自卫总队驻黄金一个中队和当地军警，缴获长短枪70多支。之后，部队大转移，越过满山树木挂满冰凌的铜鼓嶂，到达梅县三乡小都老游击根据地，准备过春节。一天下午，军民惯称“老货”的刘永生司令员和警卫中队队长陈育光来到教导队，说是警卫中队要成立小鬼班，要我提前结业，去当小鬼班班长。我怕干不好，不想去。章思敬待领导讲了重要性后，在背后擂了我一拳说：“革命，除旧迎新，得去！”没办法，我上任了。

春节后，部队秘密向远方挺进，翻过阴那山，夜渡梅江，沿着闽粤边境北上，到达蕉岭境内的水涨田，随后又挺进到桂竹园。夜夜长途奔走，天天劳累，我们不明白上级的意图。小鬼话多，我曾问过老货：“黄金打了大胜仗，怎么还要天天奔走这么远?”老货说：“到时你就知道了！”果真，3 月1 日下午，老货作战斗动员了，他说：“同志们! 我们打了黄金，声势大，敌人正集中兵力在丰顺县境内‘围剿’。而蕉岭县城的敌人以为我主力还在南边，正在睡大觉呢。我们就来个神不知鬼不觉，今日长途奔袭蕉岭城，打他个冷不防!”他还提到：“战斗可能十分激烈，大家要团结友爱，碰到险情，舍命也要援救同志!”大家听了，群情激昂，于当日黄昏从桂竹园出发，摸黑向 20 多公里外的蕉岭城疾进!

下夜四点钟，部队到达镇山楼山头的后山坡。刘司令发出战地作战命令：各中队向预定攻击目标隐蔽前进! 阿余从我身边走过，他又用拳头擂了一下我的肩头说：“除旧迎新！上！”事情也巧，不一会，与我同村的谢强也从我面前走过，我不禁多嘴小声说了一句：“人说战场就是刀山火海，我们游击战士，就是善上刀山，勇跨火海!”他表示：“那当然啦!”接着他重复刘司令说过的话：“碰到险情，舍命也要援救同志！”我们都知道各部队攻击的目标，且特别注意攻击伪县政府的主攻方向。按预先安排，黄克庸、陈道带一中队从南大门攻入，赖江平带教导队从北边围墙跃进。一中队的枪声一响，便是统一攻击信号，全部一齐行动。不一会，随着一中队的枪声，全城火光冲天，杀声四起。但是，主攻遇敌顽抗，南大门一时没有打开，伪县政府自卫总队的机枪架在大门的二楼上，居高临下猛烈扫射，攻击部队一时难靠近。而北面的教导队搭人梯翻越围墙时，又伤亡较大，有三位同志牺牲。与我长期同盖毛毡的章思敬就在围墙上倒下，停止了呼吸。另一战友谢强，见一战友负重伤倒下，便按照刘司令说的而他又重复过的话："碰到险情，舍命也要援救同志！"即奋勇冲上救援。结果重伤员得救了，他牺牲了！在这进攻遇阻之时，教导队实行第二套作战方案，用炸药包炸开了后面大围墙，先头部队穿插向南，打开南大门，使一中队和教导队以勇猛之势冲进大院，敌人死的死，伤的伤，被俘的被俘，也有越墙逃跑的，整个大院内各反动机构全军覆没。经过一番浴血奋战，战斗结束了。这一仗，消灭了大批守城之敌，缴获长短枪近四百支，子弹近两万发，军用物资一大批，摧毁了全城的反动机构。政治部的同志分头在市区展开宣传活动。商店陆续开门，行人如常，众人在阳光下听着演讲，看着进城的雄壮的人民武装队伍，个个充满惊奇和无限敬重的表情。我们打开监狱大门，释放被反动派关押的一百多名"犯人"，并放火烧了监狱。还打开粮仓，将粮食分给穷苦百姓。全城万民欢呼。

我站在烈士纪念碑前，看着往日曾是硝烟滚滚的战场，而今却是高楼林立，遍地花海，美景如画。眼前的景象越是美好，我越发怀念英雄先烈，心中总是重复着烈士话语："舍命也要援救同志！""除旧迎新！"

（引自《蕉岭党史》第十六期，作者廖振）

五、分水凹歼敌记

我讲的分水凹，地处闽粤边蕉岭县境内，广福与文福交界之间。山高林密，地势非常险要，有“一枪把守万马难进”之说。解放前，土匪经常在此地拦路抢劫，十分猖獗。国民党地方反动势力以“保护行商者及行人的安全”为名，在分水凹设立了护路队。所谓“护路队”，实是“税收队”，他们借保护行人的安全，行敲诈勒索之实。无论是行商，还是空手的老百姓，凡是经过这里的就要付“过路钱”，这与拦路抢劫的土匪毫无两样。如果遇上土匪他们就睁一眼，闭一眼，或者在老远就虚响几枪，以掩人耳目。所以自有“护路队”以后，当地群众及过往行人不但要担心土匪，还受到“护路队”的无理勒索。因此广大群众对这伙坏蛋恨之入骨，纷纷要求我们独七大队为民除害，把国民党地方反动势力在分水凹的武装“护路队”消灭掉。

为保护广大人民群众的利益，扩大革命的政治影响，我们决定消灭这股欺压百姓的敌人。

要除掉这股反动武装，还得做到“知己知彼、百战百胜”。于是，我们首先对这股敌人的具体情况作了周密的调查。得知这股反动武装是由广福乡公所指挥的，他们每日早上五点从广福乡公所出发，下午六点收兵。正常情况有十几个人，武装配备有驳壳枪一支，步枪十余支。

根据已经掌握的情况，我和一中队队长黄庚同志认真研究了行动计划（当时我任大队长），认为要除掉这股反动武装，必须依靠群众智取，不宜强攻，尽量做到花最小的代价去取得最大的胜利。因为我是当地人，对山形道路较熟悉，故建议这个任务由我带一个战斗小组去完成，黄庚同志负责带领部队在南北礤开展工作。黄庚同志同意我的意见，于是，我们就按照这一部署，立即分头行动。

那时我带领一个 3 人小组，第二天就出发到岩前大布村，隐蔽在王仲琳家中。王仲琳上次我们攻打蕉城时参加过“民扶队”，以前也曾几次去过他家，政治上是可靠的。还有一位群众叫王力，在这次行动中起了很大的作用。王力过去曾在国民党军队中当过排长，平时接近我们，经过教育启发，对我党有一定的认识，积极要求参加革命。他同广福乡乡长及乡队副有一定的交情，我们决定充分利用这一有利条件。首先做好他的思想工作，要他配合我们行动，并告诉他这次任务完成得好坏，是对他的一次严峻考验。在他接受了我们布置的任务之后，一条新闻很快就在岩前镇到广福乡直至蕉岭县城一带传开了，说是王力在家生活无着落，要招兵买马投靠涂思宗，领官做了（国民党军队为了扩充兵源，曾有过“你能招到一个班的兵，就给你当班长；能招到一个排的兵，就给个排长；能招到一个连的兵，就封个连长”。涂思宗是国民党闽粤边区联防“剿共总指挥”）。这个风声也吹到了广福乡长和队副的耳朵里，大家都信以为真。有些生活无着的青壮年听到传说，就找王力报名来了。

与此同时，一天我带一个同志化装成农民模样，混在群众中假装至蕉城买东西，到分水凹实地去进一步侦察，对敌人的兵力布置和地形地物做到了如指掌。

1948 年 4 月 28 日，天气晴朗，风和日暖。王力带领几个“新兵”，从岩前大布向分水凹进发。这几个“新兵”不是别人，就是我和郭立志、赵亚振、曹亚进 3 位同志（每人身藏一支驳壳枪），而王仲琳和王力都没有配枪。记得当时王仲琳还说：“亚忠哥，我和王力都没有枪，怎么去呀？”我笑说：“不要怕，我们的枪是寄放在国民党军队里的，现在我们就去取，到时候看你能背上几条？路上千万不要谈这些事，要老老实实装成新兵的样子，跟着王力下蕉城。”

当我们快到大坝子（广福乡）时，我问王力：“乡公所在那里?”他说：“就在前面往右拐不远。”我又问：“乡长、乡队副你都熟悉，且有交情，带我们进去喝喝茶吧，如果他们都在，你一定要想法子邀请他们随你上分水凹走走。”到了乡公所，乡队副王明峰出来接待。他看见王力就问：“怎么今天下蕉城啦!”王力回答说：“今天把新招到的这几个弟兄先送下去，过几天再送一批。”王明峰称道：“看来你的眼力不坏呀！选到的这几个兵子身体还满好，你的官运来啦，恭喜！恭喜!”王力笑着说：“哪里，哪里，往后还要你们多照顾呀!”在饮茶交谈中，得知今天乡长钟声扬家莳田，凡是会插秧的士兵，都抽出来，由乡长亲自带去插秧。乡公所只留乡队副一人看家。此时他身上背着一支驳壳枪，显得有点神气。喝过茶，王力借以“方便”过分水凹邀他上去“开路”。起初他推说要看家走不开，在王力的一再请求下，他“人情难却”只好勉强答应。临走时，乡队副交带伙夫说：“乡长他们回来，就说我上分水凹去了。”离开了乡公所，王力和乡队副并肩走着，我紧紧跟在他们后面。他俩一路谈笑风生。我事先已布置亚进做尖兵，把距离拉开，走前十几米，小赵做后卫也远离我们一二十步，并约好了行动暗号，当我拿出手帕时，前后卫立即封住行人，就说前面有事，暂时不许通行。当“队伍”走到远离人家的僻静处，公路出现大拐弯的地方，我认为地形适合行动，马上拿出手帕假装擦汗，他们三人即刻各就各位。我即拔出驳壳枪逼着乡队副喝声：“不许动!”话音未落另一只手立即将他的驳壳枪夺了过来。这时他还以为我对他开玩笑，说：“莫搞儿戏!”我随即从裤袋里把红星帽拿给他看，并说：“我们是共产党的队伍。”他顿时吓得面如土色，跪在我面前，连声叫饶命。我说：“你不要害怕，起来，我们不要你的命。今天我们是专程来向你们‘借枪’的。”我一面把他的枪检查了一下，看看子弹是否上膛，并将该枪的撞针取出，别在我身上，一面对他说：“现在给你一个立功赎罪的机会，你要老实交代，今天分水凹有多少兵？武器配备如何？如果对我们不讲实话，那就一切后果自负。”他老老实实地说：“只要能饶我这条狗命，我，我老实交代。今天，这个班抽调几个人去替乡长莳田了，到分水凹出勤的只有八个人，七支步枪，一支驳壳枪，还配有五个手榴弹。我讲的全是实话，如有半点虚言，你们枪毙我。”后来我将卸下撞针的枪交还给他挂着，叫他走在前头，并要求他，走到看见凉亭时，要先叫一声“嗳嗨!”（这是山区群众与山远处的熟人打招呼的方法）看见你的士兵时，态度和表情要和平常一样，并把高山哨士兵都叫下来，说你有话对他们讲。最后我警告他说：“如果发现你态度不正常，那我就先干掉你。”他连忙说：“绝对不敢，一切照你说的做。”

事情顺利地进行着。我们将到凉亭时，乡队副首先大叫了一声“嗳嗨!”叫声刚落，凉亭里马上跳出一个兵，原来是班长。他一看，来的不是别人，而是他们的乡队副。班长弯着腰，点头大声说：“呵！队长来了。”队副带点神气说：“今天发现什么情况么?”班长回答：“没有什么。”“那好，你叫高山哨的弟兄们都下来凉亭里喝喝茶，我有话对大家讲。”班长应声“是”，立即面对高山哨大声叫：“喂！你们山上的弟兄听着，我们的队长来了，叫大家下来喝喝茶，同时有事交带大家。”我一面暗示王力叫老板冲好茶，糕饼糖果多拿点出来。王力会意地说：“今天就算我姓王的请客，老板，多拿点糖果点心出来给弟兄们吃。”不一会，高山哨的三个人都下来了。乡队副及士兵们都坐在桌子周围喝茶，唯独那位班长，怎么请他进来坐他都不来，背着一支驳壳枪靠在大门口门柱旁。我看有点不对头，随即端一杯茶送过去给他，待他双手来接茶杯时，我顺势把他的枪夺了过来。同时，凉亭里其他同志也一齐动手，将其他士兵的枪，全部缴械。那班长见势不妙，拼命往山上跑，我随即朝天空连放两枪，他听了枪声，呆了一下。我对他说："你不要跑了！如果我今天真的要你的命，那你已经躺在公路上了。请你看看你的驳壳枪还在吗?"他摸摸皮套子，才明白，枪已被我缴掉了。我又说："你就是跑回乡公所去也会被乡长枪毙的，还是赶快下来喝茶吧!"他知道大势已去，好像泄了气的皮球，低着头回来了，乖乖地做了我们的俘虏。

这时，我看来往的群众越来越多，便立即派出两个同志在公路两头警戒，暂时只许来不许走，并将电话线剪断。叫俘虏们靠一边集合站好，我向他们讲："我们是中国人民解放军，是人民的子弟兵，是为人民谋幸福的。今天特到此地向你们'借枪'来了。刚才大家受惊了吧，对不起！大家不必害怕，保证你们生命安全。如果你们企图顽抗，或者是私藏武器，哪怕一粒子弹，后果就由你们自己负责。有言在先，共产党人说话是算数的。按照党优待俘虏的政策办事。"没有多久，公路上的人越来越多，都拥进来听我讲话，我乘这个机会又向广大群众作了一番宣传："乡亲们，你们好！我们是中国人民解放军，是共产党毛主席的队伍……。"

这次行动很顺利，只花十分钟的时间结束了战斗。敌人来不及放一枪，都当了俘虏。经过清点，缴获有长枪 7 支，驳壳枪两支，手榴弹 5 枚，各种子弹 380 发，俘虏 9 人。我们怀着胜利的喜悦心情，告别广大群众，押着俘虏往留畲方向凯旋。

（引自《蕉岭党史》第四期，作者谢伦瓒）

六、独七大队的战斗历程

闽粤赣边纵队第一支队独立第七大队，是解放战争时期由中共梅蕉杭武边县委组建和直接领导的一支游击武装。前身是边县人民游击队，组建于 1947 年 5 月，次年 2 月，改番号为粤东支队独立第七大队，在梅蕉杭武边两年多的战斗历程中，推翻国民党基层统治，配合支队攻克蕉岭城，粉碎敌人“六路进攻”，全歼蓝营主力，击退敌人多次“清剿”。部队由小到大，由十余人发展到 450 余人，在纵横 200 华里的范围内，创建了游击根据地，建立了人民政权，为梅蕉杭武地区和蕉岭县的解放作出了重大贡献。在战火中，锻炼和培养了大批干部，为支队输送了大批军事骨干，对促进梅州地区的解放起了重要作用。

梅蕉杭武边工作的开展与挫折

梅县、蕉岭、上杭、武平四县边界，是闽粤赣边区的重要战略据点之一。党中央对这一据点极为重视。抗战后期，党的“七大”前夕，1945 年 3 月 6 日，中央下达《关于开展潮梅闽西南工作的指示》特别指出：“梅蕉杭武边的放点工作由李碧山负责。”为贯彻中央指示精神，中共闽粤赣中心县委书记李碧山指示韩江纵队第一支队挺进梅蕉杭武边，与闽西南王涛支队第二大队，一起开展活动。1946 年春节后，成立了中共梅蕉杭武边县委，由王立朝、谢毕真、王志安、王振先、谌学钦五人组成，王立朝任书记兼韩纵第一支队政委，王振先、谌学钦分别任正副支队长，并将钟化雨从梅南武工队调来一支队。

这时，一支队组成若干武工队，在象洞、北磜、南磜、松源、隆文、嵩山、梅屏、悦来一带开辟了五六十个山区据点。

4 月，县委王志安、黄青等同志到蕉岭三圳、徐溪、新铺、油坑、蕉城、文福等地活动。王志安首先吸收了钟化雨参加共产党。随后，通过钟化雨又分别吸收了钟文聪、刘雨舟、钟崇光、钟逢甲等人入党，建立了党的支部，这是抗战胜利后在蕉岭最早建立的一个党组织。

日本投降后，全国人民反对内战渴望和平，毛泽东飞往重庆与蒋介石谈判，经过43天曲折的斗争，签订了“双十协定”，次年1月，国共双方颁布了“停战令”。但国民党始终没有放松对共产党和共产党武装的进攻。在闽粤边，国民党不承认共产党的部队。1946年2月1日（除夕），韩纵一支队40余人在武平象洞的铁钉崇驻地受到福建保三团600余人的进攻，我们在撤退中，打掩护的班长王添官、曾友琛和阿活、阿济两位战士壮烈牺牲，丘苏负伤。2月3日（年初二），闽西杭武挺进大队在象洞白石顶又受到保安团和武平自卫队近千人的进攻，挺进队奋起抵抗，激战一天，敌伤亡惨重，挺进大队政委陈文松和战士3人牺牲。这两次战后，敌人大肆摧残当地革命家属、党员和接头户。

在梅蕉边，一支队派出的武工队，也不断受到敌人的进攻，我们付出很大代价。

3月，松源武工队在火烧坑受袭击，支队长王振先英勇反击，在掩护队员脱险时，身负重伤，失去联系，在大山中历尽艰辛，十余天后，才由据点群众报知，派人抬回县委机关治疗。5月，活动在白渡、悦来一带的梅屏武工队也在低沙受梅城敌入进政，队员姚集和进步青年冯奋岳被捕。

9月，王立朝与副支队长谌学钦，从松源进山区据点检查工作，途经石子其遭敌伏击，谌被一枪击中，当场牺牲，王立朝机智脱险。

1946年的下半年，形势十分严峻，是最艰苦的一个时期。由于几个队员被捕叛变，敌人疯狂进攻，活动地区日益缩小，许多山区据点都丧失了。

8月，王立朝接任县委书记。鉴于敌情严重，为保存干部，地委指示执行埋藏隐蔽疏散的方针，从整个地区撤退到大埔。

王立朝根据梅埔地委（由中心县委改称）指示，到大埔组建地委特务队，程严任队长，王立朝任政委。

地委对蕉岭的工作很重视，转移撤退中，派王志安到蕉岭开辟新的据点。春节后，王志安带了妻子刘露辉在蕉岭黄坑开了一间小店，以酿酒、做小买卖为掩护，隐蔽地开展工作。他深入群众、交朋结友，培养积极分子，发展党员。张志瑶、黄庚、张清等就是在这个时期加入共产党的，他们后来都参加了武装斗争。黄庚在部队当了班长、中队长，以后担任了独七大队的大队长。

成立县游击队，摧毁国民党基层政权

1947 年春节后，我最后撤退到驻在大埔大麻的梅埔地委（后改称粤东地委）机关。我向书记张全福、组织部长陈仲平提出，梅蕉杭武地区应有一支武工队坚持，这里地区辽阔，山地多，一个短小精悍的武工队是可以生存和活动的。最后，地委决定从特务队调钟雄、姚丁，再从西路挺进队调曾万生出来，连我共四人组成一支武工队，重返梅蕉杭武地区。

我们回到梅蕉杭武边，一面与闽西西路挺进队联络，一面逐步恢复据点，在桃源、隆文、松源、北礤一带活动不到两个月，地委来了新的指示，结束隐蔽、埋藏、疏散、转化的状态，立即开展武装斗争。

原来，1946 年11 月6 日，中央指示南方各省，凡有条件的乡村，立即建立公开的游击根据地，开展游击战争，以配合全国战争形势。

5 月，地委组织部长陈仲平来到蕉岭北礤，在东洋山召集武工队和西路挺进队开会，传达中央和闽粤边工委关于形势问题和“先粤东后闽西南，开展游击战争”的指示以及地委关于恢复梅蕉杭武边县委，组建县人民游击队的决定。县委由谢毕真、王志安、谢伦瓒、饶仁珊四人组成，谢毕真为书记。在武工队和部分挺进队员的基础上组建县游击队，谢伦瓒任队长，饶仁珊任副队长，谢毕真兼任政委，王志安任政治处主任。当时，王志安还在蕉岭黄坑，未参加会议。

新组建的游击队不足 20 人，但都是经过几年武装斗争锻炼的王涛支队和韩纵一支队的老战士。他们是独七大队的骨干。

东洋山会议后，县委和部队旋即进驻水涨田村后面的山上。一面派出工作组联系各地地方党员，传达新的形势任务，一面发函“南委事件”后疏散到江西寻乌、瑞金和武汉、海外印尼等地的党员回来参加武装斗争。9 月，王志安由蕉岭到达县委，随带刘露辉、张志瑶、黄庚等人参加部队。

在地委领导下，梅州各地放手发动群众，开展“反三征”（征兵、征粮、征税）和摧毁国民党区乡政权的斗争。10 月，以刘永生为支队长的粤东支队出击大埔大麻镇和全歼梅县三乡驻敌一个中队之后，梅埔地区出现了新的局面。

为配合新的形势，县委研究决定首先出击南礤，摧毁国国党南礤乡公所，然后以一个月的时间，摧毁尧塘、桃源、松源、北礤四个乡公所，收缴反动自卫队武装。

出击行动按县委部署顺利进行

1947 年 11 月16 日，县游击队挑选 29 人由水涨田出发，乘三溪口圩日，布置好警戒，6 人组成突击队突进南礤乡公所，一举收缴两个班的武装，旋即在赶圩的人群中开展宣传工作，亮出共产党旗号，发动群众开仓分粮，5 万多斤田赋谷，顷刻全部为群众挑完。第三天晚上，发动松源湾下等地群众 100 余人，通过内线顺利将松源老圩的仓库打开，将田赋谷全部分光。接着，部队挺进麻子坝，一举摧毁尧塘乡公所，焚烧田粮征兵册，并开仓济贫。

摧毁桃源乡公所，是通过上层统一战线工作进行的。该乡归侨张世兴力促乡长认清形势，主动交出武器弹药，我们与之谈判，提出在乡公所被摧毁后，停止乡政和“三征”活动，具体问题商定后，部队开进乡公所，顺利接收步枪 20 多支。

县委在桃源高窝村召开会议，作出两点决定：一，派出蕉岭武工队，由钟化雨、钟文聪、刘雨舟、张志瑶、钟崇光、刘光等组成，主要任务为侦察蕉敌情，收缴武器，发展新战士；二，研究下一步摧毁松源和北磜乡公所的行动问题。

松源是个大乡镇，是闽粤两省五县毗邻地区，反动势力较强，驻有警察分驻所，一个自卫中队。乡长王伯宜慑于形势和我军威力数次约我谈判，表示愿意无条件交出武器。但我军仍作了充分的战斗准备，以防万一。12 月下旬一个松源圩日，40 余人的县游击队控制了整个新圩，首先收缴了警察分驻所武器。乡长如约从窗口挂出白旗并下令交枪。9 时召开群众大会，宣传革命形势和党的政策主张，号召大家起来反“三征”，打倒蒋家王朝。大会还将抓获的一个不听警告的税捐征收员当众警告教育后释放。下午，部队向北磜进发，收缴了乡公所和郭姓公尝的步枪 45 支。入夜，部队返回水涨田驻地休整。

县游击队一个多月来，按计划摧毁了 5 个乡公所、自卫队和一个警察分驻所，缴枪 150 余支，子弹 700 多发，开仓分粮 10 多万斤. 打击了敌人，振奋了群众，有力地配合整个粤东形势。此时，部队发已展到 100 多人。地委通知，改番号为粤东支队独立七大队，扩编为两个中队，第一个中队中队长黄庚，指导员钟雄；第二中队中队长张建新，指导员钟英。

配合支队攻克蕉城与粉碎敌人“六路进攻”

刘永生、朱曼平率领的粤东支队和各边县游击队在梅州各地广泛出击，国民党基层政权大部分为我摧毁。闽西支队和闽南支队也向敌人积极进攻。1948 年初，敌人开始部署对闽粤边统一的“军事清剿”，广东省主席宋子文和福建省主席刘建绪在广州召开了“联防会议”，决定设立“闽粤边剿匪总指挥部”，任命中将涂思宗为总指挥，福建保三团团长陈铨为副总指挥，新上台的广东第六行政区（驻兴宁）专员兼保安司令曾举直根据宋子文的意图，制定了“半年清剿计划”，妄图半年内消灭梅州地区的人民武装。

针对张牙舞爪的敌人，粤东支队领导决定，开辟新战场，打到敌人心脏去，兵分三路出击。一路到梅兴平蕉边，一路去饶和埔丰边，一路挺进梅蕉杭武地区，攻打蕉岭县城。春节后，我赶到梅县松东的下塔支队驻地，听取了支队领导关于攻打蕉岭县城的决定和指示，接受侦察敌情和战勤任务。我和副支队长廖启忠、战士谢志平回到水涨田县委机关，立即派出北礤中心小学校长党员郭履洁陪同廖、谢两人到蕉城深入县政府完成侦察任务，两天后，他们回到驻地，这时，支队 300 余人已到达水涨田，与独七大队会合。

2 月28 日，支队召开作战会议，听取侦察汇报，研究具体部署，决定3 月2 日凌晨攻打蕉岭县城。独七大队派第一中队配合。

3 月1 日晚，支队、独七大队和民兵约 500 余人越过文福乡的长岗岃，蕉岭武工队刘雨舟、张志瑶前来汇报说蕉城敌情无变化，支队长刘永生即下令按原计划执行。2 日凌晨，部队到达城北，占据了制高点，刘永生将指挥阵地设在镇山楼，目标是解决县政府驻敌。

5时半，攻击开始，但遇到县府敌人的顽强抵抗。从县府南大门进攻的我军，为敌哨兵发觉，哨兵紧闭铁门，我军强攻不下。担任县府北面进攻的教导队立即策应，向县府院内投掷手榴弹，冲进县府，遇顽强抵抗，战士伤亡3人，被迫退出转向县府右侧蕉岭中学宿舍考棚下。

独七大队一中队由谢伦瓒率领，顺利歼灭了忠烈祠驻敌。旋即占领庙岗，监视武平来敌。这时，进攻县府的战斗仍然十分激烈。9时左右，进入县府右侧蕉中宿舍的支队教导队，与支队副政委王立朝商量，用炸药炸开看守所后墙一个洞口，战士们冲进打开县府铁门。支队战士数路会合打退守敌，占领了县政府。县长李秋谷在慌乱中化装潜逃。我军很快控制了全城。

午后，梅县县长率两个连乘车来援，被我军阻击于南门郊外，后退回梅县。黄昏，部队按原计划撤退。

蕉岭之战，击溃和歼灭敌人5个中队，毙伤俘敌90多人，缴长、短枪300多支，子弹1.5万多发。国民党大后方一座县城为我军攻占，对敌人震动很大，给刚上台的敌专员曾举直和总指挥涂思宗当头一棒。福建武平、上杭一些国民党当局派人前来搭线，表示不再反共，我军在军事上政治上都取得巨大胜利。

涂思宗对其老家蕉城被袭，急得如热锅上的蚂蚁，急忙抽调兵力找我军决战。4月中旬，侦察到粤东支队在武平象洞的岗背（今光彩），立即调兵遣将，集中10个连约1000兵力，部署向我“六路进攻”。4月13日，从松源、北礤进军的福建保三团薛筱青一个营160多人抵达岗背水口，首先进入我伏击圈，刘水生一声令下，三面山头机枪阵地向敌猛烈开火，支队两个中队直插敌阵，把敌人打得溃不成军，枪支弹药丢满整个山头。其余5路敌人未进入阵地，闻密集的枪声立即后撤。涂思宗精心策划的所谓“六路进攻”就这样被彻底粉碎。此役，毙敌连排班长士兵20多名，伤敌副营长以下官兵 10 余名，逃散 60 多名。在围歼敌人时，支队分队长丘阿芹牺牲，参谋长郑金旺负伤。

蕉城战后，独七大队派出的各地武工队乘机积极活动，北磜、南磜、蓝坊、高思、三圳、新铺、徐溪等乡工作有很大发展。

练坑战斗 隆文歼敌

1948 年 7 月，我调梅州地委宣传部任职，地委任命王志安为梅蕉杭武边县委书记兼独七大队政委。

此时，王志安提出，隆文乡公所经我方多次警告仍不停止其“三征”暴政，建议摧毁之。经县委研究决定集中两个中队的兵力出击隆文。

8 月4 日，独七大队两个中队，集中于距隆文 20 里的尧塘练坑。但部队一到达，即遇敌人进攻，打了一场恶仗。

原来第二中队放出的高山哨被路过的驻松源敌福建保三团一个连发现，突遭进击。接到敌情报告，王志安和黄庚、张建新两个中队长率两个班首先驰援高山哨，后续的部队也随即赶到，敌人凭借优势火力从下向上猛冲，我战士顽强抗击，在王志安指挥下，占据有利地形打退敌人多次冲锋，战斗十分激烈，两个多小时我方一直坚持和奋战在山头阵地。午后，敌人见无法取胜，丢下几具尸体掉头狼狈撤离。此战，独七分队长温焕普和战士许汉英勇牺牲，中队长黄庚，分队长苏嘉善、陈隆羡，班长王汉光等 5 人受伤。

这是一场被动之仗，但由于驰援神速，指挥坚定，战士顽强，卒以驳壳枪、步枪打退优势装备的敌人。独七大队受到一次严峻的考验和锻炼。

练坑战斗并未影响进军隆文计划。我们洒泪掩埋好牺牲的战友，安置好伤员后，当晚开往隆文境内露宿山头，下夜转移到灶炉坑。

隆文乡公所在一座碉堡式的三层楼内，驻自卫队 30 余人，警惕性高，防守严密。隆文武工队早就想办法如何摧毁乡公所，收缴反动武装。经过调查和深入工作，把一个乡队副争取了过来，答应愿作内应。

8 月5 日，武工队李振龙约见这位乡队副，要他于次日晚 12 时拉开自卫队驻地后门的门闩并作暗号。

8 月6 日，隆文圩日，大队部派人到隆文圩再次侦察敌情，一面组织好 20 人的突击队，分作 4 个战斗组，准备黑夜行动。

是日晚 8 时，突击队由李振龙率领直抵隆文圩桥头，在乡公所侧理伏，掩护部队按时到达控制了左右两边山头。12 时一到，“内线”依约拉开了门闩。突击队看见墙洞内的暗号即推开大门冲进屋内，第一战斗组首先解除了楼下自卫队一个班的武装，另两个组分别登上二楼三楼。三楼顶（炮楼）敌哨兵突然向梯口开枪，战斗组同志一跃将开枪的哨兵抓住。二楼两个班的敌人从睡梦中惊醒，一个个当了俘虏，乡长亦同时被俘。

此役前后 20 分钟，毙伤俘敌 30 多名，缴长短枪 50 余支，子弹 4000 多发，乡公所被彻底摧毁。我班长钟政华冲上楼顶时腿部中弹受伤。战斗结束后，教育释放俘虏，焚烧田粮征兵册簿。下夜，战士们背负战利品，迎着夏夜清风从容撤退。

11 月，随着形势发展，梅州地委决定成立蕉岭县工委，由钟化雨任书记，彭霖任组织部长，马添荣任宣传部长。决定将梅蕉杭武边县委的蕉岭武工队和梅兴平蕉边县委的梅北武工队合并组成蕉岭县人民游击队，队长丘丙元。

解放大片地区建立人民政权

1949 年 1 月，中国人民解放军总部发布命令，成立闽粤赣边纵队，任命刘永生为司令员，铁坚为副司令员兼参谋长，魏金水兼任政委，朱曼平为副政委，林美南为政治部主任。边纵成立后，粤东支队改番号为边纵第一支队，郑金旺为司令员，廖伟兼政委，王立朝为副政委，黄戈平为政治部主任。年初，一支队进军梅蕉杭武地区，伺机歼敌。

这时独七大队人员变动较大，大队长谢伦瓒调任支队第二团任副团长，同时上调七八十人编入二团，大队长由饶仁珊接任。不久，饶仁珊调任支队四团团长，并抽调一个排编入四团。饶调走后，提黄庚为独七大队大队长，钟英为政治处主任。

2 月，独七大队配合一支队，全歼松源宝坑驻敌广东省保安团独立第一营（蓝营）一个主力连之后，在支队二团的支持下，乘胜扫荡，短期内先后解放了松源、隆文、松口、桃源、尧塘、南礤、北礤、蓝坊、高思九个区乡，缴枪 200 余支，梅州地委和县委机关进驻松源。松源首先成立民主区政府，接着，上述区乡也成立了民主区政府。这时，松源成为闽粤边令人十分瞩目之地。闽西实力派傅柏翠和武平、永定地方势力都派人前来联系、谈判。

此时，王志安调地委任组织部副部长，梅蕉杭武边县委书记和独七大队政委由陈连亨接任。

4 月，解放大军渡江后，地委发动政治攻势，策动敌军起义，敌蓝营主力被歼，营长蓝举初坐卧不安，地委及时派人进行策动。经梅蕉杭武县委和松口武工队挂钩搭线和积极协助，蓝举初 5 月 14 日在蕉岭宣布起义，旋即奉支队司令部命令，配合一支队二团和独七大队向蕉岭城进攻，经过一阵激战攻占县城，县长陈英杰、保安营长林岳率残部逃往长潭，县城宣告解放。

5 月，梅县白渡区人民政府成立。

6 月，武平象洞工作团接收了国民党象洞乡公所自卫队短枪 13 支、步枪 80 余支，旋即由独七大队以政治处名义宣布成立象洞区人民政府。

为了适应新形势，地委通知所属各边县委撤销。独七大队与支队三团三连、蕉岭独二大队共400余人，整编为支队第九、第十两个团。6月20日，在支队司令部指挥下，协同二团、八团，消灭长潭残敌。此后，九团留驻蕉岭，十团与支队北上接管武平，以后留驻武平。

两年多来，独七大队大小战斗50余次，毙伤俘敌710多人，缴各种枪支1000多支，子弹15万余发。

时光飞逝，转眼50年过去了。今天我们在这里相聚开纪念大会，回顾这段战斗历程，永远不会忘记，历史也不会忘记，深感胜利来之不易，要十分珍惜。我们深切地缅怀英勇献身的战友、烈士，他们永远活在人们心中。

（这是原独七大队政委谢毕真在庆祝粤东支队独立第七大队暨蕉岭人民游击队成立50周年大会上的讲话）

4

第四章

红色印记耀千秋

第一节 历史文献

一、蕉平寻县委通告第二号——关于成立区委问题

（1931 年 1 月 23 日）

各区委转全体同志：

目前反动统治加速崩溃，革命形势向前发展，一天一天的高涨。当儿，闽粤赣苏区党为便利指挥集中人材起见，蕉平寻县于十五号召集三县党团代表大会，现已结束。在此，三县代（表）大会讨论，因各种地域关系将三县划分为五区：三圳、蕉岭、新铺为三蕉铺区；新圩、平远、八尺为新平尺区，石正、坝头、东石、长田为石坝东长区；留车、牛斗光、篁乡为光留篁区（△△△△△）；吉潭、澄江、三标、寻乌为吉澄寻区……要布置三县工作，完成三县政权，各区应马上召集原有各区成立筹备会，同时每区支区与党团须派代表一名，代表成份以雇农贫农及进步的工人份子为原则产生区委，不要曰建立工作，进行一切事宜，这是刻不容缓的一件事，但是在这前后工作不能丝毫的松，应以继续不断的做法去、积极向前猛进。至要！

——完——

布礼！

蕉平寻县委

23/1

二、蕉平寻县委通告第三号——关于彻底分配土地问题

（1931 年 1 月 23 日）

各区委特支县苏党团转全体同志们：

苏维埃是群众的政权机关，苏维埃是为劳苦工农群众彻底谋解放，争取永久的利益的，所以苏维埃的一举一动须以工农劳苦群众利益为前提，不得有丝毫的忽视的。过去蕉平寻的苏区分配土地均不十分妥当，不能为广大劳苦群众上来分土地，还是存着些富农路线去支配土地，不号召广大群众去解决土地问题，彻底取得雇农贫农的利益，生出种种弊病来，苏维埃去包办分土地，苏维埃负责同志霸占好田，这种不正确的观念，防害了广大的劳苦群众的利益，这都是过去党不动员同志去彻底分配土地，不号召广大劳苦群众去分配土地，与群众脱离关系，致使土地不彻底平分的严重错误。今后分配土地号召广大劳苦群众去解决此一问题，以贫农为基础雇农为领导，争取中农，去反对富农，联合巩固战线，扩大彻底分配土地的宣传，迅速的组织雇农工会，贫农团，在这情形之下，来分配土地，才能彻底的雇农贫农的利益，才能彻底的真正平分土地，在兹秋收许久之后，各区未彻底平分土地的地方，应即推动各区苏党团积极的进行，免致防害耕作，兹将规定办法如下：

（一）分配土地须彻底的抽肥补瘦之原则；

（二）分配土地以人口平均分配；

（三）分配土地以乡为单位分配之；

（四）工人雇农亦与农民同样的分配但在苏维埃颁布劳动法令能保护工人雇农利益时，可不分田。

（五）茶山木梓山、竹山亦同样的照人口平均分配；如不够分配时，按照分田的办法分，山多者分田少，分田少者分山多，

园坝亦同。

（六）各区田地须即行分配，限二月五日以前一概分配完毕，如各乡分配土地适当经多数贫农雇农同意时可不再分。

同志们！发动广大劳苦群众起来斗争，必须迅速的解决下去，要动员全党同志去解决这一问题，切要！切要！此致布礼！

蕉平寻县委　　23/1

（原件藏于江西省档案馆 1931 档案第 G001 全宗 2 目 407 卷）

三、蕉平寻县委通告第五号——关于改造苏维埃问题

（1931 年 1 月 25 日）

各区委特支县苏党团：

现在革命高潮一天一天的发展，争取一省或数省革命胜利，在最近将来的事实。因此党为要赶快实现这种任务，须将苏维埃巩固起来，同样的猛烈向外发展，换过来说，就是巩固苏维埃向外发展，改造苏维埃，成为坚强的苏维埃根据地，县委接受代表大会的决议，有以下的指示：

一、过去的错误

A、过去苏维埃与党的一般般

1. 党认苏维埃是交通机关，不去建立交通网，文信消息，全靠他转达，根本地不了解苏维埃是群众的政权机关、领导斗争的、彻底为劳苦工农谋利益的。因此，谩骂苏维埃，闹苏维埃，同样的苏维埃也不了解自己是什么东西，只是卑躬屈节唯命是听而已。

2. 苏维埃是群众的公开机关。党是秘密机关，是群众精神上指导者。过去不明白这一点，党与苏维埃混进一块分不清楚，党也直接写信苏维埃，甚至命令苏维埃，枪毙苏维埃人员（东江有此事实），包办苏维埃，就苏维埃也直接的公开致信党。这些事

实都是普遍的现象。

B、苏维埃与群众团体分不清楚

“苏维埃”一名是俄文（COBET）译转中文是“工农兵代表会议”，他是群众的最高机关，领导一切劳苦群众，彻底为劳苦群众谋利益的。故一切群众团体应受苏维埃管辖的，应在苏维埃底下独立组织起来，团结在苏维埃底下，不是在苏维埃组织内再行有劳动部、妇女委员会、农民部等的组织混入苏维埃，这是缩小群众组织力量的。

C、苏维埃本身的一般般

许多苏维埃政府机关，都已变成吃客收容所，怎样的人，不管有工作无工作的，只晓跑来吃饭，短期长期的住在苏维埃机关内，特别是那一般剪了发阔太太小姐们所谓女同志的形成为乌合群众所。

同时苏维埃政府给那一般闹官僚化的人们，座在机关里实行机关主义，座在机关里头去大呼工农劳苦群众起来，实标（际）上半点都没有深入广大群众里头去发动和领导群众起来与敌人作残酷的斗争。

二、改造苏维埃的根本办法

A、针对过去一般般错误积极去奋斗，在根本上由下而上去改选过，才能够负起苏维埃的任务。

B、从斗争去改造：

雇农是农村中的无产阶级，是农村革命的主力军，贫农是给地主豪绅……直接间接剥削的，他同样的迫切要求革命，解除痛苦，因此对一切斗争我们应于贫农为基础、雇农来领导、同时争取对中农的领导，莫给富农地主豪绅领导过去。因为中农是农村中小资产阶级，他一变可为富农，一缩可为贫农，他是革命过程中可左可右，故我们对他应积极争取领导中农加入我们的战线，同时积极反富农（不要在机关内组织上去反对，应号召广大群众用群众力量去反富农）积极去领导广大群众杀土豪，并将流氓不正确的分子，在斗争中滚他出来，巩固苏维埃领导力量。

C、彻底分配土地

过去解决土地问题的办法，不是充分的，劳苦群众根本上得不到利益（如苏维埃负责人的田地分得好过农民是一例证），因此我们应采取平均分配土地的原则，使贫农根本上能得到分田的利益。

D、彻底解除群众的痛苦

不是苏维埃建立了群众的痛苦就解除净尽了，苏维埃应站在广大劳苦工农群众上面去着手坚决履行劳动法，使工人能够在劳动法令下得到一切利益。同时我一切建设方面要积极去，如水利、交通、生产合作社、消费合作社（过去的合作社，已全失了合作社的意义，成为一种新名词的剥削机关，火柴卖六仙、土电心六毛——大同合作社这样的是剥削社）；创立贫民夜学、认字班，娱乐社，特别是对青年婚姻的要求。

E、健全苏维埃党团

党的一切策略和计划要在群众中实现出来，是全靠党团的作用，党与苏维埃也才可分清，党与苏维埃也才可弄好，绝不是党可以命令苏维埃的。故在苏维埃工作的同志，应建立党团，将苏维埃工作情形经常报告党，同时党的一切决议能原原本本实现出来，绝对的不能够党去包办苏维埃，党与苏维埃应划清楚（党是秘密的，苏是公开群众机关）。

F、积极的领导群众斗争

苏维埃是领导劳苦工农群众斗争的机关，彻底为劳苦群众谋解放的，不是挂着苏维埃的美名而去闹机关主义的，故须深入下层劳苦工农群众里去，与群众发生密切关系，了解群众日常痛苦，作经常领导广大群众起来斗争划分阶级，使群众能站在阶级上坚决奋斗。

同志们！过去的苏维埃的确腐化有余了，我们应用大部份的精神，积极地去改造苏维埃，使苏维埃成为坚强的苏维埃，各级党部接此通告后，即行召集会议讨论执行，作详细报告前来为要！

——完——

此致

C 礼

蕉平寻县委

25/1

四、蕉岭县人民民主政府布告

胡琏匪军逃光了，为虎作伥的流氓匪帮陈英杰之流也逃光了。他们为什么逃？原因就是南下的解放大军浩浩荡荡的来了，他们不逃就一定会被消灭净尽。但是，他们逃得了吗？不！逃不了的。任何反革命反人民的军队和反动分子都一定要覆灭。

今天，胡、陈两匪不会再在蕉岭害人了，人民政府也开始回来办公。当我们回来的时候，有些人会怀疑，民主政府和解放军今后的政策态度会不会改变呢？不！我们的政策态度主张是始终如一的，丝毫也不会改变的。我们一本毛主席、朱德总司令颁布的约法八章，华南人民武装当前行动纲领，闽粤赣边区施政方略等一贯政策方针，诚恳地与各阶层人士，各贤明父老士绅，各民主党派通力合作，诚心诚意为蕉岭人民服务，为建设新民主主义的蕉岭而鞠躬尽瘁。同时，我们特在此提出：

一、全蕉岭各界，无论工、农、商、学、各行各业，都要安心工作，各安生业，切勿轻信胡琏与陈英杰匪帮所散布的谣言和自相惊扰。

二、凡在胡琏和陈英杰匪帮盘踞期内，曾通匪作恶有反动行为的人，我们的态度是：其作恶过多，犯罪行为确实情节重大的首犯，一定要追踪到底缉案法办，决不饶恕。其他被威胁相从的，或由于认识不足的，或随声附和及迫于生活附敌的普通人犯，我们概行一本宽大为怀的优待政策，准予自新，不予究问。倘仍有暗藏反动及特务分子，亦希望其立即停止活动，民主政府当予以改过之机会。否则，一经查获，万难再予优容。希我县民互相规谏，互相检举、使新蕉岭的社会秩序早日安宁。

三、举凡曾在伪县府担任各级的工作人员，限于十天内来人民民主政府登记报到，否则以反动论处，通缉法办；其能依限前来报到者，概行优待，不究既往。

四、查本县反动首恶之财产，依规定应没收为人民政府所有。凡我县民知情者，应尽量举报，切勿代为收藏隐匿，或转移。此次匪军怆惶撤退，尚留下物资颇多，亦希我各地民众迅速向当地民主政府申报，不要私自收藏。凡举报有功的，我们要给予奖励，私藏隐匿的，查到了就要处罚。

以上各点希望各阶层人民一体知照

此　布

县长钟化雨

副县长（黄）德维

公元一九四九年九月　日

第二节 中共蕉岭历史大事记

1927 年

1 月20 日，新铺圩掀起群众运动，捆绑了县公署推征委员李奠邦。是日，为非作歹，搜括民财的催征委员李奠邦来到新铺圩，当即被群众捆绑后戴上一尺多高的纸帽子，写上“贪官污吏”几个大字，游街示众。在新铺圩召开市民大会，宣布开会理由说：“代李委员加官晋禄，请李委员游历新铺”等等。闹得整个新铺一片沸腾，群众拍手称快。

初夏间，国民党反动派发动了骇人听闻的“四一二”反革命政变，大肆屠杀共产党人。蕉岭县外出求学参加革命活动的共产党员、青年学生于5—7 月间先后回到自己的家乡。他们中有邓崇卯（北京工业大学）、徐持、钟慕光、钟占文、林敬修（中山大学学生）、刘安（广州法政大学学生）、陈顺侯、陈顺云（黄埔军校学生）、陈杰生（潮汕农运训练毕业生）等。

7 月，中共蕉岭九岭支部成立。徐持、钟慕光、钟占文从广州回到三圳家乡后，即在九岭的三达学校和九岭村开展革命活动，并于7 月在上九岭村武教头钟双义家中成立了中共蕉岭县三圳九岭支部。选举徐持为书记，钟慕光为组织委员，钟占文为宣传委员。随后在三达学校发展了该校教师徐汉良、邓克琳及该村青年钟焕炎、钟洪江等人加入党团组织，并在三达学校开办夜校，借以团结和发动群众斗争，组织农民协会等。

8、9月间，革新（改组）三圳公学。由钟慕光、钟占文、钟奎香等人发起，以三圳公学同学会的名义组成革新三圳公学的班子，参与学校领导。从而发动和组织师生宣传破除封建迷信，摧毁了三圳圩和九岭村宫下的神像。

9、10月间，在九岭宫下成立九岭农民协会。执行委员会主席徐汉伟（徐持），执委有徐志轩、徐汉良、钟敬民、钟焕炎、钟绍持、曾永松二、曾松彝等，首批会员30余人。

秋，邓崇卯在同福开办三社公学。为了培训工农骨干，共产党员邓崇卯回到家乡后，卖掉了旧屋基一座，得款1000毫子。是年秋，在同福的普会寺与赖清芳一起举办“三社公学”，以吸收和组织进步青年学工学艺为名，宣传革命道理，培训工农子弟40多人。同时，还在矮车、坪头、龙虎薮等村庄秘密组织邓氏青年自治会和农民协会，农民运动搞得轰轰烈烈，当时有邓姓、赖姓“满地红”之称，影响波及全县城乡。

秋，蕉岭中学再次掀起学潮。暑假考试期间，因校方开除了共青团员学生钟焕炎，党组织派出钟慕光等人与学生团员及进步学生张思科、张志明、赖赞嵩、钟洪江、林国锋、钟展光等人开会，策动他们团结学校师生与校长钟公任、事务主任涂草堂展开针锋相对的斗争。并利用城北、城西两区的封建矛盾，组织学生罢课，上街示威游行。这一行动，取得了社会人士以及新铺镇南公学李春桑、丘保祥、林菊朋，旅梅的学艺中学学生赖育生、钟连英、陈存昌、林敬文、林淼等人的声援和支持，把学潮斗争推向高潮，迫使校长钟公任、事务主任涂草堂下台。

10月，蕉岭县工农革命委员会成立。南昌起义后，梅县党组织即派出陈劲军、杨雪如等人来到蕉岭九岭村，贯彻“八七”会议精神，联系指导党的工作，指示将中共九岭支部改为中共蕉岭县特别支部，受梅县党组织的直接领导。同时带来了“中央工农革命委员会通告”，部署串连和发动全县有组织有武装的革命力量，做好迎接叶、贺大军南下广州的有关事宜。10 月间，成立了“蕉岭县工农革命委员会”。推举徐持为主席，委员有陈杰生、陈顺云、钟慕光、钟占文等人。

11 月，发展党团组织，建立党团支部。除中共蕉岭特别支部外，已建立起来的党支部有乌土支部，成员有刘安、钟传柱、徐念伦等人，刘安为支部书记。新铺支部，成员有陈杰生、陈顺云、林光德、林敬修等人，陈杰生任支部书记。长江（狮山）支部，成员有赖德君、钟九连、邓崇卯、赖汉文等，赖德君任支部书记。同时在新铺和蕉城也分别建立了团支部，团员有张思科、陈存昌、林集时、刘德芳、钟焕炎、邓克琳、钟洪江等人。新铺团支部负责人陈存昌，蕉城团支部负责人张思科。

12 月，中共蕉岭县委员会成立。在新铺的同福乡龙虎薮赖汉文家里召开党员大会，到会 30 多人，宣布成立中共蕉岭县委员会。选举徐持为县委书记，赖德君为组织委员，钟慕光、钟占文为宣传委员，钟九连为组织兼交通委员，陈杰生、陈顺云为军事委员。会议同时传达中央“八七”会议精神，决定在新铺镇举行武装暴动。

1928 年

1 月4 日至6 日，中共蕉岭县委领导新铺暴动。县委为暴动成立的工农武装组织“工农革命军第十四区团”与张齐光部队会合，举行了新铺暴动，包围了新铺警察分驻所以及商团的武装队，缴枪 40 余支，打死商团人员 2 人。同时，在新铺镇南公学召开商民大会，散发传单，宣传共产党的政策主张和工农革命的道理，并向巨商、盐商筹款。6 日暴动队伍撤出新铺圩。

2 月中旬，原中共饶平县委委员，“广东工农革命军东路十四团”团长张宏昌（即张碧光）回到家乡油坑。因其所在的队伍遭到当地反动武装的全面“围剿”，在处境十分艰难的情况下，中共饶平县委决定暂时解散十四团。于是张宏昌携同饶平籍青年余登烈回到了蕉岭县新铺镇油坑村家里。

2 月，乌土村农民协会成立。文福乡乌土溪村在刘安的领导下，通过办夜校，组织发动群众之后，在下徐屋成立村农民协会。随后，刘安等人在南磜、蓝坊一带活动。刘安和他的妻子梁文兴在蓝坊峰口的启文学校任教，以教师的身份作掩护，与孙辉、刘和、徐添、张景等人活动于龙潭村、中坳子、楮树坪、黄竹坪、乌土场、高南畲、浒竹坪一带，发动群众，组织农民协会，建立工农赤卫队。

3 月，中共蕉岭县委在油坑的燕子岩召开会议。有 40 多人出席会议。县委分析了新铺暴动后的政治形势，总结了经验教训，发展了一批党团员。并安排部署分散隐蔽工农武装，到各地乡村建立和扩大农会和工农赤卫队。会上还同时宣布成立“中共新铺区委”，书记钟九连，组织赖清芳，宣传邓克琳。

4 月，油坑革命根据地建立。油坑燕子岩会议后，张宏昌组织和发动该村教师钟其勉、钟春生、丘慕良、邓牧民以及该村青年宋建立、宋阿兴、宋接四等人组织起油坑村青年改进会。同时，成立石灰工人工会和农民协会，建立起赤卫队等组织。提出了“打倒贪官污吏”“打倒土豪劣绅”“铲除封建势力”等口号，发动农民实行“二五”减租，清尝废债。组织石灰工人 50 多人开展罢工斗争，游行示威争得了每天工作时间 8 小时、每天工资五毫银的权利。通过斗争后由宋阿兴、宋永兴、潘佛德等 30 余人建立起工农赤卫队，自制土枪土炮，开展打土豪的斗争，先后收缴了三圳林巨源、新铺曾则生等地主豪绅的枪支弹药一批，声威大震，队伍迅速壮大。

6 月，徐持、邓克琳等人因新铺暴动后遭通缉，先后出走南洋。

6 月间（农历五月节后），徐溪三坑村建立农民协会。同福乡土豪邓绍轩与官匪勾结派兵围捕邓崇卯，查封了“三社公学”。邓崇卯等人化装成看风水的“地理先生”，转移至三坑鸭薮里一带活动，继续发动群众，开展斗争，并于六七月间建立了三坑村农会，邓崇卯担任主席，有会员 100 多人。

9 月，补选健全中共蕉岭县委，建立“东江（蕉岭）红军独立营”。因原县委书记徐持出走南洋，9 月间，为补选健全县委领导机构，在油坑的半山张召开县委会议。会议补选张宏昌为县委书记，宋永兴为工运委员，钟维敏为农运委员。会议同时建立“东江（蕉岭）红军独立营”，以张宏昌为营长，副营长巫志光，参谋长邓崇卯。

冬，黄沙坑农民协会建立。邓崇卯、张宏昌、谢梅初等人经常深入到黄沙、三坑等地活动，串连发动了一批贫苦农民群众，建立起黄沙坑农民协会。

12 月 25 日，赤石径伏击敌人。独立营获悉，白渡区长钟森柏将从梅县解饷银到白渡后，组织部队前往赤石径伏击，缴获钱财枪支一批。

1929 年

4 月 29 日凌晨，独立营战士及群众 100 多人由钟占文率领，包围了三圳公学，捉获反动教员涂谋、陈连腾、谢其振 3 人，缴获短枪 2 支，子弹 100 多发。

5 月，南礤左槐坑农民协会成立。4 月，陈顺侯由中共松江区委回到南礤，与蕉城区的刘安，孙辉、徐添等人取得联系。5 月，在南磜的左槐坑成立了农民协会和赤卫队的武装组织。

5 月 1 日，油坑根据地遭洗劫。由白渡蔡雪才、三圳刘达群、蕉城钟国祥率领的反动武装 300 余人，包围了油坑村。我牺牲一人、受伤一人、被捕群众两人，民房、财物被洗劫一空。我独立营武装由鸭嘛渡过河转移至三坑鸭薮里。

5 月，独立营出击平远的柚树、热柘自卫大队驻地，缴枪 8 支、弹药一批。后又返回鸭薮里扎营。

5 月底，蕉平红军独立营诞生。“东江（蕉岭）红军独立营”武装转移至三坑鸭薮里以后，中共平远县委书记李巴林前来三坑商议扩大武装力量。于是，建立起蕉平红军独立营，下设两个连。初时有 80 多人，后发展至 140 多人。受两县县委领导，活动于蕉（岭）平（远）边境。

6 月，梅、蕉、平三县反革命武装第一次联合“围剿”三坑革命根据地。蕉平边一带农民协会先后成立，三坑革命根据地初步形成，蕉平红军独立营游击面不断扩大。在这期间，独立营武装到平远大柘中学缴枪未果，又到悦来圩出击自卫队，缴获长枪 20 余支，驳壳枪一支。于是，三县反动武装向三坑鸭薮里“围剿”。蕉岭一路由钟成德、钟保兴带路从徐溪直入；梅县武装由曾顺喜带路从石扇而来；平远一路由叶功成带路从片金溜而来，进行全面“围剿”，洗劫村庄。他们还组织发动外村人入山砍光山上的树，接着又放火烧山企图围捕我革命同志。这一次因敌人是白天进山围剿，独立营获得情报后，主动转移，撤至平远的河头，部队未受重大损失。

7 月 12 日，张宏昌负伤。张宏昌率部队活动于蕉平边境，由于敌人的“围剿”，部队加强了戒备。7 月 12 日晚，张宏昌在旱窝坳查哨时，不幸被新入伍的战士高桂林误枪击中左肩部，因伤重抬至营尾、矮车、尖坑等村里医治，而后转至文福乡乌土村共产党员徐添家中医治养伤。

7 月 23 日，南磜破仓分粮。陈顺侯与蕉城区刘安、孙辉等人，率赤卫队及群众百余人在三溪口召开群众大会，号召群众起来打土豪分田地。会上群情激昂，陈顺侯等带领群众到王姓土豪家中缴获长枪 3 支、子弹 200 百余发，并破开南磜粮仓，把粮食分给贫苦农民。

8 月间，松江区革命委员会在左槐坑成立。主要领导成员有刘安、陈顺侯、徐添、孙辉、郭中富、黄国丹、温仲华。成立时在南磜左槐坑举行了宣誓祭旗仪式。成立后机关转移至宝坑，活动在蕉梅边境。

8 月，张宏昌被捕。张宏昌在文福乌土就医期间，由于当地土豪劣绅徐保六的告密被捕入狱。10 月 19 日，敌闻红四军即将入粤，在惊惶中，张宏昌被杀害于蕉城镇山楼下。

10 月，张宏昌牺牲后由赖清芳接任县委书记。委员 7 人，其中常委 3 人。有 5 个党支部，全县党员人数 150 多人。

10 月 20 日，红四军到达松源。朱德率领红四军到达松源，陈顺侯以松江区苏维埃政府负责人的身份向朱德汇报了工作情况，领回枪 12 支，光洋 300 百元。同时为红四军到蕉城侦察敌情，购买军需物品，如电筒、电池、衣物等一批。

10 月 24 日，红四军进入蕉城。10 月 23 日凌晨，朱德率红四军三个纵队 6000 多人，由松源出发，经南磜于 24 日到达蕉岭县城。蕉岭县长叶宝伦闻讯后，由卫士扶着潜逃出县城。朱德军长在蕉城老南街口的武衙门坪发表演说。部队到处张贴标语，晚上，大部队驻扎在西街、西门背一带。朱德在艾坝住了一晚。25 日，大部队经三圳、新铺进入梅县，前锋于当日下午攻占梅城。

10 月底，左槐根据地被劫。红四军经过南磜后，县自卫大队刘达群等率武装近百人“围剿”南磜根据地。左槐村被洗劫，陈顺侯的房屋及赤卫队营部全部烧光，抓去群众王何生等 4 人。

11 月底，成立蕉平县委。红四军北撤后，中共东江特委派鲁达（张晓光）任蕉平县委书记，组织委员赖清芳，宣传委员邓崇卯，武装委员陈德明、何贤，交通员邓亚槐。县委机关设在徐溪的长滩头。

1930 年

2 月，东委巡视员刘光夏来到三坑检查指导工作，住在上畲刘接胜家里。他了解情况后，认为三坑农民质朴真诚，农会组织与群众关系密切，居安思危，艰苦卓绝，十分满意。

4 月，蕉平县革命委员会成立。鲁达到东委汇报工作回来后，认为当前形势很好，红军游击活动将急速向东江方面发展。上级指示决定成立“蕉平县革命委员会”，指派赖清芳为县革命委员会主席，邓崇卯、鲁达、陈德明为委员。即以革命委员会名义张贴布告，建立苏维埃政权，分配土地，鼓舞群众斗志，迎接红军的到来。

秋，梅蕉平三县反动武装再次会剿三坑根据地。梅蕉平三县汇集反动武装近千人窜扰三坑一带根据地，邓崇卯等带领部队与敌激战，在鸭薮顶坚持与敌战斗数日，终因寡不敌众，只得退到平远热水、大柘、坝头一带开展游击活动。

10 月 10 日，县苏维埃政府在三坑成立。在邓崇卯的主持下，县苏维埃政府在三坑下畲村三才学校成立。

11 月 17 日，刘安被捕后就义。当刘安的革命活动转移到浒竹坪水口背纸厂时，因反动分子告密而被捕。后解回蕉城，1931 年 1 月 10 日，被国民党反动派杀害于蕉城。

12 月 11 日，边区特委指示筹备成立中共蕉平寻县委有关事宜。中共闽粤赣苏区特委西北分委在给刘琴西及兴宁、龙川、蕉岭、寻乌、平远县委的指示信中，指定中共寻乌县委召集蕉、平两县委共同商讨筹备成立“中共蕉平寻县委”的有关事宜。

1931 年

1 月 15 日，中共蕉平寻县委、县苏维埃政府建立。在西北分委巡视员刘琴西的指导下，中共蕉平寻党团代表大会于 1931 年 1 月 15 日至 21 日在寻乌黄田召开。会议主要内容：讨论今后一切工作的方针、总的策略路线和组织，选举产生了中共蕉平寻县委，赵冠鹏为书记，曾加锦、林汉倜、易敬永、李大南、赖兴邦、邝三妹为委员，廖裕德、刘葵五、温焕清为候补委员，刘兰芬为秘书长。县以下设区委、乡党支部。蕉岭县设立蕉城、新铺两个区。中共新铺区委、区苏维埃政府机关设在徐溪的黄坑，中共蕉城区委区苏维埃政府机关设在油坑村。

2 月 21 日，西北分委派梁锡祜、陈侃、陈炳坤到三坑苏区召开党团员代表会议。会议主要贯彻六届四中全会精神，参加会议的有来自蕉岭、平远、梅县、松源的党团员代表 40 多人。会议由陈侃、邓崇卯主持，贯彻西北分委的指示精神，总结经验教训，批判立三路线，指出：“继续发动群众，坚持斗争。”开始了王明“左”倾路线对梅蕉平的统治。会议共开了 6 天时间。会后，邓崇卯还到白渡的大坑尾周坑支部贯彻会议精神，在塘子尾开了两天会议。

2 月 26 日，邓崇卯等前往江西寻乌，中途遇阻牺牲。邓崇卯、黄振欧、钟晋孙、谢继生等 10 多人前往寻乌，到达平远县洋塘时，因河头村境内受敌阻拦，不能前往，即返回东石凹一带活动，先后在黄文兴、黄耀兴等人家里隐蔽。同年 10 月 1 日，在东石车子岗大湖背遭敌人包围，为了掩护同志撤退，邓崇卯壮烈牺牲。

3 月，徐添被捕牺牲。活动在蕉城区的主要领导人之一的徐添，在长潭的普滩石蛇被捕，解回蕉城后遭杀害。

4 月，东委派梁锡祜任蕉平寻县委书记，罗华明任共青团县委书记。进一步执行肃反扩大化政策，全县展开肃杀 AB 团分子的运动，蕉岭的黄沙、三坑等苏区开展了肃反运动。

9 月，蕉平梅三县反动武装第三次联合会剿我三坑苏区。蕉平两县团防配合梅县黄志鸿部一个营的兵力大肆围剿三坑苏区。因寡不敌众，我武装一部分转移至黄坑山区，便于和江西方面取得联系；一部分转移至油坑的灵峰山和南礤、蓝坊交界大峰嶂一带隐蔽活动，继续发动群众，坚持斗争。

9 月，蓝坊、南北礤再度遭敌包围。坚持蓝坊、南北礤山区的我党领导人吴国桢（吴祥灵）、曾日新、刘坚等同志仍带领着 40 多人的武装队伍坚持在蓝坊的梨树坑、中凹子以及南礤的浒竹坪、大峰嶂一带。一天晚上，当吴国桢等正在黄云康纸厂开会时，被反动分子黄显寿等人告密，敌人立即分兵四路向我驻地观音庵包围过来，双方激战四五个小时，吴国桢等率部转移至大峰嶂。

9 月12 日，大峰嶂突围。天刚蒙蒙亮，敌军1000 多人又沿山窝偷袭大峰嶂而来，被我哨兵发现后，当即被我方开枪打死 2 名先遣敌军。旋即敌方用机枪向我阵地猛烈扫射，经短时阻击后，敌兵也不敢冲上前来，我军则乘机突出重围，转回至南礤三溪口。这时，粮食衣物大都丢失，弹尽粮绝。吴国桢、刘坚等领导人决定把队伍分散，一部分转蕉城片山区，一部分到思前半溪，一部分仍留南礤活动，待机而出。

1932 年

3 月底，中共新铺区委机关遭敌人包围破坏。驻扎在黄坑的新铺区委被敌人包围，机关遭到破坏，牺牲 4 位同志，苏区的文件、印章等丢失。此情况向江西寻乌县委报告后，根据中共寻乌县委的指示，新铺、蕉城两个区委及全部武装人员于 8 月份前撤离蕉岭到寻乌，由寻乌县委分配工作。

秋，由于敌人的重兵“围剿”，东江根据地大都遭到破坏。蕉岭的油坑、三坑、黄坑、黄沙、蓝坊、南礤的大峰嶂、梨树坑等均连遭到敌人的破坏。

12 月，刘传兴等人重返蕉岭活动。10 月，中共蕉城和新铺两个区委及武装人员，在江西会昌县的均门岭接受中央军区第三作战分区的训练。12 月底，分区派遣刘传兴、宋永兴，陈炳昆、曹秋生、曹阿松等 5 人返回蕉岭重建根据地，并由军区介绍到福建军区与方方取得联系后，刘传兴等人于 1933 年 1 月初回到蕉岭。

1933 年

3 月，宋永兴、刘传兴等返回筠门岭第三军分区任职。由于斗争形势的变化，蕉岭的革命武装遭受摧残，部分人员再次北上寻乌、会昌等地找党组织，接受训练，参加工作。宋永兴、刘传兴等人返回江西，经受训后在第三分区任职。宋、刘两人分别在供给部出纳科和粮服科工作。其后，刘传兴又出任青溪兵站站长。宋永兴随中央红军参加了长征，渡金沙江时牺牲。

1934 年

1 月，刘传兴等折回蕉平边继续开展游击活动。刘传兴等奉军区命令，率一个营由程岗出发，折回蕉平寻边，辗转于铁山嶂、四姑嶂、天子嶂、耙头古嶂一带开展游击活动。后来在铁山嶂突袭了团防，然后回到老苏区三坑的鸭薮里。这时的三坑等地群众，因多次遭到反动派的“围剿”洗劫，情绪低落，生产生活上也碰到极端的困难。

3、4 月间，刘传兴等只得率部队再转移至耙头古嶂，在黄沙溪等地活动时与中共兴龙县委蔡梅祥取得了联系，住在黄沙溪。一次在转移中，途经平远石正，与敌人遭遇，毙敌 1 人、缴枪数支。刘传兴在天子嶂脚部负伤，后留在兴龙县委养伤，部队由营长率领返回了均门岭。刘传兴伤愈后，被分配到兴龙游击大队，负责出纳工作。兴龙游击大队队长李大添率领队伍活动于秦峰、丹溪、天子嶂、耙头古嶂、叶子畲、黄乡、留车及龙川的大信一带。

春，徐溪的三坑和南磜的大峰嶂遭受敌人的“围剿”，村庄被洗劫。

1935 年

6 月间，敌人派重兵包围兴龙县委，并扬言“不放回神甫，纵横五十里大小过刀（杀人）”。此时，特委罗屏汉、兴龙县委蔡梅祥、曾九华及二十二师周师长等在耙头古嶂开会，决定把队伍暂时分散，要求原蕉平县的 10 多名同志返回蕉平根据地去隐蔽。于是，刘传兴等 10 余人星夜突围，突围中队伍被打散，到了陈坑只存 4 人，露宿山头，跋山涉水，向三坑苏区进发。7 月初，返回鸭薮里根据地，带回长枪 3 支、短枪 1 支，在鸭薮顶山上搭寮隐蔽，坚持斗争。

1936 年

春夏间，开展抗日救亡运动。随着全国抗日救亡运动的迅速发展，蕉岭县各地的抗日救亡群众运动逐步掀起。蕉岭中学、镇南公学、三圳公学、梅蕉六甲中学等纷纷成立歌咏团和剧社等群团组织，开展抗日救亡宣传，以爱国青年学生为主体的各界抗日救亡群众运动逐步形成。

1937 年

7 月，南北磜就读于梅蕉六甲联立中学（简称联中或六甲中学）的学生王耀秀（王维）、郭鼎英、肖炳城加入中国共产党，从此，蕉岭东部重建党组织。

1938 年

6 月中旬，中共梅蕉杭武中心区委成立，蕉岭的东北部山区归属中心区委领导。中心区书记王立俊，组织部部长王立潮，宣传部部长肖蔚然，统战部部长黄清宇，妇女部部长王静娥。

7 月，建立中共新铺支部。在梅县就读的共产党员林连宗、林珍凤等人，利用暑假时间，组织“回乡抗日救亡工作团”，在新铺开办夜校、训练班、书报社、剧团等，开展抗日救亡宣传活动，秘密发展共产党员，建立中共新铺支部，林连宗任支部书记。

7 月，蕉岭南北磜山区，在六甲中学一批回乡的共产党员和学生的带领下，各乡村的抗日救亡宣传活动和办妇女夜校等活动十分活跃。

12 月上旬，东区服务队抵达蕉岭，筹备开办民众抗日自卫干训班。丘琮率领东区服务队来到蕉岭，在文福创兆学校筹备开办民众抗日自卫干训班，随队一同来蕉岭的有中共党员杜声闻、林启舟、丘继英、魏凡、卓扬、蔡伟青、关其清等人，秘密成立了中共东区服务队支部，卓扬任书记，组织委员丘继英，宣传委员蔡伟青。

1939 年

1 月，民众抗日自卫干训班开学。在东区服务队的组织领导下，干训班设在文福创兆学校，学员以当地青年为主，也有来自梅县、平远等地的热血青年。第一期学员共140人。

2月，中共新铺区委正式成立。梅县中心县委派出黎邦到新铺以教师身份作掩护组建中共新铺区委，黎邦任区委书记（公开身份是丰乐公学教员），组织委员陈忠权，宣传委员肖德成，委员古奇（古关贤，主管蕉城的联络工作）、谢双庆（谢明）、李剑文。区委机关设在福岭村小学，区委下辖两个支部。

2月，蕉岭中学建立中共党支部。支部负责人是刘兴俊，由古关贤负责联络工作。

3月8日，举行大比武活动。东区服务队干训班以纪念“三八”国际妇女节为名召开妇女大会，进行抗日自卫大比武活动，邀请蕉岭各地比较知名的武术教头参加大会，作国技表演，盛况空前，群情激昂。

8月31日，国民党当局通令取缔东区服务队。广东省政府发出快邮代电称：“去冬，企图有闽粤边区建立游击根据地与边区政府之传说，其外围组织为张向强等领导之岭东青年抗日同志会，记者学会，文化界座谈会等民众团体。此外，又有第三党重要分子丘琮等在蕉岭擅自设立战时青年服务团训练班，籍事培植干部，且最近该两县党似有进行会作之趋势……。”并派出邱誉伙同蕉岭国民党党部林杰元等人来到文福乡，下禁止令。此后，东区服务队部分成员赴潮汕华振中部作抗日前线宣传。

11月，中共闽西南潮梅特委第六次执委扩大会议在南磜的田心村上新屋举行。20多人出席了会议。中心内容是贯彻中共中央关于“隐蔽精干，蓄力待机”的方针，准备应付突发事件。会议作出了坚决贯彻执行中央关于在国统区的党组织要执行“隐藏精干，长期埋伏，积蓄力量，等待时机”方针的决议，要求各级党组织要有计划地隐蔽撤退，广泛打进国民党各个部门中，利用合法身份进行斗争，进行整党审干和训练干部，巩固党的组织。会议还选出叶剑英、王维、方方、边章伍、苏惠、伍洪祥、谢南石7人为“七大”代表。

11月，中共梅蕉杭武边县委成立。书记王立俊，组织部长部谢毕真，副部长王立朝（后陈德惠），工农部部长王添官。

1940年

春，国民党方面掀起反共逆流。执行“溶共、限共、灭共”的方针，在全国掀起反共逆流。从1939年冬至1940年春掀起了第一次反共高潮。在蕉岭解散了蕉岭青抗会，解散了各学校的学生自治组织，不准进步学生在校谈论时事，建立扩大三青团组织等。

10月，党组织经过整顿后，蕉岭仍保留有中共福岭支部一个，书记陈忠权（后陈晋恭）；北礤仍有共产党员郭建康、郭履洁等人，在中共松源区委领导下工作。蕉岭党的组织仍隶属梅县中心县委领导。

1941年

2月，郭建康、郭履洁由党组织派往隆文任教，以教书为职业掩护。

10月，郭履洁护送潮梅特委林美南经由隆文至松源，检查指导党的工作。

1942年

9月24日，潮梅特委派出林美南到梅县，正式传达了南方局周恩来关于组织解散的指示决定，贯彻组织解散后，要求党员执行“隐藏精干，长期埋伏，积蓄力量，等待时机”的方针。

10月，党员执行“三勤”。“南委事件”后，组织解散，党员个人寻找职业隐蔽，执行“勤职、勤学、勤交友”的三勤方针，扎根于群众之中，进入隐蔽待机。这时，中共松源区委属下的党员郭履洁等人进入蕉岭中学，以读书作掩护执行“三勤”方针。

1943 年

是年，贯彻执行中央提出的“十六字方针”。党的组织停止活动，党员实行“三勤”后，仅由南委联络员李碧山与各县党的领导人保持着个别联系。

1944 年

夏，郭履洁转入北礤中心小学，以教书为掩护，郭建康在北礤圩以做生意为掩护，继续执行隐蔽待机的“三勤”方针。

秋，恢复党的活动。隐蔽在闽西南和潮梅地区党的主要负责人朱曼平、魏金水、李碧山、林美南等经过碰头会晤，一致认为：根据抗日战争的局势和政治形势的变化，应尽快恢复党的组织活动，准备开展武装斗争。为此，要尽快与党中央取得联系，请求批准恢复组织活动和工作指示。

1945 年

2 月，闽西王涛支队一部分进入蕉（岭）武（平）边的象洞和北礤的上九一带开展活动。

8 月底，韩江纵队一支队挺进杭武蕉梅边区的王寿山，与闽西王涛支队二大队会合，共同开辟杭武蕉梅地区，开辟基点工作，组织武装斗争。钟化雨参加了韩江纵队一支队工作。

11 月，中共梅蕉武埔边县工委成立。根据闽粤赣中心县委的指示，建立了中共梅蕉武埔边县工作委员会，由王立朝、胡伟、张克昌等为委员组成，王立朝任书记。

12 月，一支队袭击南礤黄延祯家。韩纵一支队武装出击原广东国民党军副军长黄延祯家，缴短枪 8 支、黄金 40 多两、美钞 990 元，以及弹药及军用物资一批。

1946 年

2 月，中共杭武蕉梅边县委成立。由李碧山主持召开了中共闽粤赣中心县委扩大会议，根据抗战胜利后的形势，决定撤销中共梅蕉武埔边县工委，分别成立中共杭武蕉梅边县委和埔北区委会。中共杭武蕉梅边县委由王立朝、王志安、谢毕真、王振先、谌学钦等委员组成，王立朝为书记。县委机关设在南礤的田心和松源的满田等地。

4 月，中共杭武蕉梅边县委向蕉岭方面开展工作。中共杭武蕉梅边县委决定，由王志安负责，带领黄青、陈育权、李海等人前往蕉岭腹地，到三圳找钟化雨联系，并吸收钟入党。后又经钟介绍，发展了钟文聪、刘雨舟、钟逢甲、钟崇光等人先后加入了中国共产党，蕉岭的党组织重新建立起来。

8 月，中共杭武蕉梅边县委领导成员调整，书记改由王志安担任，王立朝、谢毕真、王振先、谌学钦为委员。

11 月，中共杭武蕉梅边县委召开扩大会议。会议传达了“七大”会议精神以及中共对华南工作的指示。

1947 年

1 月，中共杭武蕉梅边县委书记王志安以特派员身份，带着妻子刘露辉来到蕉岭，通过党组织的精心安排，以酿酒做豆腐为职业掩护，住在徐溪乡黄坑村的曾祥灵家中，先后发展了张志姚、黄庚、张清等人加入中国共产党。

8 月，王志安由黄坑返回中共杭武蕉梅边县委工作。王志安在黄坑活动期间发展的一批党员和进步青年张志姚、黄庚、张清等人也先后被吸收到边县人民游击队。

10 月，边县游击队出击南礤乡公所，摧毁乡自卫队，收缴其全部武器弹药，打开仓库把粮食数万斤分给贫苦群众。接着，边县游击队又发动群众打开松源老圩的谷仓，破仓分粮。同时，摧毁了尧塘乡公所，收缴了反动派的武装，焚毁了征兵名册。

11 月24 日，成立蕉岭县武装工作队。蕉岭武工队队长钟化雨，成员有钟文聪、张志姚、刘雨舟、刘光、钟崇光等人。

12 月，摧毁了北礤等乡公所。

1948 年

1 月，马图会议决定攻打蕉岭县城。会后，粤东支队主力即在刘永生、朱曼平带领下开始运动，并虚张声势打松口，实则隐蔽地绕道进入杭武蕉梅边，准备攻打蕉岭县城。

1 月，南礤、北礤继续深入开展反三征斗争。在边县委和游击队的领导下，深入发动群众，开展反三征斗争，全面出击收缴土豪劣绅和公尝的枪支弹药。先后在石礤村、白水村、三溪口村等地收缴了郭惠然、阮焕民、黄柏祥等伪劣的长枪 35 支，短枪 2 支，子弹 350 余发。

2 月 26 日，刘永生、朱曼平等率领粤东支队到达北礤水涨田。

3 月2 日，攻打蕉岭县城。3 月1 日，粤东支队和独七大队一中队从北礤桂竹园出发，2 日凌晨抵达蕉岭县城，发起总攻，战斗打了一个上午。12 时，全城已被我部队占领。计歼敌 60 余人，缴获各种枪支 300 多支、子弹 15000 余发以及其他军用物资一批。县长李秋谷弃城而逃，法院院长曾友孟当场被我捕获。我部队进城后打开监狱，释放犯人，并烧毁军械仓库一座。蕉岭县是解放战争时期华南地区第一个被我军攻克的县城。

3 月2 日，配合攻打蕉城，蕉平武工队在新铺金沙收缴了国民党挺进副司令林君绩家中的武器，缴获机枪两挺、短枪两支、弹药及军需物品一批。

3 月25 日，水涨田战斗。涂思宗一个营从蕉城出发，经过桂竹园追踪而来，在石磜村与粤东支队教导队发生战斗。次日又在水涨田发生战斗。

4 月8 日至13 日，粉碎涂思宗六路进攻。敌二千余人，分兵六路进攻我杭武蕉梅驻地张天堂。福建省保三团（薛营）主力由松源出发，武平县自卫队纠集钟勇部从象洞出发，林细满部从岩前的将军地出发，福建省保二团从上杭的中都出发，蕉岭县自卫队从皇佑村出发，上杭的另一路从沙埠出发，号称六路进攻，目标指向岗背的张天堂。此时，粤东支队和独七大队已转移至岗背水口的透水坑。薛营主力部队在水口遭我伏击，大败而逃。此役，击毙敌连长一名，伤副营长、连长各一人，毙伤敌兵30 多人，使敌人胆战心惊。其余各路之敌闻风溃逃，涂思宗的“六路进攻”被我胜利粉碎。

5 月，南北磜武工队、隆文武工队相继成立。南北磜武工队队长由郭履洁担任，隆文武工队队长由李振龙担任。

5 月，蕉岭武工队在三圳、洋蛟湖等地收缴公尝枪支共20 余支，弹药一批。

5 月，蕉岭武工队打下徐溪乡公所，活捉乡长廖如东，缴获步枪6 支。

6 月，蕉岭武工队与梅北武工队（又称蕉平武工队）会合。两支武工队会合后，壮大了队伍，分别在柚树河上游、徐溪大桥、黄坑的牛尾岃等处建立了水路和陆路收税站对来往船只和车辆进行打税。

6 月，小蕉坑战斗。独七一中队和南北磜武工队在石中的小蕉坑会合，与蕉岭县自卫队刘水清部一百多人发生遭遇战，毙、伤敌十多人，其中班长两人，缴枪两支，敌溃退。

8 月，突袭狮山坪。蕉平武工队配合独四大队武装，一举突袭了新铺狮山坪，抓获县自卫大队副队长曾繁达，抄了他的家，收缴枪支弹药一批。

9 月 10 日，蕉平武工队在金沙截击梅县刑警队长。是日，蕉平武工队数名队员在新铺金沙的公路段截获梅县刑警队的警车一辆，活捉刑警队长等 3 人，缴枪 3 支，子弹数十发，解救出新铺小学教员黄兰。

9 月，蕉岭武工队破新铺粮仓一座。

11 月 24 日，中共蕉岭县工作委员会成立。中共梅州地委决定，将杭武蕉梅边县委领导的蕉岭武工队与梅兴平蕉边县派出的蕉平武工队及党组织合并，成立中共蕉岭县工作委员会，直属中共梅州地委领导。管辖范围是蕉城、三圳、新铺、徐溪、文福、广福、长潭等区域，南磜、北磜、蓝坊的区域仍归属杭武蕉梅边县委领导。中共梅州地委书记廖伟到蕉岭的黄坑上村鼓子坪主持召开了县工委成立会议，并宣布领导成员名单：县工委书记钟化雨，组织部部长彭霖，宣传部部长马添荣。同时，成立蕉岭县人民游击队，队长丘炳元，下设三个武工队（团）。新铺武工队队长由郑岳尊担任，三圳武工队队长由钟文聪担任，徐溪武工队队长由张志姚担任。

1949 年

2 月 13 日，寨子坑战斗。三圳武工队在寨子坑征粮时与县自卫大队发生遭遇战，武工队队员肖云牺牲，民房被烧毁十多间。

2 月 27 日，徐溪武工队遭遇战。徐溪武工队在平远县境锅叾里活动时，遭受平远县自卫队的围攻。突围战斗中，武工队员亚雪娣、林锋、陈安祥 3 人牺牲，武工队长张志姚手部负伤。

3 月，南北磜区、高蓝区人民政府成立。根据边区党委关于成立边县各级人民政府的决定，南北磜、高蓝区开始了民主建政工作，分别成立了南北磜区、高蓝区人民民主政府。

3 月上旬，高蓝武工队连续出击，收缴反动武装。3 月 2 日起，高蓝武工队配合一支队二团进攻高思乡及程官铺，迫使高思自卫队投降，活捉队长以下武装人员，缴枪 30 余支。同时又出击了程官铺黄涛家和黄干英家，缴获短枪 1 支，电话机 2 架，炸药 1 箱，并且召开了村民祝捷大会，安定民心。

3 月 12 日，蕉岭人民游击队出击蓝坊，摧毁了蓝坊乡公所，收缴乡自卫队枪支弹药一批。

4 月 20 日，蕉岭县人民游击队整编为独立二大队。独二大队由蕉岭县工委书记钟化雨兼任政委，大队长谢强。

4 月 23 日，黄沙坑大捷。4 月中旬以来，四团和独二大队在黄沙坑集结整训。23 日凌晨，以副营长陈葛光为首的县保安营一百多名武装，妄图偷袭游击队设在徐溪桥头的税收站（队）。获悉敌情后，县工委和独二大队领导钟化雨等与四团主要领导人饶仁珊、刘安国等立即作出部署，决定诱敌深入，聚而歼之。是役计毙伤俘敌 68 人，缴获轻机枪 1 挺，短枪 4 支，长枪 75 支，子弹 1 箱。

5 月 14 日，蕉岭县解放。蕉岭县解放后，立即成立了蕉岭县军事管制委员会，主任刘铁珊、副主任李国瑶、谢伦瓒（后王志安为主任，钟化雨为副主任）。此时，中共梅州地委入驻蕉城。

6 月 1 日，蕉岭县人民民主政府成立。县长钟化雨、副县长黄德维。同时成立新铺区、三圳区人民民主政府。

6 月 19 日至 20 日，全歼长潭高台庵之敌。中共梅州地委和一支队司令部决定向盘踞在高台庵的陈英杰残部发起总攻。经过 19、20 日两天的战斗，俘敌 108 人，缴获重机 1 挺，长枪 40 余支，其他军用物资一批。

7 月6 日，因胡琏兵团残部即将侵入蕉岭，县党政军机关及部队撤出蕉城。党政机关转移到蓝坊东部山区。

7 月 19 日，三山南坊肚事件。独九团和四团的部分武装转移至三山南坊肚隐蔽休整，突然遭受胡琏残部 300 多人的包围攻击。在突围战斗中，牺牲 30 多人、受伤被俘 20 多人。中共梅州地委秘书长、边纵一支队政治部主任黄戈平在突围中壮烈牺牲。

7 月底，黄坑伏击。转移至西部山区隐蔽的部队，九团和四团的武装在民兵的配合下，击溃从平远窜入黄坑上村侦察地形的军车一辆，击伤敌指挥官 1 人。

8 月底，胡琏兵团残部在南下大军追击下开始陆续逃离兴梅地区。

9 月 1 日，蕉岭县党政军机关及部队重新进入蕉城施政。

第三节　红色歌谣、歌曲

一、歌唱红四军

1929年流传于南粤大地

汤国云收集整理

一月里来梅花香，四军全部出山冈。
红旗飘飘高举起，吓得蒋匪大恐慌。
二月里来雪花飞，红军团结一条心。
大柏岭上打一仗，白军刘士毅狗病危。
三月里来气象新，红军大队到长汀。
郭逆凤鸣不量力，长岭寨下命归阴。
四月里来秧长成，红军全部进了兴。
赣南各县大震动，刘逆无路守孤城。
五月里来天气晴，革命高潮渐复兴。
蒋桂战争南方起，两广工农遭蹂躏。
六月里来荷花开，红军三度到龙岩。
打得陈国辉只身走，一败涂地不复来。
七月里来稻谷黄，农民收割整仓忙。
不完租谷不还债，贫雇工农有食粮。
八月里来天渐凉，加紧练兵上操场。
军事技术锻炼好，消灭敌人正应当。

九月里来离闽西，经过平涂到安溪。
回师打败张贞部，枪炮子弹数不清。
十月里来回龙岩，千万工农笑开颜。
上杭铁城一鼓下，军阀卢新铭垮了台。
十一月里来去东江，松源虎市缴到大批枪。
再把梅县一占领，陈逆维远就下场。
十二月里来过新年，红军奋斗又一年。
工农踊跃大慰劳，幸福生活万万年。

二、勇敢组织农协会

张宏昌烈士遗作

穷人生活真寒酸，衫烂裤烂膝头穿，
锅头水滚无米煮，穷苦日子样得断。
割禾担到打禾坪，收谷仅有五六成，
精谷又要还地主，秕谷分涯还话赢。
贪官污吏到乡间，开手就来办苛捐，
不管穷人生呀死，总爱自己荷包满。
最恨地主资本家，看作工农当牛马，
高楼酒肉佢独享，娇妻美妾任佢花。
过了一年又一年，穷人生活更艰难，
如不设法来自救，真真快到死门关。
穷人需要救穷人，大家团结打敌人，
勇敢组织农协会，革命成功享太平。

三、打倒白派享太平

张宏昌烈士遗作

第一罪恶资本家，当把穷人作牛马；

高楼酒肉佢独享，三妻四妾尽佢花。
过了一年又一年，穷人生活正艰难；
如不设法来自救，真真快到死门关。
穷人生活真寒酸，衫烂裤烂膝头穿；
锅头水滚么米煮，穷根日子几时断。
穷人需要救穷人，大家团结十分精；
工农兵学来相助，打倒白派享太平。

四、十二月苦歌

邓崇卯烈士遗作

正月里来是新春，有钱人家乐融融，
穷人食个番薯粥，穿个都是烂衣裙。
二月里来好种桑，惊蛰一过好落秧，
秧长衫烂打寒战，耕田农户空米房。
三月里来正么[①]闲，犁耙辘轴落田园，
几年辛苦说不尽，汗水流干也枉然。
四月里来是饥荒，肚饥难过日子长，
富老闲情好作乐，贫民猴头[②]准[③]干粮。
五月里来是端阳，穷富悬殊好心伤，
农民种田么米煮，富老天天酒肉尝。
六月割禾在田头，讲起穷人心就愁，
割起禾来要还债，高利剥削大结头。
七月秋风渐渐凉，穷人此时心里慌，
又愁夜里无被盖，又愁日里无衣裳。
八月算来是中秋，军阀年年战不休，
苛捐杂税完不尽，油盐柴米都要抽。
九月里来是重阳，重阳登高好时光，

土豪劣绅玩山水，穷人落泪饿断肠。
十月里来是立冬，一阵寒雨一阵风，
地主收租享安福，穷人辛苦在田中。
十一月来年颏下，[④]穷人心焦乱如麻，
么被么帐又么女，妻儿子女急嗟嗟。
十二月来讲过年，阳间阎王催债钱，
仓中么谷卖子女，妻离子散么家园。
讲起土豪恨在心，穷人哪时得翻身，
今下有哩共产党，领导涯兜[⑤]闹翻身。

注：

①么：无

②猴头：土茯苓

③准：当

④年颏下：近过年

⑤涯兜：我们

五、红军妹子顶呱呱

你莫笑涯红军嫲，红军妹子顶呱呱，
又会拿枪打白狗，又会耕田驶犁耙。
你莫笑涯红军嫲，共产党做事系无差，
二五减租办农会，全力扶持耕田侪。[①]

注：

①侪，我们

六、红色犁旗红又红

红色犁旗红又红，手擎红旗敢冲锋，
消灭天下反动派，一心一意为工农。

小溪流水鲜又鲜，点点滴滴靠水源，
革命队伍要壮大，年年月月要兵源。
村里锣鼓闹连连，欢迎入伍新队员，
天下工农亲兄弟，同命运来共苦根。
念目山上有石堆，山上有个万大来，
一支驳壳山上守，百万匪军唔敢来。

5

第五章

红色传承励后人

第一节 革命遗址和文物

一、三达学校——蕉岭县第一个党支部旧址

蕉岭县第一个党支部旧址——三达学校位于广东省梅州市蕉岭县三圳镇九岭村上九岭队。1927年，徐持、钟慕光、钟占文从广州回到三圳家乡，在九岭的三达学校和九岭村开展革命活动。为了斗争需要和发展党团员，钟慕光首先提议在蕉岭建立中国共产党组织，钟占文、徐持也认为成立党组织的条件已成熟。同年7月在上九岭村武教头钟双义家中成立中共蕉岭县三圳九岭支部。选举徐持为书记，钟慕光为组织委员，钟占文为宣传委员。支部设在三达学校。随后在该校发展了教师徐汉良、邓克琳及该村青年钟焕炎、钟洪江等人加入党团组织，并在三达学校开办夜校，积极宣传共产党的方针、主张，团结发动群众，成立九岭村农民协会和赤卫队，与附近乡村的邪恶势力作斗争；破除迷信，摧毁三圳墟和宫下的神像。中国共产党组织在蕉岭的建立和发展，有

三达学校——蕉岭县第一个党支部旧址

力地推动了蕉岭工农运动的向前发展，不断开创革命斗争新局面。

二、赖氏宗祠——红四军宿营地旧址

红四军宿营地旧址——赖氏宗祠位于广东省梅州市蕉岭县蕉城镇陂角村。1929 年 10 月 19 日，朱德军长和朱云卿参谋长率领红四军三个纵队共 6000 多人，从福建上杭、武平县城直抵梅县松源集结。23 日晚，朱德率领红四军进入蕉岭境内。24 日晨，红四军进入蕉岭县城。当时，蕉岭县城没有驻国民党的正规部队，警卫队一触即溃，国民党蕉岭县长叶宝伦带着卫兵向河西方向狼狈逃窜。红四军派出宣传队和政治工作人员深入大街小巷和附城农村张贴告示，刷写标语（城西马荠湖现存标语的内容是：高抬谷价的杀，反革命的杀），召开群众大会，宣讲红军的政策纪律。朱德军长在蕉城老南街口武衙门坪发表演说。24 日晚，红军大部队在蕉城西街、西门背一带宿营。25 日凌晨，红四军由蕉城出发经新铺进入石扇抵梅县。红四军入蕉，打击和震撼了敌人，红四

赖氏宗祠——红四军宿营地旧址

军所到之处，反动势力即成瓦解之势，反动首要分子纷纷溃逃，加速了蕉岭革命力量的发展壮大。红四军入蕉，扩大了共产党和红军的政治影响，提高了人民群众对共产党和革命队伍的认识和理解。

三、陈氏宗祠——左槐农民协会旧址

左槐农民协会旧址——陈氏宗祠位于广东省梅州市蕉岭县南礤镇左槐村左上队。旧址有 2 厅 8 间约 700 平方米。农会和赤卫队以左槐为据点开展打土豪斗争，实行减租减息，收缴了当地土豪梁志光等人的枪支。左槐成为油坑、三坑、黄沙一样的革命据点，搅得敌人不得安宁。1929 年 11 月 5 日，国民党县自卫队刘达群部七八十人进犯左槐、龙华盖根据地，烧毁农民协会及领导人陈顺侯（家名应堂，就读黄埔军校时改名顺侯，参加红军时改名陈义）的房屋，赤卫队营地也被烧毁。革命据点左槐及赤卫队遭到严重破坏。

陈氏宗祠——左槐农民协会旧址

四、尖坑村——中共蕉岭县第一次代表大会旧址

中共蕉岭县第一次代表大会会址，位于广东省梅州市蕉岭县新铺镇尖坑村上赖屋。1927 年 7 月，中共蕉岭九岭支部成立后，徐持、钟占文、钟慕光等负责人积极开展活动，发展党团员，壮大党的组织，领导和发动工农群众开展斗争。9 月，中共蕉岭九岭支部升格为中共九岭特别支部，隶属梅县党组织直接领导。与此同时，蕉岭文福乌土、新铺、长江已相继建立了党支部。因此，中共蕉岭党组织负责人徐持、钟占文、钟慕光、刘安、陈杰生等认为，成立中共蕉岭县委的条件已经具备。经过周密的酝酿筹备，同年 12 月，在新铺镇尖坑龙虎薮赖汉文家中召开党员大会，到会的党员 30 多人。会议成立中共蕉岭县委员会，选举徐持为县委书记，赖德君为组织委员，钟慕光、钟占文为宣传委员，钟九连为组织兼交通委员，陈杰生、陈顺云为军事委员。会议作出了在新铺举行武装暴动的决议。中共蕉岭县委员会的成立，标志着蕉岭

尖坑村——中共蕉岭县第一次代表大会旧址

人民革命斗争进入一个新时期，人民有了共产党的领导，斗争的信心更足了。中共蕉岭县委隶属中共东江特委领导，县委机关设在尖坑村。

五、宋氏宗祠——蕉平寻县委蕉城区旧址

蕉平寻县委蕉城区旧址——宋氏宗祠位于广东省梅州市蕉岭县新铺镇油坑村。1931 年 1 月 10 日，寻乌县委以寻乌行委名义就《关于派选代表出席蕉平寻党团代表大会问题》发出第 7 号通告。提出“要在闽粤赣苏区党西北分委的指导下，合蕉、平、寻三县成立——新县委，领导三县工作”。经过短期紧张的筹备，1 月 15 日至 21 日，蕉平寻三县党团代表大会与工农兵第一次代表大会在江西寻乌黄田同时召开中共大会选举产生了中共蕉平寻县委，赵冠鹏为县委书记，曾加锦、林汉倜、易敬永、李大南、赖兴邦、邝三妹为县委委员，刘兰芬为秘书长，李大南任县苏维埃主席，曾不凡任团县委书记。县委机关和苏维埃政府机关设在黄田。蕉平寻县委、苏维埃政权成立后，积极贯彻执行县党团代表

宋氏宗祠——蕉平寻县委蕉城区旧址

大会和工农兵代表大会的政治、经济、政权、武装等方面的决议，积极进行苏区的自身建设。在行政区域上，工农兵第一次代表大会确定了全县设置为蕉铺区、新平尺区、石坝东长区、光留篁区、吉澄寻区5个大区。后又改设为寻城、留东、蕉城、新铺、坝头、八尺、篁乡、吉潭、大柘、平城10个区。蕉岭县设立蕉城、新铺两个区。其中蕉城区委、苏维埃政府机关于同年2月设在油坑村。区委书记宋永兴兼任革命委员会主席。

六、谢氏宗祠——蕉平县委机关旧址

蕉平县委机关旧址——谢氏宗祠位于广东省梅州市蕉岭县新铺镇黄沙村长滩头。1929年，据东江特委巡视员写的报告，“（蕉岭）县委情形：一委员病，一委员（工人同志）经常做交通工作。东委会结束，清芳同志（中共蕉岭县委书记）回去即病。支部情形：原有12个支部，现能发生关系的还有两个，其他因白色

谢氏宗祠——蕉平县委机关旧址

恐怖的摧残而解体了。就在党组织活动困难的时期，蕉岭、平远又‘与东委不能发生秘密的关系’”。东委考虑蕉、平两县党的工作状况，于11月报告省委，提出蕉平两县党组织合并为一个县委。同年12月9日，中共广东省委指示：“蕉平两县工作，目前已无多大进展，为人财力集中起来，暂时可以与两县合并成立县委，以指导两县工作，待工作发展时再分立县委。”随后，中共蕉平县委成立，东江特委派鲁达（张晓光）为蕉平县委书记，赖清芳为组织委员，邓崇卯为宣传委员，陈德明、何贤为武装委员，邓亚槐为交通员。县委机关设在徐溪黄沙长滩头。蕉平县委成立后，以发展蕉平边界的山区工作为重点，把原来蕉平红军独立营分散的人员集中起来，加强联系，组织扩大队伍，挨村逐户开展宣传工作，组织农会，发展党团员，蕉平县委的活动范围成为赤色村庄。

七、三坑村——蕉岭县苏维埃政府旧址

蕉岭县苏维埃政府遗址位于广东省梅州市蕉岭县新铺镇三坑村下畲队。1930年2月，东江特委巡视员刘光夏来到蕉平县委驻地三坑，传达了东江特委的指示，介绍了东江各县的斗争形势，指示蕉岭党组织要领导农民实行土地革命，建立苏维埃组织。3月，三坑召开农民协会会员代表会议，每20人选出代表1人，代表在会上报告所在地方的债务、田地情况，开展实行平分田地，取消老租老息的斗争。同年10月10日，蕉岭县革命委员会在三坑下畲村三才学校（土木结构，四间教室，面积约200平方米，1951年改建为三坑村卫生所）召开群众大会，在时任蕉岭县革命委员会委员邓崇卯主持下，成立蕉岭县苏维埃政府，会议选出钟永佛为苏维埃政府主席。下设土地科、财政科、军事科、总务科、赤卫科五个科，分别由张佛庆、刘传兴、钟云生、钟月桂、钟永

佛担任科长。苏维埃政府成立后，立即领导苏区人民打土豪斗地主，实行土地革命，没收封建公尝和生、死地主的土地，烧田契出仓谷，抗租抗债。苏维埃政府领导苏区人民重新分配土地后，即按重新分户进行耕种，苏区的贫困农民第一次成了土地的主人，生产积极性空前高涨。

三坑村——蕉岭县苏维埃政府旧址

八、宏昌小学——革命活动地

宏昌小学位于广东省梅州市蕉岭县新铺镇油坑村半山张，原名红脚学堂，又名敬业学校，是大革命时期张宏昌（曾任中共蕉岭县委书记）活动的革命据点。1929 年 6 月 7 日，国民党地方武装“围剿”油坑村，敬业学校被烧毁。1955 年，蕉岭县人民政府拨款修复。为纪念革命烈士张宏昌，将敬业学校改名为宏昌小学。

宏昌小学——革命活动地

第二节　纪念场馆

一、1953 年建造的蕉岭县新铺矮车革命烈士纪念亭

蕉岭县新铺镇矮车村革命烈士纪念亭位于石岗坪。据碑志记载，建于 1953 年 11 月。1993 年重修。该碑为纪念第一、第二次土地革命时期牺牲的张宏昌、邓崇卯、刘安、钟占文、谢梅初、陈谦等 33 位革命烈士而建。坐南向北，上尖下方结构，占地面积 44.88 平方米。通高 2.37 米，基底为混凝土瓷砖构造，高 0.1 米；基台高 0.17 米；碑身高 2.1 米。整体立面结构上尖下方，攒尖

1953 年建造的蕉岭县新铺矮车革命烈士纪念亭

顶，上饰灰塑红五角星，正中立“革命烈士永垂不朽”大理石碑一方，石碑上方阳刻五颗红五角星和“中华人民共和国革命烈士纪念碑”字，碑身阴刻革命烈士芳名，下方刻“公元一九五三年十一月”。纪念碑上方建有一座混凝土结构凉亭，四柱四角攒尖顶，琉璃瓦面。对于研究蕉岭县第一、第二次土地革命时期的革命斗争历史，该建筑具重要的参考价值。

二、1956 年建造的蕉岭革命烈士纪念碑

1956 年，为缅怀先烈，继承先烈遗志，蕉岭县人民政府拨款修建此革命烈士纪念碑，于 1956 年 1 月建成。此碑坐落在蕉城镇体育场西面，纪念碑占地面积 3690 平方米，碑位面积 18 平方米，碑高 9. 6 米、宽 5 米，正面刻着“革命烈士永垂不朽”8 个大字，碑身基部镶嵌两块石板，镌刻有大革命时期至解放战争及抗美援朝牺牲的烈士。纪念碑以台阶式分上、中、下三级组成，碑前左右两侧各建六角亭。

1956 年建造的蕉岭革命烈士纪念碑

三、1999 年建造的蕉岭革命烈士纪念碑

1999 年建造的蕉岭革命烈士纪念碑位于镇山公园山顶上。纪念为国家独立、民族振兴、人民幸福出生入死、攘敌除奸光荣牺

牲的林修明、张宏昌、邓崇卯等 145 名革命先烈而建。始建于 1956 年，1985 年被蕉岭县人民政府列为第一批县级文物保护单位。1999 年迁建至镇山公园内。坐北向南，由基底、基台、碑身、碑顶等组成，为方形布局，总面阔 40. 8 米，总进深 40. 8 米，碑高 19. 98 米，占地面积约 1306. 74 平方米，建筑占地面积约 32. 72 平方米。通混凝土结构。基底为八边形，上铺瓷砖，麻石望柱护栏，东西南北四面各有 12 级麻石台阶，南面台阶左右两侧有一对麻石狮子。基台为三层，镶嵌花岗岩，第一层为圆形，第二、第三层为正方形，二层与三层之间镶嵌白色大理石，东面为“长潭大捷”、西面为“欢庆解放”浅浮雕；南面阴刻“革命烈士纪念碑碑志”，北面阴刻“蕉岭县革命烈士英名录”。碑身两面阴刻白底金字，正立面“革命烈士纪念碑”，落款：叶选平题。北面“人民英雄永垂不朽”。碑顶为三层方形结构，由上至下渐小。纪念碑四周林木葱茏，繁花锦绣。此革命烈士纪念碑是蕉岭县缅怀、纪念革命烈士和进行爱国主义教育重要基地。

1999 年建造的蕉岭革命烈士纪念碑

四、纪念九岭支部展览

九岭村是三圳镇的一个行政村，是广东省新农村建设示范点。是蕉岭县第一个中共支部诞生地。

1927 年，徐持、钟慕光、钟占文从广州回到三圳家乡，在九岭的三达学校和九岭村开展革命活动。为了斗争需要和发展党团员，钟慕光首先提议在蕉岭建立中国共产党组织，钟占文、徐持也认为成立党组织的条件已成熟。同年 7 月在上九岭村武教头钟双义家中成立中共蕉岭县三圳九岭支部。选举徐持为书记，钟慕光为组织委员，钟占文为宣传委员，支部设在三达学校。随后在该校发展了教师徐汉良、邓克琳及该村青年钟焕炎、钟洪江等人加入党团组织，并在三达学校开办夜校，积极宣传共产党的方针、主张，团结发动群众，成立九岭村农民协会和赤卫队，与附近乡村的邪恶势力作斗争，破除迷信，摧毁三圳墟和宫下的神像。

纪念九岭支部展览

中国共产党组织在蕉岭的建立和发展，有力地推动了蕉岭工农运动的向前发展，不断开创革命斗争新局面。现在是梅州市党史教育基地。

五、蕉岭红色历史文化纪念长廊

新铺镇位于蕉岭县的南端，距县城 19 公里，地处石窟河东西两岸，总面积 184.9 平方公里。有 21 个行政村和新铺居委会，人口 4 万多人，是蕉岭县革命史迹最多的镇。全县有革命史迹 17 处，新铺镇就占了 10 处。新铺镇三坑村是蕉岭县苏维埃政府成立地，有张宏昌、邓崇卯等革命烈士 40 多人。为铭记光辉历史，传承红色基因，2017 年新铺党委政府在滨水公园内，投资 200 多万元，修建了百米蕉岭红色历史文化纪念长廊。长廊展示了 1927 年 7 月蕉岭县第一个中共支部诞生至 1949 年 5 月蕉岭县解放这一历史时期，党组织领导蕉岭人民的革命斗争历史。

新铺镇滨水公园——蕉岭红色历史文化纪念长廊

长廊以历史发展为线索，重点展示红四军到蕉岭、蕉岭土地革命斗争、蕉平寻苏区的建设、蕉岭人民抗日救亡运动等内容，使之成为蕉岭县重要的革命传统教育基地和红色旅游点。现在是梅州市党史教育基地。

六、南礤镇步上村红四军纪念画廊

南礤镇步上村创新形式，以故事为引子，通过壁画、雕塑等手法，重点对红色资源相对集中的村的沿线景观进行改造升级，打造一条“传承红色基因”景观带，使其自然而然地成为广大党员干部群众的生动教材，让大家在移步观景时感受到革命的精神力量，接受爱国主义教育和红色革命传统教育。

“红四军来过步上村”“石寨村红军路”“镇山亭战斗”……南礤镇步上村沿线道路上，有几幅画着红四军来梅州经过步上村故事的红色文化墙，格外引人瞩目，一幅幅历史画卷仿佛将人们带回到那个轰轰烈烈的革命年代。

把革命故事画在墙上，让人觉得很生动，又有教育意义。

南礤镇步上村红四军纪念画廊

6

第六章

改革开放促发展

第一节 工 业

1949年以前，蕉岭的工业以手工业生产为主，仅有作坊式的酿酒、食品、制革、造纸、铸钢、铁器、砖瓦等小厂（坊）。据有关资料统计，1949年，全县工业总产值仅75.29万元。

新中国成立后，蕉岭工业在党的领导和上级主管部门的重视、支持下，发扬“自力更生，艰苦奋斗”的精神，坚持立足本地资源，依靠自身力量，因地制宜，艰苦创业，以“母鸡孵小鸡”的方式，逐步发展地方工业。初期的工业体制，有私营企业、集资合股企业、国营企业，国营工业仅有一间1954年建起的松香厂。1955年以后，私营和合股的工业，按不同情况逐步过渡分别转入公私合营和集体经营，但由于管理经验缺乏，行业庞杂，企业归属不统一，致使工业发展受到一定影响。直至1961年以后，逐渐理顺了行业归属关系，方向才比较明确，但在计划经济的条件下，企业缺少自主权，发展仍然缓慢。至70年代后期，蕉岭地方工业还处于探索、总结、稳扎稳打的阶段。1978年，全县工业总产值2792.15万元。

党的十一届三中全会召开以后，党和政府的工作重点转移到以经济建设为中心的轨道上来，地方工业在“调整、改革、整顿、提高”的方针指引下，努力恢复被“文化大革命”破坏了的正常生产秩序和工作秩序。1984年10月，党的十二届三中全会通过了《关于经济体制改革的决定》，开始了以增强企业经济活力为中心的城市经济体制改革，蕉岭县委按照“坚定不移、慎重初战、务求必胜”的方针，相继开展了经济体制、科技体制改革，工业企业全面推行厂长负责制、任期目标和承包经营责任制，扩大企业的自主权，突出了厂长为法定代表人的地位，逐步改变了企业长期以来的被动依赖意识和吃“大锅饭”的平均主义落后状况。以提高经济效益，增强企业活力为中心，相继开展了各种形式的联产、联质、联耗，职工个人利益与企业经济效益挂钩的分配方法，经营方式也由原来单纯的生产型转变为生产经营型。1986 年 2 月，县委、县政府印发了《蕉岭县实行厂长（经理）任期目标责任制试行办法》，8 月，县政府发出了《关于深化改革，增强企业活力的通知》，积极而又稳妥地完善企业领导体制改革，深化经营体制的改革，提高了经济效益和社会效益，实现了县工业产值、税收、销售总额同步增长。至 1988 年，全县已建立起以国营工业为主体的，拥有采矿、冶炼、铸造、机械、轻化、二轻和乡镇企业等工业体系，产品已发展到上百种，1988 年，全县实现工业总产值 8510 万元。

随着改革开放的不断深入，蕉岭工业有了较快的发展，油坑水泥厂、电池厂、锰化厂等企业不断扩大厂房和增加机械设备，先后兴办了坑头水泥厂、一线天酒厂、水晶厂、锰制品厂、陶瓷厂等企业，建立起以水泥为龙头企业，电池、造纸、锰制品为支柱，机械、食品、印刷、电子等门类齐全的工业结构。1991 年，全县工业总产值 32042 万元。

1992 年，邓小平南方谈话发表以后，掀起了新一轮的改革开放热潮。党的十四大提出了中国经济体制改革的目标是建立社会主义市场经济体制，蕉岭工业以市场为导向，紧紧围绕“抓住机遇、深化改革、扩大开放、促进发展、保持稳定”二十字方针，坚持“坚持三个有利于”的标准，努力加快企业的发展使工业结构逐步完善，形成了有建材、锰制品、轻工、制衣等的工业结构体系。水泥和电池生产当时已成为蕉岭工业的两大支柱。

为加快转机建制步伐，搞活国有企业，以破“三铁”（铁交椅、铁工资、铁饭碗）作为突破口，进一步把企业推向市场，增强了企业的生机和活力。按照“抓大放小”的原则，对煤矿、印刷、金山建材等小型企业采取了租赁、承包等改革措施，减轻了包袱，使企业重现生机。1997 年，蕉岭国有企业开始进入产权制度改革。通过改组、兼并、资产转让和破产等形式改善经营机制，使国有资产从企业中逐步退出，逐步实现整体扭亏或盈利增加。1998 年 1 月，坑头水泥厂转制为股份制企业，年产水泥 18 万吨。1998 年 4 月，蕉岭县电池厂实行产权转让，由国有企业转变为私营企业，1999 年，生产干电池 2. 67 亿只，产值 0. 99 亿元，实现税利 495. 84 万元。1999 年，组建油坑企业集团，实现龙头企业集团化。是年，生产水泥 78 万吨，实现产值 1. 2237 亿元，实现税利 984. 85 万元。2000 年 3 月，油坑集团与广岭水泥有限公司联合经营，是年，生产水泥 99. 17 万吨，实现产值 1. 2621 亿元。至 2001 年，全县工业总产值 14. 1195 亿元。

党的十六大以后，蕉岭县认真贯彻落实科学发展观，坚持绿色发展。根据“上大压小、等量淘汰”的政策，全力推进淘汰落后产能工作，2009 年，淘汰关闭落后 6 家水泥企业 9 条生产线共 86 万吨落后产能。与此同时，积极探索发展扩大其他产业。2009 年，仅酒业一项，全县持有效酒类生产许可证企业达 17 家，其中国证 4 家，年总产量达 3000 吨，产值 4515 万元，销售总额 1664 万元，税利 50 万元。同时，按照市委、市政府“做大梅州建材产业，做强蕉岭水泥工业，做成特大龙头企业，打造广东省重点建材生产基地”的部署，积极慎重做好水泥生产的发展。2003 年 6 月，油坑集团龙腾旋窑水泥有限公司和塔牌集团鑫达水泥厂 150

万吨旋窑生产线竣工投产。2006 年 11 月，总投资 7 亿元的梅州皇马水泥有限公司日产 7500 吨新型干法回转窑熟料首条水泥生产线正式投产。2008 年 5 月，塔牌集团在深交所上市挂牌。至 2011 年，全县工业总产值 60. 6543 亿元。

党的十八大描绘了全面建成小康社会，加快推进现代化建设的蓝图，在习近平新时代中国特色社会主义思想指引下，蕉岭县认真贯彻落实省委、省政府《关于进一步促进粤东西北地区振兴发展的决定》《国务院关于赣闽粤原中央苏区振兴发展规划的批复》和《广东省贯彻落实〈赣闽粤原中央苏区振兴发展规划〉实施方案》，充分发挥矿产资源丰富的优势，推进结构调整和资源整合，积极引进、培育和建设发展符合建材产业发展方向和产业链耦合、延伸的一批带动作用强又能体现产业特色的重点项目，发挥项目对建材产业发展的支撑作用，努力实现把蕉岭建材打造成为超百亿元产业集群的目标，把蕉岭打造成“粤东最大的水泥生产基地”和“广东省重点建材生产基地”。至 2017 年底，全县共有建材企业 283 家，规模以上建材企业有 13 家，其中规模以上水泥企业 6 家，其他规模以上新型建材企业 7 家；全县现有广东塔牌集团股份有限公司、广东油坑建材有限公司（含龙腾）、皇马水泥有限公司 3 家水泥企业，水泥熟料产能 885 万吨，水泥粉磨产能 540 万吨，年产水泥 1700 万吨，混凝土产能 240 万方，精细化工、隔热（保温）、防水系列产品等新型绿色建材产品年产能 100 万吨。已形成了以塔牌为龙头，油坑及皇马为骨干的三大水泥生产企业；以广福建材、宏基新村、金鹏精化、华新达及文华为主的新型绿色建材生产发展格局。建材业的发展，拉动了交通运输、房地产、纸袋加工、饮食服务等相关产业的发展。2017 年建材业规模以上 13 家（塔牌、油建、皇马、广福建材等）企业实现产值 42. 93 亿元，同比增长 28. 8%。建材业产值占规模以上工业总产值80%，建材产业支柱地位更加凸显。

据统计，2017年全县工业总产值79.3846亿元，规模以上工业企业35家，比2012年净新增12家；从年均增长看，2017年实现规模以上工业增加值12.69亿元，比2012年多6.1亿元，五年年均增长11.34%，

第二节　农　业

蕉岭县是山区农业县，新中国成立前夕，约有人口 10 万人，90% 以上属农业人口。全县有山林面积 112 万亩，耕地 11.2 万亩，河湖及其他有 20.3 万亩，山多田少，素有“八山一水一分田”之称。解放前，由于耕作技术落后，生产水平低下，农村处于自给半自给的自然经济状态，常年主粮仅能吃 6 个月，杂粮吃两个月，缺粮 4 个月，为解决缺粮问题，要向邻近省、县购进粮食补充，有不少人挑盐上江西换粮。据历史资料记载，1949 年，全县农业总产值仅 542.76 万元。

1949 年，新中国成立初期，蕉岭县委、县政府遵照上级党委的部署，认真解决农业、农村、农民问题。把粮食生产作为全县的中心工作。带领全县人民兴修水利，修筑石窟河堤，拦河筑坝，开凿石窟河东、西干圳等，使全县 90% 以上农田达到旱涝保收，为夺取农业丰收打下了坚实的基础。

随着新民主主义过渡到社会主义，生产关系也随之改变，从分散的个体经济发展为农业互助组，由互助组发展到初级合作社，由初级社发展到高级合作社，直至 1958 年建立政社合一的人民公社。

1957 年，中央颁布《农业发展纲要四十条》。蕉岭县农业生产有了较大的发展，粮食生产稳步提高。1959 年，蕉岭县结束了缺粮的历史，由一贯缺粮县变为余粮县，年调出余粮 8.5 万担。

1965年，通过学习潮汕老农精耕细作经验和推广水稻良种，水稻密植等技术，年亩产达450斤，是1949年亩产215斤的两倍多。1971年粮食总产首次跨进亩产千斤县的行列。

在70年代，蕉岭县落实“以粮为纲，全面发展”的农业方针，大搞农田基本建设，虽然取得了一定的成绩，但农业生产一直徘徊不前，增长缓慢，至1978年，全县农业总产值为2308.50万元。

党的十一届三中全会以后，蕉岭县委、县人民政府坚决贯彻执行党中央一系列改革开放、搞活经济的方针政策，带领全县党员干部和群众，实事求是，解放思想，勇于实践，不断探索，有效地促进了经济社会的全面发展。

1979年，县委提倡实行“五定一奖”（定劳动、定地段、定产量、定成本、定工分，超产奖励）生产责任制。早造全县实行“五定一奖”的生产队145个，其中133个增产增收。1980年，县委提倡全面推广“三包一奖”（包工、包产、包成本，超产奖励）联系产量责任制，少数边远山区、交通不便的单门独户，可以包产到户。1981年，蕉岭县委清除“左”的思想影响，进一步解放思想，把广大党员干部的思想统一到中央决策精神上来，全力抓好中央［1980］75号文件的贯彻落实，把广大农民强烈要求实行家庭联产承包责任制落到实处，在全县农村普遍实行家庭联产承包责任制。1982年，先后派出两批工作组共1536人，帮助各社队完善农业生产责任制。家庭联产承包责任制的实行，进一步调动广大农民的生产积极性，粮食生产大幅度提高。1982年实现农业总产值达4251万元，比上一年增长27.2%；粮食总产量12470万斤，比上一年增长11.7%。1983年冬，在全县范围内进行责任田的调整工作，进一步稳定了民心。

1984年，中央1号文件把发展商品生产作为农村工作的重点。蕉岭县委召开各级各类型会议，宣传贯彻文件精神，帮助干部群众清除“重农抑商”“自给自足”“以粮唯一”等“左”的思想影响和传统观念。深入贯彻落实中央《关于进一步活跃农村经济的十项政策》，同时引导农民进行产业结构调整，适当减少粮食作物种植面积，扩大经济作物种植面积。1985 年，全县减少粮食作物种植面积达 1.64 万亩，使粮、经作物比例从上年的 83：17上升为 78：22；“四业”（农、牧、副、渔）产值在农业总产值的比例由上年的 46.2% 上升到 51.5%；全县农业总产值达 5041 万元，比上年增长 10%。

1987 年，县委大抓开发性农业，开展土地的集约化经营。全县建设万亩面 1 个，千亩片 15 个，百亩块 85 个，十亩园 312 个，建立了水果、茶叶、烤烟、松香、速生丰产林等商品生产基地，以基地为样板，带动千家万户从事开发性农业的生产。1988 年，全县实现农业总产值 7426 万元。

1991 年，为发展现代农业，蕉岭县编制农业区域综合开发的规划，强调要依靠科技进步，发展经济和深入农业开发，最大限度地发挥资源优势和提高总体效益。1992 年，县委认真落实邓小平南方谈话精神，制定了“八五”期间《蕉岭县农业综合开发奖励办法》，推动农村经济向基地化、商品化迈进。全县农村掀起新一轮农业综合开发热潮，按“三高”（高质量、高速度、高效益）要求，新开发水果基地 4000 亩，优质单从茶基地 5350 亩，种下沙田柚、蜜柚、龙眼等优质果 1200 亩，韶栗 1300 亩。全县累计有基地 8164 个。1999 年，实现农业总产值 34300 万元，比上年增长 6.9%。

2001 年 6 月，由国际著名农业专家、杂交稻之父、中国工程院院士袁隆平教授主持的国家 863 重点攻关项目超级稻落户蕉岭，有 766 家农户种植超级稻，种植面积达 1140 亩。2003 年，县委提出“五年打基础，十年翻两番，2020年全面达康”的奋斗目标。

2004年7月，全县实施税费改革，全县共核减农田面积15360亩，农业税由原来的2011万元减至247万元，减去1764万元，减负率为87.7%，减轻了农民的负担。

2005年，县委、县政府从群众最关心、最直接、最现实的事情做起，把沼气池建设作为新农村建设的切入点，并且实行“三扶持、两奖励”的办法，推广应用太阳能热水器等建设。全县共建沼气池691只，补贴沼气户869户，补贴资金52.14万元，推广和补贴太阳能热水器100台。

2007年，县委、县政府推广蕉岭品牌“竹稻”的种植，在神岗村建立了百亩栽培实验基地，获得每亩932.4市斤的高产。同时，出台了《蕉岭县新农村建设工程方案》，积极推进建设宜居宜业新农村工作，结合“三通七化”村庄整治示范建设。2008年，全县农业总产值115320万元，比上年增长7.6%。

2011年，县委、县政府以科学发展观为指导，加大农业扶持力度，大力推动名贵树木和毛竹产业的种植，并与广州市南沙扶贫挂钩单位协作，通过财政、农信联社等多方融资3000万元，共扩大种植名贵树木1.2万亩，扶持毛竹产业，累计完成毛竹劈山抚育10万亩，全县累计办起117个新农村建设示范点和3个示范区，全县龙头企业达44家，初步形成规模化、产业化。2011年，全县实现农业总产值158765万元，比增6.1%。

党的十八大以来，在习近平新时代中国特色社会主义思想指引下，蕉岭县委、县政府认真贯彻学习党的十八大、十九大精神，全面落实强农惠农政策，做好种粮补贴核查工作和落实政策性水稻保险。以“稳粮食、调结构、提质量、促增收”为目标，大力发展现代农业，深入推进农业供给侧结构性改革和农村综合改革，农业生产和农村经济发展保持平稳较快发展。

2017 年，县委、县政府认真抓好农业重点项目建设，全县 6 个镇实施村级公益事业建设一事一议财政奖补项目；实施科技兴农新举措，全年农作物播种面积 32.95 万亩，测土配方施肥项目 29 万亩，配方施肥面积 10.5 万亩；抓好全国基层农技推广体系建设示范县项目实施工作，着力培育水稻、蜜柚栽培，茶叶生产等农业经纪人；大力推广“猪—沼—果（蔬）”可再生能源循环利用模式，至 2017 年，全县有沼气池 3426 只，大中型沼气工程 29 座，年产沼气 730 万立方米。

擦亮世界长寿品牌，多措并举开展长寿农产品开发工作。打造蕉岭长寿农产品生产示范基地，发展大米、茶叶、蜂蜜等十个长寿农产品，建设富硒柚果生产基地和优质稻生产基地 10 个。至 2017 年，有新铺等镇优质稻生产示范基地，新铺黄坑绿茶基地，三圳荷花基地，长潭、广福金桔基地等 37 家市级富硒农产品种植示范基地。发展壮大龙头企业，培育规范农民专业合作组织和家庭农场新型农业经营主体。至 2017 年底，全县有农业龙头企业 45 家，农民专业合作社 405 家，家庭农场有 203 家（县级示范性家庭农场 32 家）。无公害农产品认证 8 个，形成了 6 个广东省名牌产品，两个名特优新产品，蕉岭茶叶、桂岭蜂蜜、蕉岭冬笋、三圳淮山等 4 个产品获得国家级地理标志。

积极发展休闲农业。重点抓好客家农夫、上合农业公园等休闲观光农业项目建设。打造了九岭荷花种植基地、客家农夫、上合农业公园、桃花源观光休闲农业示范园、芳心寿乡生态葡萄园、百香果基地、徐溪昂天塘单丛茶基地等 10 多个休闲农业与乡村旅游点。2017 年，蕉岭县上合农业公园被评为“梅州市十佳休闲农业长寿体验基地”，长潭镇被评为“广东省休闲农业与乡村旅游示范镇”。

2017 年，土地确权工作稳步推进。全县农村土地承包经营权确权登记颁证试点工作基本完成，其中，外业地籍调查完成 11 万亩，确权面积 10. 78 万亩，确权率 98%；颁证 44985 本，颁证率达 103%；管理平台建设和档案室建设已基本完成，存档资料 46556 件。积极搭建产权交易流转平台，促进农村土地等产权的流转鉴证工作。建立了县镇村三级联网的农村土地产权交易服务平台，在银信部门以农村土地经营权抵押贷款有 316 笔，累计发放 1. 17 亿元，有效盘活了农村现有资源，拓宽了农民、农业企业的融资渠道。

在习近平新时代中国特色社会主义思想的指引下，改革开放不断深入发展，农民生活水平大幅提高。2017 年，实现农业总产值 210149 万元，比 2012 年增加 44858 万元，比增 27. 1%；农民人均收入 14783. 8 元，比 2012 年增加 4619. 8 元，比增 45. 5%。

第三节　林　业

蕉岭县地势的主要特点：四面环山、中间为盆地河谷，山地丘陵由北向南倾斜，“八山一水一分田”构成了蕉岭典型山区县的最大特点。蕉岭气候温和多雨，日照时间长，无霜期长（全年为320天）。土壤以红壤、山地红壤为主，土质肥沃，适宜松、杉、竹、阔叶林生长，对林业生产发展非常有利。蕉岭为广东省重点林区县之一。

新中国成立前，蕉岭的土地山林大部分为地主、封建公尝占有，农民群众只有很少一部分山林。新中国成立后，实行土地改革，土地和山林分给农民个人。随着农业合作化和人民公社化，山林转为集体、人民公社所有。1962年，国民经济调整，体制下放，山林为生产队集体所有。1958年，由南礤、文福、北礤划出部分山林，建立国营皇佑笔林场，开展大面积绿化，使荒山被上绿装。农民和集体一直坚持造林与采伐相结合，坚持绿化青山。据不完全统计，全县1952年至1978年共造林64万亩（含复种指数），飞机播林5.2万亩。1952年到1978年期间共为国家建设提供木材100多万立方米，有力地支持了国家的建设事业。

为解决蕉岭山多田少粮食不足的问题，1965年起连续10年开山垦荒、林粮间种，大片山林被开垦，种植木薯、旱禾、番薯，为解决当时山区人民粮食缺乏起到重要作用。作物只种植二至三年，并在当年开垦林地上种上杉苗，以后即管理杉木。全县共计开山造林 38.4 万亩，同时在村前村后及附近山林种上油茶、油桐、紫胶、水果、茶叶等经济作物，搞多种经营，解决单一的木材生产，壮大集体经济。1975 年，在南磜试办集体采育场，采取采育结合的方法经营山林。1975 年 7 月，广东省革命委员会在南磜召开林粮间种现场会，总结推广林粮间种经验。

蕉岭林业生产也经历过曲折的历程，有几次造成山林大砍伐的情况。一次是 1958 年人民公社，大炼钢铁，大砍林木，消耗了大量森林资源；一次是 1968 年“文化大革命”期间，大量乱砍滥伐森木；再一次是 1978 年在政策和体制转折期，又一次大砍林木，造成森林资源遭受较大损耗，活立木蓄积量和森林覆盖率明显下降，部分甚至成为荒山。

党的十一届三中全会作出把党的工作重点转移到经济建设上来，实行改革开放的历史性决策。此后，在农村推行统分结合的生产责任制。1981 年冬，落实林业生产责任制，实行林业三定（定山林、定林权、定责任制），包山到组、到户、到人。1985 年，按《森林法》规定，以法治林，稳定完善林业责任制，把自留山和责任山两山合并为自留山，全县农民自留山有 73 万亩，一定 30 年不变，充分调动了群众耕山护林的积极性。

1985 年，广东省委在全省山区工作会议上提出“十年绿化广东”决策，蕉岭县掀起消灭荒山、植树造林热潮。至 1988 年，共人工植树造林 35.13 万亩，三次飞机播种造林 24 万亩，种果 6.25 万亩，治理水土流失 46 平方公里，实现了消灭荒山与治理水土流失齐头并进，公路绿化 146 公里。山地栽植率达 97%，山区绿化率达 83.7%，森林覆盖率达 64.8%。

在林业工作上，坚持以“营林为基础，普遍护林，大力造林，采育结合，永续利用”的发展方针，大力扶持乡村兴办各式林场，计有县办国有林场两个，乡镇办林场 6 个，村办林场两个，其他联合体林场141个，家庭林场329个，使全县有林地、活立木蓄积量、生长量、森林覆盖率连续4年上升，林业生产快速发展。1991年，省委、省政府授予蕉岭县为第一批绿化达标县；1996年，蕉岭县被评为“全国绿化先进单位”；2000年，被授予“全国林业生态建设先进县”；2001年，被授予“广东省造林绿化先进县”；2003年被省政府授予“林业生态县”；2004年被授予“全国绿化模范县”，被省政府授予“林业工作先进集体”。

林业工作不断取得成绩的同时，县委、县政府认真总结经验，找出差距，继续在蕉岭大地上做文章，开展林业二次创业，“绿满蕉岭”大行动，把林业生产大县向林业生产强县发展。1999年，建立长潭省级森林公园和皇佑笔市级自然保护区，2000年建立龙潭县级自然保护区，2004年建立长潭省级自然保护区，林业生态持续健康发展，成为蕉岭的生态亮点。

2004年，按照省委、省政府《关于加快建设林业生态省的决定》，蕉岭县森工企业实行转制或撤销。2005年，实施“环境友好县”的发展战略，在县城、乡镇周边全面进行绿化，改善县城、乡镇周边生态环境。2007年，整顿木材加工厂，打击盗砍林木专项整治行动，关闭108间锯木厂等木材加工企业，重新设立5家锯木厂，规范经营，实施有计划限额采伐，保证生长量大于消耗量，保护山林资源。

镇山公园经过几年投入建设和保护，被国家正式升格为“广东镇山国家森林公园”。2009年，蕉岭被国家授予“中国生态文明县”。同年，省对蕉岭林业生态县进行核查，所有指标均达标或超过省林业生态县标准。

集体林权制度改革扎实推进，仅一年时间，全县林改面积109.67万亩，完成林权登记20096宗，面积108.6万亩，占99.1%，共发出集体山林股份权益证书4.7万本。同时，对林业机构配套改革稳步进行，有力推动全县林业稳定发展。积极开展“建设林业生态文明万村绿”大行动，加快建设基层镇村绿色美好家园步伐。第一批实现广福、新铺、南礤、长潭4个生态镇和新铺高乾等34个生态村。根据县绿色发展实际，全县省级生态公益林由1999年35万亩扩大至45万亩。

2010年，蕉岭实施“经济宽裕县、环境友好县、文化生态县、社会和谐县”的发展战略。在加快经济发展的同时，把加强生态保护作为推动山区县科学发展的重点，牢固树立“绿水青山就是金山银山”的理念，全面推动生态文明建设，努力保护和建设好生态屏障，建设蓝天碧水的美好家园。11月，获得广东省政府授予“岭南生态区发展试点县”称号。

蕉岭县是全省林业生态最好的县之一，境内群山翠绿，林木葱郁，风景优美，鸟语花香，生态良好，空气清新，人与自然和谐相处，充满生机和活力，县内长寿老人众多。2011年7月，蕉岭县获得中国老年学会授予“中国长寿之乡”称号。为宣传蕉岭生态名片，充分利用本地特色资源，设立冬笋节、枫叶节、金桔节，吸引国内外大量游客前来体验长寿乡蕉岭的美好山川和客家特色产品。开展“野生动植物保护宣传日”、“爱鸟周”、“世界湿地日”等大型宣传活动，在全社会上下形成保护绿色家园的行动。长潭旅游区也被评为“全国4A级旅游区”。

党的十八大以来，蕉岭林业工作以党的十八大精神为指导，认真贯彻落实省委、省政府新一轮绿化广东的决定，按照梅州市全面推进新一轮“绿满梅州”大行动实施方案，县委、县政府以建设“世界寿乡、富美蕉岭”为发展目标，坚持“绿水青山就是金山银山”的理念，以林业四大重点工程建设为抓手，加大植树造林力度，扎实抓好“绿满蕉岭”大行动，坚持建立完善森林生态保护机制，组织开展严厉打击破坏森林资源专项行动，切实抓好森林防火、病虫害防治工作，生态公益林管理，国有林场改革和集体林业综合改革等各项工作，有力地保护了全县的森林资源，维护良好的生态环境。

2014 年 5 月，蕉岭县获得国际自然医学会、世界长寿乡科学认证委员会授予“世界长寿乡”称号，为世界第七个、全国第四个“世界长寿乡”。林业为这一殊荣作出了应有的贡献。围绕生态建设工作主线，强力推进林业重点工程建设，扎实开展全民义务植树活动，广泛宣传开展“回赠母校一棵树，回报家乡一片林”等活动，每年植树 110 多万株。对低质、林种单一、生态系统脆弱的林分进行改造、补植套种乡土阔叶树种 1 万亩。完成长深高速公路两边 1 公里可视范围内的 41.7 公里生态景观林带建设任务。建设森林进城围城工程，兴建市级森林公园两个、县级森林公园 5 个、镇级森林公园 3 个。积极开展“美丽乡村”建设，围绕建设“城是宜居区、乡是生态园”的目标，结合“家家户户都种树”活动，全县完成 50 个美丽乡村建设任务。围绕资源保护这一主线，建立完善森林生态保护机制。严格执行森林采伐限额管理，全县每年采伐限额为 4 万立方米，实际下达采伐商品林 1.5 万立方米，严格审批和发放林木采伐许可证，林木采伐总量严格控制在省市下达的森林采伐限额内。抓好深化林改和集体林业综合改革试验示范区工作。按照综合改革试验示范区的试验任务，继续开展以鼓励农民兴办林业专业合作社、家庭农场、股份制林场等新型林业经营主体为重点的改革试验示范区工作，探索开展集体林地所有权、承包权、经营权“三权分置”。至 2014 年，已建立 34 家林业龙头企业，其中省级林业龙头企业有 5 家，已成功创建国家级林下经济示范基地一个，省级林下经济示范基地 3 个。兴办各式家庭林场 168 个，股份制林场 25 个。发展毛竹面积 16 万亩，名贵树木种植面积 6.5 万亩。发展养蜂合作社社员

3000 多户，饲养蜂群 8 万多群。探索建立健全林业要素市场，在林权交易体系、林木种苗服务体系、林权抵押贷款、林权收储制度四个方面做了积极探索。规范完善 157 份合同，流转林地面积 16.8 万亩，流转金额达 4250 万元。加强生态公益林保护和管理，完成并运行效益补偿生态公益林面积 545834 亩，按规定每年通过银信账户发放。按照每 3000—5000 亩山林配备不少于一名管护人员标准要求，全县共聘请了 146 名生态公益林护林员，并进行定期培训，年度量化考核，落实责任。

至 2017 年，全县林业用地面积 115 万亩，有林地面积 113 万亩，森林覆盖率 79.4%，活立木蓄积 709.4 万立方，其中省级生态公益林 54.6 万亩，占林地总面积的 47.74%。辖区内有长潭省级自然保护区、皇佑笔市级自然保护区、镇山国家级森林公园、长潭省级森林公园及市、县、镇级森林公园 13 个。

进入新时代，“绿水青山就是金山银山”的理念根植人民心中，蕉岭林业步入良性循环发展轨道。

第四节　水　利

新中国成立前，蕉岭的防洪设施寥寥无几，县内主要水利设施石窟河堤围也只有又低又薄的几段。再加上县境内年降雨不均，冬春少，夏秋多，降雨时日少、夏秋雨量多而且强度大的气候特点，故形成一种夏秋多洪涝、冬春多旱的灾害特点。据资料记载，蕉岭县解放前，洪涝灾害频仍，民不聊生。

1949 年 6 月，蕉岭县人民政府成立后，即设立经济建设科，管辖水利等 9 个行业。饱受洪涝之苦的蕉岭人民，在中国共产党的领导下，经过几十年的不懈努力，不断地对水资源进行开发利用，全县的水利事业取得了显著的成就。

1950 年至 1952 年，正是新中国经济恢复时期。水利工作的指导方针是：预防为主，结合排涝，迅速进行复堤堵口，在现有原堤防的基础上，逐步进行联围筑闸。1950 年 10 月，珠江水利局派员到蕉岭县协助水利工程的勘测和设计工作，并确定首先整治为害最大的石窟河，把三圳河西和新铺尖坑、长江等堤围列为首批整治的重点工程。1951 年 7 月，县委、县政府动员发动全县群众参与修筑河堤，最多时达 3.5 万人。至 1952 年 4 月，石窟河堤围改造工程基本竣工，河堤的防洪能力也由此提高到可以抵御 20 年一遇洪水的标准。

1953 年至 1957 年，是第一个五年计划时期，蕉岭县的水利工作方针由防洪复堤为主转向防洪与灌溉并重和防旱灌溉为主。

1956 年 12 月，在石窟河上兴建的长潭陂头和东、西两大干圳相继竣工。东干圳由长潭陂头起，经长潭、蕉城、兴福、华侨场、三圳，至新铺矮岭止，圳道全长 31.4 公里，灌溉面积 2.627 万亩；西干圳也由长潭陂头起，经长潭、堑垣、河西，至三圳横龙止，圳道全长 17.5 公里，灌溉面积达 1.02 万亩。1956 年，开始动工兴建以灌溉为主的小型水库文福均坑水库和广福胡坑水库，于 1957 年 2 月和 12 月相继竣工。1957 年，开始着手兴建长潭低水头发电站，这是蕉岭历史上第一座发电站，开创了蕉岭利用水资源发电的先河。该电站装机 2 台，单机 64 千瓦，于 1958 年竣工发电。

1958 年至 1960 年，“大跃进”时期的水利工作方针是：以河流为对象，以小型为基础，蓄水为主，引蓄结合、灌溉结合和综合利用。1958 年 10 月，在新铺五里径兴建径子陂引用柚树河水，1959 年 4 月竣工。干渠全长 7.7 公里，可灌溉农田面积 0.406 万亩。之后，还在新铺动工建成了刘屋塘水库、镇郊电灌一站和二站以及象岭电灌站等灌溉设施。1961 年至 1965 年，这一时期重点兴建的工程是开发溪峰河水系。1964 年，开始兴建溪峰三级电站，电站装机 2 台共 400 千瓦，1965 年 5 月竣工投产，所发电主要输送到华侨场、蕉城、三圳及油坑水泥厂，促进了蕉岭县工业的发展。在此期间，在华侨场兴建了蕉岭县第一座 75KW 的电灌站，在红江兴建了县内第一座装机 2 台，各为 95KW 的电排站。同时，文福黄竹塘水库和洼子塘水库也先后竣工。

此外，还对石窟河堤围及水毁工程进行了维修加固，并加强了对水利工程的管理。

1966 年至 1976 年，是“文化大革命”时期，蕉岭的广大干部群众，在党的领导下，努力排除“左”的干扰，尽最大努力做好水利工作。1968 年，兴建了溪峰二级电站，装机 2 台，共 400

千瓦；1969 年，兴建了路亭电站，装机 3 台，共 1500 千瓦；同年，还发动全县人民兴建黄竹坪水库，有 8000 多人参加了该水库的建设，水库于 1972 年竣工，正常库容为 558 万立方米，灌溉面积 8458 亩。1970 年 12 月，广福冷水坑水库竣工，可灌溉农田面积 8000 多亩；1971 年，开始开发多宝河水系，着手兴建北礤四级电站（装机 3 台共 610 千瓦）和多宝二级电站（装机 5 台共 4000 千瓦）。在这一时期，先后建成的小型水库还有北坑水库、高思水库、文福下岭岗水库、高思坦子岃水库、新铺赤子塘水库、矮岭第三口水库、红坑水库、广福芋子坪水库、礤背水库、兴福老鸦山水库和浒竹水库，总灌溉面积达 27702 亩。此外，还大搞农田水利建设，对田间渠系进行了较为彻底的整治。据统计，已开沟 668 公里（包括截洪沟排水沟和灌溉渠道），开机耕路 236 公里，建桥 271 座，建各类涵闸 694 个，使农田基本上做到了排灌分家，为科学用水和粮食稳产高产创造了有利的条件。

至 1978 年，蕉岭县共有山塘水库 118 个，总库容 5054 万立方米；小水电站 12 座，年发电量达 1565 万千瓦时，灌溉面积达 4033. 5 公顷。

改革开放初期至 1998 年，进入社会主义经济建设新时期，水利工作的重点也转向提高经济效益和加强工程管理方面，同时还大力发展小水电建设。1981 年 10 月，多宝水库堵口截流成功，1985 年 10 月正式竣工。该水库最大库容 2260 万立方米，正常库容 1938 万立方米，并先后建成了多宝一级（又称坝后电站）和多宝三级电站。1978 年，由省水利厅勘测设计院设计的长潭电厂开始动工，于 1987 年 12 月竣工，电站装机 4 台共 60000 千瓦，并由此而建成了长潭水库。长潭水库的建成对调节石窟河的洪水起到了至关重要的作用。在这一时期，还先后建成了龙潭水库、徐溪百丈礤水库、华侨场水库；兴建的小水电站主要有：艾坝电站、白沙潭电站、镇山亭电站、蓝坊电站、曾坑电站、徐溪电站、高思电站、长虹电站、东龙电站、新村电站等。其中，艾坝电站为低水头、大流量轴伸式试验电站，装机4台共5000千瓦。

90年代，特别是在邓小平南方谈话后，蕉岭的水利工程重点主要侧重于水利工程安全达标建设和提高水利工程的经济效益方面。1997年初，为改善水利工程的管理，以黄竹坪、龙潭水库为示范点，对其进行了“一库制”达标建设。11月20日，为实施县第十届人大常委会第38次会议通过的《关于搞好县管四条主灌渠达标建设和管理实施方案的议案》，首先对长潭东干圳进行了“三面光”达标建设，经过40天艰苦施工，于12月30日竣工通水，共投入资金535万元。1998年11月1日，实施长潭西干圳“三面光”达标建设，历时40天的施工之后，于12月10日正式竣工，共投入资金270万元。同时，还投入建设资金75万元用于新铺径子陂水毁工程的修复。1998年秋以来，为贯彻上级《关于搞好水利工程安全达标建设的决定》精神，按照“统一规划，分期实施，重点突破，整体推进”的原则，按照五十年一遇的洪水标准对石窟河蕉城堤围进行改造。1998年9月中旬，石窟河蕉城堤围首期工程开始动工，工程的堤身外江侧采用俯斜式浆砌石挡土墙，堤顶高程按照五十年一遇洪水水面超高1米设计，首期工程于同年12月上旬基本竣工，投入建设资金2150万元。以上四项重点水利工程共投入1.43亿元。

1999年，继续组织实施了石窟河蕉城堤围改造工程，该工程的堤身外江侧采用1：2的护坡式挡土墙，至5月竣工，共投入建设资金1000余万元。

为改善蕉城居民饮用水质量，贯彻实施县人大常委会1998年12月22日批准的《关于引用龙潭水为蕉城饮用水议案实施方案的决议》，县委、县政府组织实施了龙潭引水工程，该工程日供水量为2万吨，供水净化水厂设在蕉城横岗直径村沙子岃，工程共投入资金1463万元，于1999年10月1日正式向城区供水。至1999年12月止，全县共有山塘水库184宗，其中中型水库1宗（多宝水库，总库容2260万立方米），小型水库8宗（总库容2932万立方米），山塘145宗（总库容371万立方米），合计总库容5563万立方米。全县现有小水电共114宗，装机200台，装机容量37756千瓦，年发电量达1.005亿千瓦时。全县有主要防洪堤围19条，共68.07公里。

2000年至2001年，继石窟河堤围蕉城段首期改造工程后，县委、县政府继续投入1850万元进行二期工程建设，两期工程共投放资金4000万元，把石窟河堤围建设成效益显著的一道防洪线、旅游线、经济线和交通线。2000年10月，以旅泰华侨田镇荣先生为投资主体的荣春电站动工兴建，于2001年9月正式蓄水运行发电，容量为3780千瓦，年发电量1000万千瓦时。该工程是集防洪、发电、旅游为一体的水利枢纽工程。2000年和2001年，蕉岭县分别被省和国家水利部评为“水利建设先进县”和“全国节水先进单位”称号。

从2002年起至2011年，通过多渠道筹集建设资金，全县共投入水利水电建设资金30148.96万元，完成堤围水利建设土石方112万立方米；进行石窟河等77.28公里堤围改造。完成蕉城自来水供水（扩网）工程，总投资3650万元；完成蕉城污水处理厂集污管网建设工程，总投资4606万元。同时，加大农村饮水安全工程投入等。

党的十八大以来，蕉岭县已实施山区中小河流治理项目共14项，已完成河道治理143.7公里。2014年度，实施的北磜河治理工程列入全国重点中小河流治理（2013—2015年）实施项目，治理河道长9.1公里。2015年度，实施的项目有4项，其中溪峰河、乌土河、乐干河治理工程，列入山区五市中小河流治理项目，治理河道长度共47.4公里；石窟河新铺圩镇段新建堤围工程治理河道长9.3公里。2016年度，实施的项目有高思河、徐溪河，石窟河白马段、新铺段，北磜廖蔴河、南磜河治理工程6项，治理河道长度共53.11公里。2017年度，实施的项目有石窟河蕉城段治理工程、磜背水治理工程和石窟河三圳段治理工程，治理河道长度共27.1公里。

蕉岭县村村通自来水工程总投资1.0031亿元，设计总规模29622m³/d，受益总人口18.2万人，完成期限2015年至2018年。2015—2016年度，已完成总投资5002万元的任务，完成了21宗村村通自来水工程；2017年已完成总投资3500万元的任务，完成了24宗村村通自来水工程；2018年计划投资1529万元，完成12宗村村通自来水工程。

县城污水处理方面，已建成污水处理规模为2万吨/日的污水处理厂一座，集污管网18.36公里。

镇、村污水处理设施建设。全县已建成镇级污水处理厂3座，还有两座镇级污水处理厂已动工兴建，剩余两座镇级污水处理厂近期将动工兴建。计划2018年12月底，在已建村级污水处理设施51套的基础上，完成全部村级149套污水处理厂建设。

党的十八大以来，蕉岭县承担了三项全国水利试点改革任务，先后被选定为全国小型水利工程管理体制改革试点县、全国农田水利产权制度改革和创新运行管护机制试点县、全国河湖管护体制机制创新试点县。

蕉岭县于2013年11月被水利部确定为全国深化小型水利工程管理体制改革示范县，完成了全县2617宗水利工程的确权颁证工作。同时，完成了全县97个村级水利协会的升级建设。2014年12月，蕉岭县顺利通过水利部对小型水利工程管理体制改革试点工作的验收，是全国首个通过验收的县。

蕉岭县的水权改革工作进行了两批次，实施工作从 2014 年 11 月至 2017 年底。经过 19 个试点村的水利建设和加强县管水利工程的管护，蕉岭县初步形成了“镇村实施，行业监管，整体筹划，部门配合，先建后补，总量控制，上限封顶，下不保底”的小型农田水利工程建设新思维；“谁投资、谁受益、谁负担”和“分级管理”水利工程的原则得以落实，长效管护机制初步形成，长期以来困扰小型农田水利工程的安全运行、管护经费筹措、维护责任落实等方面的问题得以缓解；小型水利工程建管“一体化”初步成形。2018 年 3 月 12 日，经省专家组现场检查验收，评为优秀等次。

2015 年 7 月，蕉岭县被列为全国河湖管护体制机制创新试点县，通过制定一系列的政策、措施，积极开展河湖管护体制机制创新试点工作。2017 年 9 月，结合河长制开展巡河，5 名县级河长巡河 36 人次，42 名镇级河长巡河 326 人次，村级河长巡河 656 人次，实现巡河全覆盖。2018 年 2 月，蕉岭县通过了全国河湖管护体制机制创新试点工作验收。

第五节 电 力

1949年以前，蕉岭电力十分落后。1930年，创办“蕉城明光电灯公司”，用30匹马力/20千瓦柴油机发电，每天只发电3至4小时，年发电量约2万度，仅供蕉城机关和部分商店照明，由于缺油于1940年停办。至1949年近10年间全县没有电力，直至解放前夕，才有新铺镇的“真明电厂”柴油发电，全年发电量仅2万度。

新中国成立后，为解决县城无电灯照明的问题，于1951年4月，由县人民政府发动商家认股，公私合营，投资兴办“蕉城镇电灯厂”，厂址设在蕉城镇猪仔圩下，每日发电5小时，年发电量约5万度，时隔10多年，蕉城才重新亮起了电灯。

1956年，蕉岭县委为认真贯彻“电力先行”的工业方针，充分利用水资源，在艾坝兴建第一座低水头水电站，装机容量为128千瓦。采用二线一地升压6千伏的电压，向蕉城及锰化厂送电。废除蕉城电灯厂，改为地方国营长潭水电站。从这时开始，蕉岭县工业才开始使用电力。长潭电站的建成对蕉岭工业发展和改善人民生活迈出了可喜的第一步。

1961年，汕头专署水电局在新铺径子陂修筑同福干渠，兴建同福电站，装机容量264千瓦，采用10千伏电压向油坑水泥厂送电。

1964年，规划溪峰河水系，着手兴建溪峰三级电站。1965年三级电站建成后，采用10千伏电压向华侨场、三圳、蕉城、油坑水泥厂送电。蕉岭工业、华侨场电灌站，红江（神岗）电排站、油坑粮食加工厂、蕉岭造纸厂等陆续用上电力。1968年，兴建溪峰二级电站，至60年代末，全县建成投产的水电站有4座，装机12台，容量2041千瓦，年发电量688万千瓦时。

1965年，溪峰三级电站开发后，架设10千伏线路经蕉城、兴福、华侨场、三圳至新铺油坑水泥厂（在此之前建成投产的长潭、同福电站，则以蕉城、新铺附近的乡村自成独立电网）。同年，溪峰三级电站架设一回路10千伏线路经蓝坊至大地煤矿，由蕉城的10千伏线路向文福、长潭境内延伸至松香厂。另一回路10千伏线路由牛岗圩向三圳及红江电排站延伸。县内第一座华侨场电灌站、红江第一座电排站建成并用上电力抗旱排涝。1967年，长潭电站原6千伏送电线路实施改造，由电站架设一回路10千伏线路经兴福、陂角至蕉城与10千伏线路联接，并架设一回路10千伏线路至兴福堑垣及西山电灌站。1968年，溪峰河二级电站建成投产后，架设一回路10千伏线路至蓝坊供农村用电。

蕉岭县共有6个社（场）镇境内沿线附近乡村有了10千伏线路，部分区域农村加工照明用上了电。1967年长潭电站与溪峰电站合并成立蕉岭县水电站，归县水电局主管。

1970年，蕉岭县掀起兴建水力发电站的高潮，相继建成黄竹坪坝后、路亭、广福黄管、南礤富足、多宝二级、三圳福头6座电站。随后又兴建蓝坊、南礤左槐电站。至1978年，全县小水电站增至12座，装机31台，容量8654千瓦，小水电年发电量增至1565万千瓦时。

1978年4月，蕉岭县地方电网并入梅县地区电网联网运行，农村用电和农业排灌用电覆盖面逐步扩展。

70年代初，黄竹坪水库兴建，用土法上马兴建路亭电站。

1971 年 7 月路亭电站建成，采用 10 千伏电压与蕉城联网并向蕉城、文福、长潭送电。蕉岭钾肥厂、文福水泥厂、蕉岭氮肥厂建成并用电。同年，南礤富足电站建成，架设 10 千伏线路供附近乡村及南礤圩镇用电。1972 年，广福黄管电站建成投产后，架设 10 千伏线路供广福茶场、附近乡村及广福圩镇用电。1969 年至 1971 年，先后兴建了九岭、河西、下九电排站，并使用电力排涝。

1974 年，蕉岭县水电站更名为蕉岭县电厂，主管为县水电局。

1976 年，多宝电站第一期工程投产，采用 35 千伏宝蕉线路，向蕉城变电站送电。35 千伏蕉城变电站投入运行，主变容量 5600 千伏安，10 千伏出线与蕉城 10 千伏线路联通。在同一时期内，石窟河东西两岸的顺岭、谷场、东风、黄田、陂角、尖长、矮车以及徐溪电排站建成使用；紧接着福岭、吉塘、招福、矮岭、潘田、象岭、南山电排站也在这一时期建成投入使用，10 千伏线路架设各电排站并逐步向各乡村延伸，供电覆盖面不断扩大。1977 年，蓝坊电站建成与县网联网。同年，着手架设文福至梅县丙村 35 千伏线路。1978 年，蕉岭县地方电网正式并入地区网，成为省电网的趸售县。同年，蕉岭县电厂分为发电管理总站、供电变电管理所（后改供电公司）。

随着县电力工业的不断发展，蕉岭县工业、农业排灌大面积用上电，使石窟河两岸 1.347 万亩农田的抗旱排涝能力得到提高。至 1978 年底，全县供电量 1500 万千瓦时。全县工业总产值达 3228 万元。

党的十一届三中全会后，蕉岭县电网建设加快了步伐，1980 年 4 月，35 千伏井塘岗变电站建成投入运行，主变容量 5600 千伏安，架设 35 千伏线路与 35 千伏蕉城变电站联网，架设 5 回路 10 千伏出线，供 3 个水泥厂用电，另外 3 回路供 6 个电排站和新铺大部分乡村粮食加工照明用电。1980 年 10 月，蕉岭县发电管理总站、供电公司合并更名为蕉岭电力公司。1981 年 9 月，由文福至广福农场架通了 35 千伏线路，35 千伏广福变电站建成投产。同一时期，县电网还架通了蓝坊、文福、高思、徐溪、兴福各区 10 千伏线路供乡村用电及接收各小水电向县电网送电。同一年，35 千伏北礤变电站建成投入运行，35 千伏线路与宝蕉线联通，10 千伏分 4 回路出线，与南礤联网运行。1981 年，兴建 110 千伏蕉岭变电站。1981 年至 1984 年，北礤、高思、徐溪、广福、兴福、南礤、长潭各区乡兴建小水电站，10 千伏线路在全县的南北东西形成网络。35 千伏线路网络联通了新铺、北礤、广福、蕉城 35 千伏变电站。1984 年 12 月，110 千伏蕉岭变电站建成投入运行，第一期主变容量 20000 千伏安。省办长潭电厂通过该变电站与梅州市 220 千伏变电站联网，形成以 110 千伏蕉岭变电站为中心的电力系统，蕉岭县电网进入了新的时期。与此同时，蕉岭县电力调度指挥中心大楼启用，电力调度和电网管理进入了新的时期。1985 年 5 月，艾坝电站建设，该电站是利用长潭电厂尾水而兴建的低水头大流量电站，装机 4 台，容量 5000 千瓦。

1983 年国务院把蕉岭县列为全国 100 个农村电气化建设试点县之后，遵照中央水电部颁布的农村电气化初级阶段标准条例，重点做好电源和电网的建设。除县一级大力发展骨干电站外，还积极发动有条件的乡镇兴建 100 千瓦以上的电站。至 1985 年止，共兴建 100 千瓦以上的电站 22 座，装机容量 6265 千瓦，这些电站在 1985 年就为县电网送电 2322 万度。1988 年全县的发电量已达 6761. 59 万度，是新中国成立前发电量的数千倍。蕉岭县在原有基础上进行合理的调整和科学的改造，与福建省武平县联网，每天购进电量约 3 万度，在一定程度上补充了蕉岭县电力的不足；发展新的网路，扩大用电覆盖面，兴建了 110 千伏变电站，1984

年12月，投入网内运行，通过该变电站，把省办6万千瓦长潭电站与梅州市220千伏变电站相连，形成了以110千伏变电站为中心的较为完整的县独立电力系统，从而大大改善了蕉岭县的电网布局，为实现农村电气化打下了基础。

1987年9月，蕉岭县实现初级农村电气化，正式通过了有关部门组织的“达标”验收。

1992年，邓小平南方谈话后，全国掀起新一轮经济建设热潮，蕉岭县委、县政府始终坚持以经济建设为中心，高度重视蕉岭的电力建设，电力部门与时俱进，勇于开拓，在电力基础建设和电网建设上取得了明显的成绩。1992年，全县全年发电量为9699万千瓦时。

1997年，蕉岭县电力公司更名为蕉岭县电力发展总公司。从1997年企业转制后到2011年，蕉岭县电力部门以供电为主业，从1997年年供电量2.837亿千瓦时，直到2011年完成年供电量6.47亿千瓦时，增加3.633亿千瓦时，是1997年年供电量的2.28倍。在电力基础建设上，新增1座220千伏变电站，110千伏变电站由1997年3座增为8座；35千伏变电站增至3座，并全面实现无人值班运行、管理。有6座110千伏变电站和3座35千伏变电站达到“N—1”科技要求，供电可靠率达到99.919%。

2011年7月，成功实施10千伏配网带电作业，实现了配网带电作业，实现了配网带电作业“零”的突破，电力的可靠有序供应，保障了全县经济社会和人们生活的用电需要。

2011年，蕉岭县电力部门认真贯彻国务院关于“两改一同价”（改革农电管理体制、改造农村电网、实现城乡用电同网同价）文件精神，按照省、市电力管理部门的部署，集中力量抓好农网改造，工程施工进度、质量名列全市各县前茅。全县农网建设与改造项目总投资8200万元，通过改造农村用电，“三乱”现象得到有效治理，促进电量增长，减轻农民负担，取得了良好的社会效益。

党的十八大、十九大以来，蕉岭电力部门坚持“抓补强”的工作方法，结合自身实际，奋勇争先，抢抓机遇，扎实推进精益管理，着力提升企业服务能力和发展能力，为蕉岭地方经济发展提供了有力的电力支撑。2017 年，投入 10565 万元，加强基础设施建设。2017 年，结合蕉岭经济社会发展，做好了“十三五”新一轮农村电网改造升级规划编制和“一所一册”、中心村“一村一方案”的规划编制，为蕉岭“小康电示范县”建设作出了具体的部署。

第六节 教　育

新中国成立前，蕉岭县仅有完全中学 1 间，初级中学 2 间，教职员 65 人，中学生 1701 人；有小学 131 间，教职员 414 人，小学生 9600 人。

新中国成立后，学校由人民政府接管，全县中小学转为国家办学，促进蕉岭教育事业蓬勃发展。学校通过合理布局，相继建立了党、政、工、团、教工会、学生会、少先队等组织，大抓中、小学教师思想改造，提高文化和业务素质，教师成为人类灵魂工程师，为社会主义建设服务。

1958 年“大跃进”时，非正常发展业余小学 43 处，农业中学 27 间和一批钢铁中学，实行半工半读，冲击了正常的教学秩序。后随着国民经济调整，贯彻落实中、小学暂行工作条例，学校规模和布局进行调整，教育转向正常，教学质量稳步提高，为国家建设输送了不少人才。

十年“文化大革命”，教育战线受冲击最大，受害最深，教学秩序被打乱，许多教师受到批判斗争，教育质量根本无法保证。

党的十一届三中全会以后，全国进行拨乱反正，教育也一样，通过落实党的各项政策，恢复教学秩序，全县教育逐步走上正轨。经过全县上下努力，1981 年全县基本普及了小学教育，获得省政府授予“普及小学教育先进县”称号；同年，蕉岭县被省教育厅评为“基本完成扫盲任务的先进单位”。1990 年，县根据国家规定，制定了《蕉岭县普及初中阶段义务教育规划》，县委、县政府和教育部门积极组织，协调各方力量，把“普九”当作一场硬仗来打。加强领导，千方百计筹措资金，增加对“两基”的投入，确保全县适龄儿童少年依法接受九年义务教育，保证各项指标达到国家和省的要求。1993 年底，经省、市检查验收，全县实现了《中国教育改革发展纲要》中规定的基本普及九年义务教育和基本扫除青壮年文盲达标，成为全国首批实现“两基”达标的县。1997 年经省政府复查验收，蕉岭“普九”各项指标均符合上级规定，获得省政府授予实现“两基”工作先进县称号。1998 年蕉岭被确定为全省首批 12 个推进素质教育的实验县之一。

在抓好教学质量的同时，把学校的德育、法制教育工作开展得有声有色，1997 年聘请了 108 位法制副校长，学校法制教育得到进一步加强。

蕉岭教育紧跟国家发展大局，同时又结合蕉岭实际，开展各种形式的活动，推进教育的发展和改革。2005 年，开展以“办人民满意的教育，当人民满意的教师”为主题的队伍建设活动，抓师资队伍，鼓励教师进修，提高学历，增强素质，树立忠诚于人民教育事业的思想，为教书育人打下良好基础。2007 年开展“平安校园”和“共建生态德育，同创和谐校园”以德育为主题的实践活动。2008 年启动创建教育强县工作，提高教学质量，推进规范化学校建设，巩固提高义务教育水平。2009 年底，经省验收组评估，各项指标达到广东省教育强县要求，2010 年省政府批准，蕉岭县成为全省首个获批的“教育强县”。2014 年，教育工作以“科学发展，协调发展”为主题，围绕“重内涵、强师资、抓课改、兴活动、创特色”目标，锐意创新，务实奋进，实现教育健康和谐发展。县电大以质量为中心，以勤服务、细管理、讲团结、乐奉献的工作精神，取得较好成绩，2010 年 9 月被中央电大授予

"全国示范性基层电大"称号，成为梅州唯一获此殊荣的基层电大。

改革开放以来，政府加大对学校的投入，全县中小学校办学条件得到很大的改善。全县所有中学都按国家教委的标准建设了实验楼，配置了教学仪器设备，配备电脑、多媒体、语言实验室等。学校建有运动场，有各种体育器材，丰富师生文体活动。改革开放以来，县委、县政府及各级领导，加强了和广大华侨、港澳台同胞的联系，沟通了思想，激发了他们的爱国爱乡之情，使捐资办学呈现崭新的局面。据1979年至1998年的不完全统计，全县中小学接受华侨、港澳台同胞捐资的有50多所，捐资金额共达1910多万元，极大改善了办学条件。

至2012年，全县"普九"各率达到或超过了国家规定的先进标准数值，小学适龄儿童入学率达100%，年辍学率为零，升学率100%；"三残"儿童入学率每年保持100%；初中生入学率100%，初中毕业生升学率达97.8%，初中三年级保留率98%以上，年辍学率控制在0.39%以下；全县高中生入学率达到96.11%，居梅州市第二。2012年6月，成功举办全国生本教育理论与实践研修班现场会。高考入围率连续5年保持梅州市七县（市、区）的第一位，成绩突出。中考成绩也连年居全市前列。

党的十八大以来，蕉岭教育以"办人民满意的教育"为目标，不断深化教育综合改革，推动蕉岭教育实现从山区小县向教育强县的历史性跨越，2014年10月在全市率先实现"教育强镇"复评全覆盖，2014年12月顺利通过"全国义务教育发展基本均衡县"国家督导组验收，2017年4月成为粤东西北地区首个"广东省推进教育现代化先进县"。

蕉岭教育以党的十八大、十九大会议精神为指导，深入学习贯彻习近平总书记系列重要讲话精神和治国理政的新理论、新思想、新战略，探索工作方法，创新工作机制，强化党建引领，注重统筹推进教育改革和发展。抓党建、抓班子、抓教育教学相结合，发挥党员先锋模范作用，提高教师业务能力和师德水平，促进学校教育教学齐发展。

开拓创新铸品牌。实现教育发展新突破。破难攻坚，学校办学条件实现新的突破。2010 年以来，全县投入 1.2 亿元实施中小学标准化建设工程、农村薄弱学校提高工程、教育装备现代化工程、“花园式”学校建设工程这四大工程，为县域教育现代化发展奠定坚实的硬件基础。2015 年启动创建广东省推进教育现代化先进县后，再次投入 1 亿多元实施“一校一策”工程，完成全县中小学、幼儿园校舍及运动场升级改造，大大改善了学校办学硬件，全县所有中小学校标准化学校达标率达 100%。为适应城镇化发展进程，县投入 2.2 亿元新建桂岭学校，切实解决县城“学位紧张”问题，2018 年秋已正式启用。还投入 1600 多万元建设职校实训楼，壮大发展职业教育，补足中职教育短板。

多策并举，教师队伍建设实现突破。以“强师工程”为抓手，注重选准用好校长，培育铸造教师，优化师资队伍。县委、县政府高度重视高素质人才的引进。2016 年以来，共招聘 127 名教师充实到农村学校任教，专门招聘了 31 名外省重点本科、研究生学历高素质人才，优化教师队伍结构。县制定了《蕉岭县“强师工程”实施方案》，依托名师工作室，“嘉应名校长、名教师”资源，采取“强强互动、强强结对”的帮扶方式和“名校带动，校校联动”的校际教研，引领教师走专业化发展之路。通过实施下派支教、上岗跟岗、下派任职等支教交流制度，促进优质教育资源向农村流动。近年来，共有 200 多名教师进行了城乡交流，100 名教师完成了上岗跟岗培训，30 多名教师参与了支教。县出台了《蕉岭县中小学（幼儿园）教师学历提升工程实施方案》，采取7：2：1（学费由财政分担70%，学校分担20%，个人分担10%）方针，并以评优评先、职称评聘挂钩等方式鼓励教师参加学历提升。目前全县有253名教师参加学历提升。

强化管理，教育内涵发展实现新突破。抓教科研训促内涵发展，构建“三研一体”新模式，即学校的校本教研，区域的常态教研，网络的研修教研一体化。因地制宜开展特色体艺教育和课外体艺活动，确保素质教育得到全面落实。党的十八大以来，全县教学质量实现了新突破，中考成绩位居全市前列，高考成绩屡创佳绩，先后有3人考入北京大学，1人考入清华大学，还有不少学子被空军航空大学、复旦大学、同济大学及香港中文大学等名校录取。

据统计，2017年，全县有完全中学2所、初级中学10所、九年一贯制学校3所，在校学生8695人；职业中学1所，在校学生874人；完全小学17所，在校学生13376人。适龄儿童入学率100%；小学生升学率100%；初中学生升学率98.3%；高中学生升学率92.3%。考入大专以上的人数1256人，其中本科607人。

第七节　文　化

新中国成立前，蕉岭县仅设立有桂岭书院、镇山图书馆、中正图书馆，也有一些士大夫及望族士绅在民间建的书室和藏书室，只提供本族子弟学习和阅读。群众文化基础薄弱，普及程度低，群众文化生活简单枯燥，大多数人都是日出而作，日入而息。

新中国成立后，县委、县人民政府极为重视文化教育工作，设立文教科，接管县民众教育馆更名为人民文化馆，接收中正图书馆更名为人民图书馆，后又建立工人文化宫。1950 年成立蕉岭县文学艺术者联合会，领导全县文化工作。改组民间木偶戏班更名为蕉岭县改良戏剧团，取其精华，去其糟粕，去掉不健康的节目和内容，下乡为群众演出，宣传党的方针政策，配合宣传抗美援朝，土地改革和《婚姻法》等。将 1949 年 9 月建立的人民书店，改名为新华书店，发行经史、科学、文艺、字典、词典和中小学课本。1952 年成立蕉岭县农村巡回电影放映队，放映队到全县各地为民众放映电影，丰富人民群众文化精神生活。1956 年创办《蕉岭人民报》，建立广播站，还新建 8 个业余剧团。1958 年 8 月成立县艺术剧团，后改为县山歌剧团，编排了大型革命斗争山歌剧《程红梅》，反映少数民族神话爱情剧《螺丝姑娘》，新剧《恩仇记》，改编移植《社长的女儿》《朝阳沟》《红云崖》《江姐》《南海长城》等剧目，在全县各地演出；同时还到周边地区江西、福建和汕头、惠州等地巡回演出，深受各地群众的欢迎，场场爆满，声名远播；还配合党的中心工作，编演小演唱、山歌对唱、五句板等群众喜闻乐见的小节目，宣传党的方针政策，起到极好的宣传教育作用。剧团于1962年秋荣获汕头专区“红旗剧团”称号。农村文化也活跃起来，建立乡村文化俱乐部，农村的生产大队、生产小队办起文化室，学习时事政治，学习生产技术，与文娱活动相结合，并把扫盲列入其中，办得有声有色。

党的十一届三中全会后，解放思想，拨乱反正，全国文化战线欣欣向荣。1980年以来，全县文化部门先后办起了桂岭青年文学社、桂岭音乐曲艺社、桂岭诗社、桂岭摄影社、桂岭书画社、桂岭楹联社、桂岭盆景协会、蕉岭县集邮协会等文化社团、协会，不少会员参加省、市一级协会组织，加强沟通和联系，团结全县文艺工作者，开展各种文艺活动，推动全县文化艺术发展。对1953年创办的、在“文化大革命”时停刊的《蕉岭文艺》进行复刊，改名为《一线天》，后又复名为《蕉岭文艺》，至今共已出版182期，深受人民群众的喜爱和欢迎，不少作品在中央、省、市报刊发表并获奖。在县宣传文化部门和港澳台同胞及本地企业人士的资助下，据不完全统计，到2000年共出版个人诗集近10集，小说、散文、传记文学作品近10部，戏曲作品多部。不少荣获省、市荣誉的美术、书法作品，在县内经常举办展览，还有多件作品在国内外书画展展出并获奖。音乐、舞蹈、摄影作品亦有不凡成绩。文艺演出，每逢盛大节日，均举行大型广场文艺演出活动，同时配合普法工作，编演通俗化、形象化、艺术感染力强、具有深厚乡土味的山歌小戏的普法节目。送戏下乡，到乡村进行普法文艺演出，受到群众欢迎，得到省、市普法部门和旅外乡亲的好评。《人民日报》《南方日报》《梅州日报》等各级报刊作专门报道，梅州电视台进行实况转播。改革的春风，推动群众文化的兴起。蕉岭民间传统文化活动如舞狮、舞龙、船灯等先后恢复活动。除传统节日文化外，还有企业文化、老人文化、少儿文化、家庭文化等。活动场所和活动形式多样，有咖啡音乐厅、音乐茶座、卡拉 OK、交谊舞会、桌球、游戏机、录映场、健美操等。业余创作繁荣，本地作者出版文学作品数十部（集）。

文化设施不断完善。1984 年建镇山图书馆，2000 年由叶剑英基金会会长黄桂清捐资 50 万元，在镇山公园兴建蕉岭县黄桂清图书馆。2000 年，台胞钟法刚先生捐资 50 万元兴建法刚博物馆；青少年宫移迁至镇山公园。1992 年《蕉岭乡音》侨刊创刊，该刊发行到港澳台地区，扩大对蕉岭的宣传推介，使港澳台同胞更加了解家乡的发展变化。1992 年出版首部《蕉岭县志》，2011 年，出版第二部《蕉岭县志》；1993 出版发行第一部《蕉岭年鉴》，每年一部，至 2017 年，共计出版发行 25 部，为推介宣传蕉岭起到极好的作用。1996 年 11 月，由侨胞汤锡林先生独资捐建的闽粤赣释迦文化中心在长潭风景区落成，成为蕉岭一个旅游风景胜地。2000 年蕉岭县龙门广场落成，成为市民休闲活动的好去处，成为县城一个明亮的标志。

为挖掘整理蕉岭历史人物黄香铁，县于 2005 年 4 月召开历史人文资源工作现场会，有市、县领导和专家学者参加，参观黄香铁故居，研究有关黄香铁的文物历史资料。从 1984 年 12 月国家、省市举办丘逢甲诞辰 120 周年学术研讨会后，每 5 年最少举行一次省市县研讨会，使丘逢甲事迹广为宣传。2007 年 8 月，县地方志编纂委员会点注县地情古籍黄香铁著的《石窟一征》出版发行，同时重新出版了《蕉风》等一批蕉岭文人墨客的山歌、诗集著作。

加强对蕉岭名人和古村落的文物保护工作。2002 年 8 月，经省政府批准，抗日英雄谢晋元将军故居和石寨土楼被列为省重点文物保护单位；2006 年 6 月，蕉岭县丘逢甲故居被列为全国重点文物保护单位；2013 年，谢晋元故居被列为全国重点文物保护单位，并建立管理所进行管理、保护，扩大宣传效应，各地来参观的人络绎不绝。

为宣传推介蕉岭及其特产，县专门举办金桔节、冬笋节、枫叶节、长寿文化节。在发动群众征求意见的基础上，县委、县政府召开发布会，正式推出长潭览胜、桃源碧水、镇山荟萃、世纪花园、逢甲故居、土楼古韵、皇佑奇观、龙潭飞瀑为蕉岭“新八景”，扩大了蕉岭旅游的知名度。

蕉岭文化事业的发展，得到了社会各界的肯定。2004 年 7 月，在全省基层文化工作会议上，县人民政府被省人民政府评为“实施省人大山区文化建设议案”先进单位。2008 年 1 月，省委、省政府召开精神文明建设表彰电视电话会议，蕉岭县获得“广东省文明县”称号，县环卫局和蕉城镇城西社区分别获得“广东省文明单位”和“广东省文明社区”称号。

党的十八大以来，县委、县政府重视和加强文化事业建设，加大投入公共文体基础设施建设，群众性文体活动蓬勃发展，文化遗产保护传承得到加强。依托“世界长寿乡”品牌，进一步加快发展生态旅游，长寿旅游产业、文化事业得到较快发展。

全县文体活动活跃。全县有 30 多家业余文艺队常年活跃在城镇和乡村。每年组织开展春节、元宵等系列文体活动，五一节、六一节、全民健身日文体活动，举办篮球、足球、乒乓球、羽毛球等比赛和文艺演出、书画摄影展、群众文化创作笔会等活动，常年参加文体活动的群众达 15 万余人次。每年组织 20 场惠民演出，为农村群众免费放映 1600 余场电影，丰富城乡人民文化生活。

切实做好非遗工作。在文化主管部门的辛勤努力下，蕉岭县非物质文化遗产保护项目共 12 项，其中成功申报省非遗项目 3 项（《莲池舞》《竹板歌》《三及第》），市级非遗项目 3 项，县级项目 6 项。非遗项目代表性传承人 12 人，其中市级传承人 2 人。

文物保护工作得到加强。全县公布登记不可移动文物178处，列为县级以上文物保护单位的29处，其中全国重点文物保护单位2处，省级文物保护单位6处，市级文物保护单位7处，县级文物保护单位14处。

县组建文物保护管理委员会，加强领导和管理，建立起三级管理网络。多年来，多方筹措资金，完成了丘逢甲故居保护规划的编制和公布实施；实施了丘逢甲故居、谢晋元故居、罗福星故居、谢晋元纪念馆的修缮及石寨土楼方楼的抢修；丘逢甲故居、谢晋元纪念馆重新布展，编制了建筑消防工程设计方案，保护规划大纲，并获得国家文物局立项，文物得到有效保护。认真开展完成了第一次全国可移动文物普查工作。

加强基层公共文化服务设施建设，完成了8个乡镇综合文化站公共电子阅览室和107个村（居委）公共电子阅览室的配套设施。依托客家民居，积极开展农村文化俱乐部试点建设工作，已完成29个点，成为村民享受文化成果的好去处。2017年，完成10个文化驿站建设，依托社会空余空间，进行文化交流，丰富市民文化生活，提升城市文化品位。对县“三馆一站”（图书馆、博物馆、文化馆、文化站）实行免费开放，保证了“三馆一站”、农家书屋等公益文化设施全部向群众免费开放。

城乡群众文娱体育活动丰富多彩、生动活泼。不少民众在自家门口或公园、广场自发组织歌咏、健身操等活动；器乐爱好者自发组织在一起演奏歌曲乐曲，在县城附近就有定期或不定期的演奏小乐队近百支。每当夜幕降临，便看到蕉城的龙门广场、长寿广场、奥园广场等公共场所，群众在悠扬的歌声中跳起欢快的广场舞，别有一番风景。不管是县城还是乡村到处呈现出一片欢乐祥和的景象。

第八节 卫生

蕉岭在民国初期陆续设立个人（私人）诊所（医院），1931年，华侨及各阶层人士募捐8000块大洋兴建蕉岭县平民医院，并于1942年成立“蕉岭县中医师工会”。至1949年蕉岭解放前夕，全县先后开设中西医诊所、药店共70余家，中西医药人员170多人。新中国成立前，蕉岭人民生活贫困，疫病流行，加之当时诊所药店设备简陋，技术水平低，特别是农村山区缺医少药，很多人无钱治病，有病得不到及时治疗，人民的生命和身体健康无保障。

新中国成立后，党和政府十分重视人民卫生工作，成立蕉岭县人民政府医疗所（后改为卫生科、卫生局）管理全县医疗卫生工作，接收原蕉岭县卫生院为蕉岭县人民政府卫生院（后为县人民医院）。1951年，协助组织联合诊所，并在白湖乡中西医联合诊所试办农村卫生互助社（常年医生保健制）。1952年2月，成立蕉岭县卫生工作者协会，全县医务工作者有了自己的行业组织。至1954年4月，蓝坊、高思、南礤、北礤、白湖乡实行常年医生保健制。根据医疗事业发展的需要，1956年，县设立卫生防疫站、麻风病防治站、妇幼保健所，各乡设立6个卫生所8个卫生站。在农业合作化过程中，全县建立250个农业社保健室，有615名保健员。全县基本拥有医疗卫生组织，为消除各种传染病，保障人民群众健康，起到了积极保障作用。1958年，人民公社成立，相应成立人民公社医院，后改为公社卫生院。

1961 年，成立蕉岭县医学会，10 月，县人民医院施行首例胸外科手术，并首次使用上级主管部门拨来的一台 30MAX 光机。至 12 月，全县 12 个公社（场）卫生院全部配齐防疫、妇幼专职人员，使基层卫生院机构更趋完善。

1964 年 8 月，汕头专员公署卫生局在蕉岭县南磜公社召开全区卫生科（局）长和重点公社卫生院长参加的现场会，总结推广蕉岭“常年医生保健制”的医疗制度，在全区产生较大影响。

1965 年，蕉岭开展“四清”运动，广东省委“四清”运动工作团随团医疗队驻文福卫生院，与县卫生科联合举办“农村卫生员学习班”，共 102 人参加学习（男 64 人，女 38 人），学习半年。结业后，每位学员发一个保健箱，配 50 元药物、器械，回乡为农民服务。这批学员成为蕉岭第一批农村赤脚医生骨干。1965 年，进行全民普种牛痘，预防天花，全县接种 108089 人，占应接种人数的 96%。

“文化大革命”期间，县委、县革委响应党中央、毛主席关于“把医疗卫生工作的重点放到农村去”的号召，组织各级医务人员，上山下乡、走村串户，为广大农民服务，同时把农村合作医疗逐步建立起来。

1971 年，成立“蕉岭县卫生学校”培训基层和农村医务人员。县委 1974 年 6 月批准设立“蕉岭县中医院”，1977 年，成立“蕉岭县慢性病防治站”，进一步完善医疗机构。1978 年，蕉岭县医师陈超桂获得广东省人民政府授予“广东省名老中医师”荣誉称号。

党的十一届三中全会召开，迎来了改革开放的春风。1980 年，广东省卫生厅确定蕉岭县为全省第一批三分之一重点建设县，蕉岭县卫生事业有了新的发展。县人民医院外科首例为患者成功施行肝叶切除手术。县慢性病防治站建成并投入使用。1981 年，新铺公社卫生院被地区行政公署定为“新铺中心卫生院”，设备和条件有较大的改善。同年，蕉岭县卫生防疫站荣获“广东省计划免疫二等奖”。1983 年，县人民医院外科为重型颅脑外伤患者做手术成功，人民医院医疗技术水平有较大提高。

为加强和提高农村医疗卫生水平，1983 年，县组织 155 名赤脚医生参加全省统一命题的理论考试，占全县赤脚医生总数 71.4%，及格 117 人，取得“乡村医生”职称 56 人，“赤脚医生”职称 61 人，并分别发给证书。全县有卫生员 135 人，接生员 220 人。通过改革合作医疗制度，健全管理，完善农村医疗队伍，在乡村继续发挥重要作用。1984 年建立“残疾人康复中心”，该中心是设施比较齐全、功能较完善的残疾医疗康复机构，使全县大多数残疾人得到矫正治疗和康复。到 1985 年底，全县先后发现麻风病患者 110 例，其中住院治疗 79 例，在家治疗 31 例；各种原因死亡 21 例，其余 89 例均已治愈，无新病例发生，发病率基本控制在 0.5/10 万，达到省定 1/10 万以下的指标，基本实现消灭麻风病的要求。赖复让、丘华霖获得麻防专业的国家荣誉证章，表彰他们对麻防工作作出的突出成绩。1992 年，经国家、省卫生部门对县麻风病防治工作进行考核验收，蕉岭县是广东省第一个基本消灭麻风病并通过国家级考核验收的县。

1985 年，蕉岭县对中药资源进行全面普查，查明全县有各类中药材 373 种，还发现有紫背天葵等 50 多个稀有品种，为今后使用和开发本地中草药资源打下一定基础。

1991 年，县人民医院妇产科成功为 83 岁老妇摘除重达 12.5 公斤的卵巢肿瘤。

1997 年，基本达到“2000 年人人享有卫生保健”的目标要求，提前 3 年实现省政府规划的目标。蕉岭县被评为“全国农村初级卫生保健（1990—2000）先进县”。2000 年，全县共诊治病人 27. 8 万人次，收治住院病人 9459 人。

在党的十八大精神鼓舞下，县委、县政府加强卫生工作的领导，加快医疗卫生事业建设的步伐，提出建设健康蕉岭的发展战略，启动实施卫生强县的创建工作，全面推进县人民医院、中医医院、妇幼保健计生服务中心以及镇卫生院、村卫生站四级的医疗卫生服务网络建设和管理。全县医疗卫生服务水平不断提升，县人民医院的妇产科是市重点学科，县中医院骨伤科是省重点学科。县妇幼保健计生服务中心迁建项目顺利启动，3 个县级公立医院新建项目全面启动，掀起医院建设的高潮。在“基本医疗和基本公共卫生服务示范镇”创建工作中，至 2017 年，三圳、新铺、长潭、文福镇等四个卫生院成功创建为“两基”示范镇；在全面实现村卫生站改造全覆盖，“镇院村站”正在逐步实现标准化建设和规范化管理。国家卫生计生委办公厅公布 2016 年至 2017 年群众满意的乡镇卫生院名单中，广福镇中心卫生院、南磜镇卫生院 2 个乡镇卫生院入选“群众满意的乡镇卫生院”。

在基层医疗卫生机构的综合改革基本完成后，县级公立医院改革全面启动，实现了公立医院改造全覆盖。分级医疗制度进一步建立完善，县域医联体建设试点成效显著，基层卫生院医疗服务水平得到进一步提升。县人民医院与市人民医院、省中山一院建立“五个一”医联体帮扶关系，县中医院与省中医院挂钩联系服务，省市级医务人员下沉到县具体指导、相互交流，方便群众就近就医。实施家庭医生签约服务制度。2017 年，常住人口群众签约率 38%，重点人群签约率 61%，全面完成家庭医生签约任务。蕉岭县率先在全市实现镇卫生院管理信息系统的使用，全县居民电子健康建档率达 90. 38%，让居民电子健康档案数据更加完整准确，有效提高医疗服务水平。

坚持预防为主方针，加快提升公共卫生服务能力建设。卫生事件应急、重大疫情防控、重大活动卫生保障等工作不断加强，连续多年未发生重大传染病暴发或流行疫情，蕉岭是全市唯一未发生 H7N9 病例的县。疾病防控能力不断增强，建设艾滋病检测筛查实验室2间，检测点10间。实施免费婚前医学检查，免费产前医学检查和定额补偿新生儿疾病筛查政策，全面建立出生缺陷干预“三道防线”。建立危重孕产妇和新生儿救治中心，提高孕产妇和新生儿危急重症的救治能力。地贫防控工作取得显著成效，重型地贫儿零出生。2016年，蕉岭被国家卫生计生委评为国家级妇幼健康优质服务示范县。

坚持中西医并重，促进中医药事业快速发展。投入2000多万元，实施全县8个镇卫生院中医院服务能力再提升建设，整合中医综合服务功能，打造含有中医康复区、中医诊疗区、中医保健区的中医综合服务区；提升中医文化宣传，运用中式装饰美化中医综合服务区；完善中医诊疗设备，增加中医服务范围，提高中医药服务能力；设置“桂岭名医”工作室，落实专家下沉和分级诊疗制度。在69间村卫生站内增设中医室，购置针疗、磁疗、火罐、刮痧等实用中医诊疗设备，发挥中医药在村级卫生公共服务中的独特作用，全面开展中医适宜技术。全面实施新建中医院，融入中医健康养生和世界寿乡元素，成为具有中医特色优势明显的县级中医院和国家级治未病中心。2017年11月县卫生计生局代表县承担了梅州市中医药服务能力工程“十三五”行动计划暨中医馆建设工作现场会。

2018年，加大全科医生、儿科医师、产科医师的培训力度，规范化培训全科医生等18名，选派优秀医务人员下基层，加大县级医院对口帮扶镇卫生院力度。主动对接省人民医院、省中医院、市人民医院、粤东医院，开展多形式的医疗对口帮扶。县级三家医院共派出 25 名卫技人员到省市医院跟班学习半年以上。加强学科建设，县医院与省人民医院协作，重点建设心内科；县医院与广州市红十字会医院协作，重点建设核磁共振科；县中医院与省中医院协作，重点建设骨伤科特色专科；县妇幼计生中心与市人民医院协作，重点建设新生儿科。通过协作，提高蕉岭医技水平，更好地为人民群众服务。

第九节 公路 桥梁

蕉岭县是一个典型的山区县，东、西、北三面高山林立，中间为蕉岭河谷，石窟河贯穿蕉岭中部全境，西南部由平远柚树河东入新铺汇入石窟河，东部的溪峰河经蓝坊镇流入石窟河。历史上一直交通不便。在未建公路以前，蕉岭境内主要的水陆交通：陆路交通主要由石砌路为主，沿山过河建有小石拱桥、小石条桥，而更多的是小木桥，山路蜿蜒曲折，上坡下岗，物资进出全靠人力肩挑，极不方便。就东部地区来说，在 1910 年（清宣统二年）才开凿修通蕉城至蓝坊峰口的行人道路，东部地区群众才得以步行出入县城。水路交通在石窟河设有 20 个渡口，枯水季节搭上木板桥，方便两岸群众通行；洪水季节则拆去桥板，靠渡船过渡。物资运输靠木船载货，山区柴炭竹木等原材料和土特产靠放排至梅县松口、潮州出售。交通落后，严重制约蕉岭经济社会的发展。解放以后，经过多年的努力，蕉岭县的交通公路建设发生了翻天覆地的变化。

一、公路

早在 1926 年，开始修建梅县白渡至蕉城公路，到 1932 年建成通车。1934 年修建梅县经蕉岭新铺至平远县的梅平公路，1936 年建成通车。到蕉岭县解放前夕，全县公路仅 78. 4 公里，且等级低、路况差，坎坷难行，全县仅有客、货车 16 辆，运输能力极为有限。

新中国成立后，全县人民在党和人民政府领导下，艰苦奋斗，公路建设进入快速发展阶段，特别是70年代，林业、水电等相关行业也积极投入公路建设，至1978年全县的公路通车里程已达288公里，公路密度每百平方公里28.1公里，但仍然是公路等级差，弯多坡陡路面窄，没有一条二级以上的公路，四级沙土公路占60%以上，交通工具由手推车、双轮车逐步变成手扶拖拉机、中型拖拉机、大小客车和货车，主要承担了全县商品货物和农林产品的运输，也方便了人民群众出行。

党的十一届三中全会后，特别是1992年以来，蕉岭县公路交通建设进入快速发展时期，主要特点是：一是至1999年，改造二级公路150.32公里；205国道42.6公里，全部改造为超级砼路面；省道52.62公里已建成二级砼路面24.82公里，占47%；县道86.2公里已建成二级砼路面82.9公里，占96%。全县12个镇于1997年底实现镇镇通砼路。同时，铺筑乡村公路283.5公里，全县97个管理区1995年实现区区通公路。并大力发动当地干部群众，将镇通管理区的公路改造为砼路面78公里，至1998年全县建成县通镇、镇通管理区等辖区混凝土公路228公里，改写了公路发展史的空白，公路通车里程达598.9公里，公路密度每百平方公里62.57公里，超过省平均水平。二是提高公路建设质量。在整个公路建设中，公路需从崇山峻岭、沟壑相连中跨越，施工难度大，但为了百年大计，坚持质量第一，建立健全的管理制度，严把质量关。如1997年蕉北公路改造，每路段派县科局级干部分段负责工程，战胜弯多、路陡、狭窄、险段多的困难，创下了优质的奇迹，受到梅州市委奖励。三是公路改造投资节省。整个公路建设按省、市工程设计预算总投资3.5亿元，施工时严把工程编制关、工程预算关、工程决算关，工程造价比省、市预算节省了 1.3 亿元。四是公路建设安全系数高。如广福段的分水岗一带，最高填方 37 米，最深挖方 60 多米，难度系数大；蕉北公路铁扇关门段，一边是高山绝壁，一边是深渊，施工和行车极不方便，安全隐患大。由于严格执行各项管理制度，把安全施工放在第一位，整个公路建设无死伤事故。五是公路运输站场建设发展变化大。新建了县汽车运输公司公共停车场、新铺镇公共停车场。县汽车运输公司1998 年10 月兼并客运公司，走集约化经营，采取“统一管理、统一上落、统一发车”的办法实行有序管理。货物运输逐年增加，向大吨位、小微型车转变，满足运输需要。交通事业发展，促进了蕉岭经济的繁荣，人民生活质量也得到较大的改善和提高。

1995 年，蕉岭县被省人民政府评为“交通建设先进县”，受到省政府表彰。

2004 年 12 月，天汕高速公路动工，经过两年的建设，于 2006 年 12 月实现全线通车，打通了粤东与福建闽西的交通大动脉，高速公路蕉岭段全长 40.46 公里，设有油坑、蕉城南、蕉城北、广福四个进出口站。从此，205 国道和天汕高速公路像两条巨龙，横贯蕉岭县南北，促进了蕉岭的经济社会发展。蕉岭县围绕加快国民经济发展和推动社会全面进步，把社会主义现代化建设全面推进 21 世纪这一主题，开拓进取，寻求新的发展，认真抓好“扶贫攻坚村村通公路”工作，提前 5 年完成村村通公路任务，并抓好 205 国道、省道升级改造。蕉岭县交通公路建设坚持以科学发展观为指导，坚持“四个县”发展战略，按照“走生态路、建设新农村、创文明城、谱和谐曲、建设青山绿水、蓝天碧水美丽家园”的工作思路，加快重点工程，完成西环公路首期工程、乌土至富足三级旅游公路建设、县道荷树岗至同福路面大修、蜇垣至高乾公路沙土改造、石窟河西堤逢甲大桥至白马段改造、老环城公路及长兴路改造、镇山公园东西北门公路建设、126 公里农村公路建设，着力打造靓丽的公路风景线，确保公路“畅、清、绿、美、安”。

党的十八大以来，加快完善交通公路大会战，累计投入 4. 8 亿元，新建公路和升级改造工程，完成一批重点工程，稳步推进新农村公路路面硬底化和安全生命防护工程建设。至 2017 年底，全县公路总里程达 1341. 6 公里，其中高速公路 40. 46 公里，国省道 94. 1 公里，农村公路 1207 公里，农村公路密度每百平方公里 126 公里，形成四通八达的公路网。

二、桥梁

俗语说，逢山开路，遇水架桥，路和桥为交通所必需。新中国成立前，蕉岭县在梅平公路的徐溪柚树河上建了一座长 100 米、面宽 5 米的混凝土四梁式结构大桥和在梅蕉公路溪峰河上建了一座钢筋混凝土大桥。流经蕉岭全境的石窟河却没有一座固定的大桥，两岸人民群众来往全靠木桥，一到洪水期，便险象环生，不时有人溺水而亡。

新中国成立后，公路建设快速发展，但限于当时的经济条件和各种原因，各种中小桥直至涵洞大部分为木桥和木涵洞，以后经全面改造和建设，直到 1971 年才把木桥及木涵洞全部改建为永久性桥涵，根本解决了以往桥、涵经常修修补补的问题。

改革开放进入新的发展时期，蕉岭建桥也迎来了快速发展新阶段。1978 年省在长潭建设长潭水库和水电站，为工程配套需要，在石窟河首先建成蕉岭大桥、长潭大桥，并资助建设榕子渡大桥。蕉岭大桥桥长 259. 8 米，桥面宽 9 米，其中行车道 7 米，两边行人道各 1 米，为钢筋混凝土双曲拱桥，总造价 95 万元，于1982年9月竣工通车。长潭大桥桥长100米，桥面宽9米，其中行车道7米，两边行人道各1米，为钢筋混凝土箱形拱桥，总造价90万元，于1980年建成通车。榕子渡大桥（后改为长寿大桥）桥长219.5米，桥面宽3.2米，为钢筋混凝土梁式桥，由县集资和省投资40万元，省水电二局支持15万元并承建，于1985年7月动工，1986年8月建成通车。新铺大桥桥长220米，桥面宽9米，其中行车道7米，两边行人道各1米，为钢筋混凝土双曲拱桥，由省市县民办公助建造，总造价85万元，于1977年9月动工，1983年秋竣工通车。晋元大桥桥长244.6米，桥面宽12米，引道731米，为钢筋混凝土钢架桥，总投资907.5万元，于1995年4月动工，1997年5月竣工通车。逢甲大桥桥长680米，主桥长300米，桥面宽12.5米，为T形梁结构，总投资1620万元，于1999年5月动工，2000年12月通车。中华大桥桥长280米，桥面宽10.5米，为T形梁结构，总投资880万元，其中陈辉鹏捐400万元，何中华捐100万元，于2001年3月动工，当年12月合龙。同福大桥（塔牌三桥）桥长280米，桥面宽8.5米，桥形为无桥台斜腿钢架拱结构，总投资为480万元，于2005年通车。塔牌大桥桥长284.03米，桥宽21.5米，总投资1800万元，于2007年动工，2008年通车，连通高速公路与205国道。这九座大桥坐落在石窟45公里沿河（长潭水库大坝以下蕉岭境内），大桥总长2567.9米，投资和后续维修扩建共计近亿元，彻底改变了一河两岸的交通，直接造福于蕉岭人民。

在县城整体建设上，贯穿于蕉城的溪峰河上也建起了东山大桥、翰荣桥（原东山桥）、锡林大桥（原谢陂桥改建扩大）、任希桥、长兴桥（黄田桥）、湖沟桥（溪峰河出口与石窟河汇合），这些大桥使整个县城连成一体，对县城发展和人民生产生活起到不可估量作用。

据统计，至2017年底，全县建有公路桥梁共113座，其中大桥11座，中桥9座，小桥93座。公路与桥梁的连结，使蕉岭的交通四通八达，城乡紧密联系，有力地促进蕉岭经济社会的快速发展。

第十节 邮电通讯

蕉岭县在民国时期办有民营电话公司，设备简陋，业务冷淡，人员最多时才45人。

新中国成立后，邮电通讯在县委、县政府的领导下，接管地方电信，实行邮电合并的机构，从电话清一色的“摇把子”，不断发展壮大为“程控点拨号”，邮电业务和技术设施大幅度增长，城乡投递不断扩阔邮路，全县所有乡村百分之百通邮，邮件运输由徒步肩挑逐步改为自行车、摩托车、汽车运输；电报传递由过去的人工发报发展到用载波、电传机发报，至1978年已初步形成以县城为中心的四道八达的农村电话通信网，农村电话已近500部。

党的十一届三中全会以后，县委、县政府十分重视邮电事业的发展，制定了一系列的优惠倾斜政策，多途径筹集资金，用高新技术改造传统落后的设备，大力加强基础设施建设，使通信能力明显增强，技术装备水平有较大改善，邮电业务稳步增长，精神文明建设不断加强，取得了显著的成效。

一是通信能力明显增强。1978年来，先后建成了新城区邮件处理中心，新城、桂岭大道中邮电营业处，开通了程控电话、移动电话、无线寻呼，开通了蕉城—北礤、蕉城—长潭自办汽车邮路，新建或改造了新铺、三圳、华侨场、文福、广福、蓝坊、南礤、北礤、高思、长潭、徐溪11个邮电支局，至1998年有程控电话24400门，增长了43倍；市农放号25724户，增长了45倍；全县城乡电话普及率从0.28部/百人，提高到13.01部/百人，增长了45倍。移动电话用户达3600户，无线寻呼用户达9628户。通信能力的增强，对于促进蕉岭县经济建设和改善投资环境，发挥了重要的作用。

二是通信技术装备水平有很大的改善。改革开放前，蕉岭县邮电通信设备传输靠明线，电话为磁石交换，无法满足用户的需求。改革开放以来，蕉岭县邮电不断引进国内外自动化设备，实现了电话交换程控化、传输数字化，还开通了分组交换、图文传真、视聆通等新业务，邮政储蓄、营业收费、统计、会计、册报、报刊收订等实现了微机化。

三是邮电业务稳步增长。至1998年，邮电业务量从22.9万元增加到4300万元，增长了187倍；邮电业务收入从19万元增加到3800万元，增长了200倍；邮电固定资产总值从22.8万元增加到1.2亿元，增长了526倍。

1998年9月28日，邮电实行了分营，分别设立了蕉岭县邮政局、蕉岭县电信局。1998年底，移动通信蕉岭分公司从电信剥离出来。

1999年是蕉岭邮政通信分营后独立运营的第一年，邮政部门“以发展为主线，以服务为宗旨”，灵活经营，开拓市场，发展业务，邮政局共设11个邮政支局、14个邮政营业点、4个生产班组、5个专业公司；自办汽车邮路1条、自行车邮路32条。全年在抓好传统业务函件、包件、汇兑、发行等业务的同时突出重点发展邮储业务、集邮业务、新轻型业务等。全年完成业务总量295.58万元，占任务300万元的98.5%，比1998增长20.9%。

1999年，蕉岭电信技术经历了从人工到自动、从模拟网到数字通信网的质变，累计投资1.3亿元，使蕉岭电信通信网无论是规模容量、技术层次还是服务水平，都实现了质的大跨越，电话普及率等多项指标都高于全市平均水平。蕉岭电信狠抓电话村建设，促进了业务发展，新建电话镇两个，电话管理区 17 个，电话村 158 个。全县市农电话交换机总容量 43194 门，实占 33341 门，其中城市内实占 17314 门，农村实占 16027 门。至 1999 年底，全县城乡电话普及率达 14. 88 部／百人。此外，电子邮箱、电视会议、视聆通等电信业务已得到广泛应用。

1999 年移动通信发展移动电话用户 3050 部，无线寻呼用户 1802 户，累计无线寻呼用户达 7580 户。

直至 2011 年，蕉岭邮政合计实现收入 2656. 97 万元，增长 32. 66%；其中邮政企业累计完成业务收入 1506. 14 万元，比增 25. 29%；邮储银行完成自营收入 1045 万元，比增 40. 5%；速递物流公司累计完成业务收入 105. 83 万元，比增41. 3%。蕉岭邮电同时还抓好邮品营销开支，函件累计完成 78. 72 万元，比增 20%；以及抓好报刊发行业务，实现业务收入 98. 41 万元，比增 10. 4%。

2011 年，电信蕉岭分公司坚持以“让客户尽情享受信息新生活”为使命，深入推进企业转型，先后承建了“平安蕉岭”社会治安视频监控系统、农村党员现代远程教育平台、电子政务网、公共卫生信息平台等一批具有重大社会效益的信息化项目；及时满足工业园区投资引资，城镇升级改造和重点项目建设的信息化需求；创新实施了助力政务监督、惠及社会民生、助推行业产业发展的众多信息化服务。继在全市首批实现“村村通光缆”“村村通宽带”后，加快实施网络升级和宽带提速，全力打造“光网城市”“智慧城市”。至 2011 年底，4 兆带宽接力能力已覆盖全县，城区 80% 以上区域具备 20 兆以上带宽接入能力，天翼 3G 信号率先实现全县行政村 100% 覆盖，使天翼移动网络成为全县覆盖最广的3G网络。年末电话交换机总容量达73632门，固定电话用户39870户；全县中小学校实现教育城域网接入，全面启动OA系统和教学资源平台应用；建设天冀信息化村27个，在城镇区域推广“智慧家园”“光网社区”等。

2011年，中国移动通信蕉岭县分公司紧紧围绕省、市公司“一五五”总体运用策略，实现市场健康发展，用户规模持续发展，至2011年底，用户超过13万户，业务收入达7000多万元。

2011年，中国联通蕉岭县公司深入践行“为民服务创先争优”，快上快干，快中求好，以3G为引领的全业务规模得到有效发展。至2011年底止，用户超过1.2万户，收入比2010年增长40%，到2011年全县移动电话用户达154000户，比增17.6%；每百户拥有固定电话54.8部；电脑网络发展较快，年末互联网用户达20204户，比增5.3%；每百户拥有互联网27.8条。

党的十八大以来，蕉岭邮政围绕“行业突围”战役，推动业务加速发展：一是代理保险业务取得新的突破；二是成功开办中邮保险业务，2013年2月18日成立蕉岭县邮政局中邮保险局，加强广告传媒、校园市场的拓展；三是全力抓好邮储银行业务；四是不断拓宽集邮市场，利用举办“蕉岭首届长寿文化节”之机，成功开发“蕉岭长寿文化节”活动专题纪念邮册600套，实现收入12万元；五是加大ATM自助设备的投放力度；六是加快农村邮政电商站点建设，全县新建农邮电商站点55个，提升邮政服务的深度和广度；七是加快自动包裹机投放，2017年在城区金碧花园、蕉岭中学等小区、单位投放自动包裹机10台，方便广大群众领取包裹和邮件。直至2017年，邮电业务总量13384万元，比增3.1%，其中，蕉岭邮政累计实现业务收入2632.95万元，超额完成市分公司下达的全年收入2599万元任务，同比增长11.39%。

蕉岭移动通信网络全面转型升级。光纤网络取代传统电缆网，全面建成“全光网县”。至2017年底，光纤网络已经覆盖到15户及以上常住人口的自然村。5年间，光纤接入端口由4000个增加至50000个；光纤接入用户由2000户增加至25000户。2015年开始实施4G网络建设，2017年开通800兆4G基站后，4G信号全面覆盖全县所有行政村。此外，按照原中央苏区农村无线宽带接入试点工作要求，配合完成了农村超高速无线局域网建设。

重点信息化项目建设成效显著。2012年以来，承建和完善了“平安蕉岭”社会治安视频监控系统、区域卫生平台、行政服务中心网上办事大厅、基层公共服务综合平台、“综治e通”等重点项目；并通过大力推进信息化，有效协助推进了“教育强县”“卫生强县”等建设。

信息惠民政策深入落实。实施光纤免费接入改造、免费提速、优惠提速等实现光网大提速。推进精准信息扶贫，切实减轻了广大用户特别是农村用户的通信费支出负担。至2017年，固定电话用户28826户，移动用户规模突破3万户，是2012年3倍多。

蕉岭电信部门全面推进“智慧蕉岭”“数字政府”、智慧城管系统、智慧旅游系统、村村通广播系统、智慧民生系统、平安校园一键式报警系统、智慧医疗远程会诊平台等建设。届时，市民将享受到更多、更好、更便利的公共服务。

第十一节 广播电视

蕉岭广播事业，是在新中国成立后从无到有发展起来的。1950 年 9 月，县人民政府文教科有一台 5042 型直流超外差收音机，设专职收音员。1952 年冬成立蕉岭县收音站，配备 2 名专职收音员。收音站每天晚上七八点钟进行收音，主要收录中央人民广播电台的新闻节目，然后把新闻稿编成“收音快播”“新闻快报”印发，分送给县委、县人委领导参阅。

1955 年秋，成立蕉岭县有线广播站，购置 200 瓦广播扩音机一部，增加一批广播设备，开始在蕉城镇试播，每天播音一次两个小时。城内安装 5 个高音喇叭，80 多个瓷瓶喇叭，1956 年 10 月 1 日开始向全县城乡广播。1969 年至 1970 年，全县 13 个公社（场）相继建立了广播站。县城至各公社载波广播（与电话线共线），实现了全县载波广播化。1974 年载波分线，广播专线未架而中断。各公社广播站靠收音，并自办节目进行广播。1974 年至 1977 年春，民办公助建设广播专线，组织专业队施工，自筹资金 5 万多元，用杉木杆 2400 多根（约 200 立方米木材）、12 号铁线 13. 3 吨（架线）和一批材料，建成了县城至 13 个公社（场）133. 5 公里的广播专线。同时，架设了 38 个大队 173 个生产队共 154 公里长的广播网络，100% 的公社、大队，98% 的生产队通了广播。初步建立起一个以县站为中心，以公社放大站为基础，以专线传输为主，质量高、效能好的农村广播网，蕉岭县成为全省实现广播专线化的第一个县。

从 80 年代开始，收录机在城乡普及，电视机日益增多，群众对有线广播的需求减弱。到 1984 年 7 月，全县仅存县至新铺镇 25 公里长的广播专线，入户喇叭仅剩 320 个。1984 年 8 月，重新架设乡至村的水泥杆线路 59. 6 公里，木杆线路 59. 2 公里，安装大小喇叭 7000 多个。至 1985 年，全县广播设施有扩音机 28 台，601 型录音机 8 台，602 型录音机 2 台，双通道录音机 1 台，321 型录像机 2 台。播音时间由每天 1 次 2 小时，增加到每天 4 次 4 小时，广播专线由建站初期的 8 公里发展到 253. 3 公里，从两个高音喇叭发展至 7000 多个大小喇叭。

调频广播。1985 年，县广播站购买 1 台 50 瓦调频广播设备，于 8 月 25 日试播，12 月 20 日正式开播。除高思因高山阻挡，接收比较困难外，其他乡（镇）广播站都可以收到县调频广播电台的广播。通播率由 1984 年的 38. 4% 提高到 94%。全县 12 个乡镇广播站先后维修、恢复开通乡镇村的线路 118. 8 公里，开始建成无线与有线传播相结合的城乡广播网。山区群众可以在家里用三用机收听到县级调频广播台节目。蕉岭为全地区办起第一座县级调频广播电台，1988 年 2 月定名为蕉岭人民广播电台。

1998 年，蕉岭人民广播电台的广播设备进行更新。省广播电视厅拨给 1 台功率 100 瓦的调频广播发射机，县广播电视台购买立式录音机 2 台。省厅拨给蕉岭县边远山区北礤等 5 个乡镇广播站各 1 台功率为 10 瓦的高频发射机。至此，蕉岭人民广播电台节目不断丰富，地方性节目比重大大增加，并一直播送至今。

随着改革开放的深入，社会发展进步，人民生活水平不断提高，电视也日益进入百姓家。1983 年，县政府拨款在镇山楼兴建 50 瓦功率的电视差转台。随后，长潭省水电二局和油坑驻军分别建起 50 瓦和 1 瓦的电视差转台。1986 年至 1987 年，县新增 2 台

50 瓦电视差转机，并在乡镇建起 10 瓦差转台，全县共有电视转播台 14 座，电视差转机 17 台。至 1988 年，全县有电视机 1. 1 万多台，平均 3. 7 户、20 人有 1 台电视机。

1992 年，县政府批准建立蕉岭县有线电视台，并在蕉城范围内架设 3 条主线全程 5 公里，在电视发射中心安装 8 台主机，播出 8 个频道节目。到年底，安装有线电视入户 1400 多户。1993 年县有线电视台购置新闻采访车、电视摄录制作设备一套，于 5 月 1 日正式开播蕉岭新闻节目。播出时间为星期三、星期六，星期四、星期日重播，每次播出新闻 4 篇以上。同时，开设《红绿灯》等 5 个栏目，其中《红绿灯》栏目对违反社会公德的不良现象进行曝光。1994 年，将有线电视主线向县城郊区延伸，有线电视入户为 5678 户，并向全县各乡镇输送。1996 年，县城用户可以收看到 17 套电视节目，全县有线电视用户扩大到 2. 02 万户。1998 年，全县 12 个镇（场）有 11 个实现前端设备达标，成为全省首先达到镇级有线电视验收达标的县。到 2000 年，全县共架设有线电视主支干线 161 公里，节目 9—10 个频道，全县有线电视用户达 3. 01 万户，有线电视覆盖率 60% 以上。同年 11 月，县广播电视中心综合大楼建成启用，投资 1200 多万元。该大楼集办公、编辑、制作、演播、培训、发射等多功能为一体，有效提高了制作、播出的质量。2003 年，县电视台对乡镇垂直管理，收编乡镇电视站，实行统一管理。2004 年，蕉岭电视台有新的突破，顺利完成元宵节文艺焰火晚会和第二届世界蕉岭同乡会联欢大会现场直播节目工作。

因机构改革，2005 年，蕉岭县广播电视台分设成立，节目更加丰富多彩，更加体现蕉岭地方特色。2008 年，受蕉岭县邀请，中央电视台摄制组到蕉岭拍摄蕉岭形象片《家在蕉岭》，并成功播出，扩大了蕉岭的影响力。

党的十八大以来，在习近平新时代中国特色社会主义思想指引下，紧紧围绕县委、县政府的中心工作部署，以“报道蕉岭、传播幸福”“让蕉岭新闻多姿多彩，让更多老百姓上电视”为宣传目标，坚持宣传导向，播出保安全，事业谋发展，服务惠民生，不断提升新闻报道质量和影响力，为蕉岭加快构建“一城两业三组团”发展新格局，全力建设“世界寿乡·富美蕉岭”营造浓厚的舆论氛围。

电视台新闻开辟专栏、系列报道县学习宣传贯彻党的十八大、十九大精神，习近平总书记对广东工作重要讲话批示精神，省、市党代会精神等系列报道。认真做好县重要工作、重要活动的宣传报道，加大县重点工作、重点工程、民生实事、两个百亿产业、美丽乡村建设、精准扶贫精准脱贫、工农业生产、农综改革、水利交通基础设施建设、生猪养殖污染整治、防灾减灾、安全生产等方面的宣传报道力度，以策划报道的深度、高度、广度提高蕉岭新闻的影响力和宣传力，推动县委、县政府各项重点工作加快推进，给力蕉岭振兴发展。全力以赴开展“幸福蕉岭、文明相伴”系列活动，做好最美教师、感动蕉岭十大人物候选人等新闻报道，高扬主旋律，讴歌时代精神。十八大以来，县台播出新闻8462条，上送市台播出新闻2337条，位居全市各县（市、区）前列。

关注民生，服务百姓。及时关注报道反映社会热点和服务百姓的民生新闻。策划报道学有所教、劳有所得、病有所医、老有所养、住有所居、困有所帮，以及结合爱眼日、爱肝日、全国高血压日、世界环境日、防暑降温等与百姓息息相关的民生题材，为老百姓提供了相关服务信息，帮助百姓解决实际问题，使百姓更爱看，深受百姓欢迎。

对外宣传给力，擦亮寿乡品牌。一是创新栏目。不断改进专题制作、节目安排、精心创作“生态长寿蕉岭·世界养生福地”“生态蕉岭·常来长寿”“创建文明城市”等公益宣传节目；制作播出世界长寿乡蕉岭形象宣传片和专题片《问寿“老人国”》《怡然自得过百年》《长寿蕉岭百村行》《航拍长寿乡》《文化绎站》《世界寿乡·富美蕉岭》《国家地理标准产品冬笋淮山》等，从历史、文化和特色的角度展现客家风貌，讲述蕉岭故事，展现寿乡人文。二是创新方式。不断创新宣传报道方式，对首届长寿文化节主题晚会进行网络视频和现场直播，使海内外乡亲在共享文化盛宴中感受浓浓乡情。在2014年5月30日，国际自然医学会授予蕉岭世界长寿乡的历史性时刻，县台精心策划报道了一系列世界长寿乡蕉岭的新闻，全力创造“5·30”世界长寿乡国内外新闻“蕉岭时间”，使世界长寿乡蕉岭引起全球关注，声名远播。北京发布会当天，30多家中央和省市主流媒体聚集人民大会堂发布新闻，全球有100多家媒体转载报道长寿蕉岭。长寿蕉岭广播有声、电视有像、报纸网站有文章，中国蕉岭引起了全球的关注。三是创新平台。与上海卫视合作，在上海台播放专题片《解码长寿地图——广东蕉岭》1、2集；与中央台合作，拍摄创作《味道·记忆中的蕉岭年味》和《美丽中国乡村行·蕉岭篇》专题片，春节期间分别在央视10套、央视7套播出，进一步提升了“世界寿乡·富美蕉岭”的知名度和影响力。

加大资金投入，完善基础设施。2012年至2017年，累计投入近1000万元，实施无线数字化广播电视发射塔建设和数字电视网络升级改造，城乡新铺设光缆线路98.1千米，更换电缆线路536.8千米。

坚持改革创新，借势借力，整合资源，融合发展，积极发展“广电+”，推动广电事业可持续发展。

第十二节 城市建设

蕉岭县旧称镇平县，1914 年改称蕉岭县，蕉城一直为县治所在地，面积约 0.5 平方公里，城镇人口仅 12841 人。由于交通不便，经济一直很落后。

新中国建立后，蕉城才开始有了一些变化。至改革开放前，蕉城建房面积有 85.5 万平方米，街道总长 2293 米，街道面积为 3.44 万平方米，城区面积扩大至 0.85 平方公里，总人口 23808 人。县城日供水能力 2300 立方米，城内排污、排水靠 1203 米长的环东河及长达 1900 米的东西圳道排出，城内 10 多口池塘起缓冲作用。环卫管理队伍也只有 25 人，1 辆手扶拖拉机洒水车，1 辆手扶拖拉机运载垃圾，清扫面积只有 6 万平方米。

改革开放后，蕉城的市政建设有了大规模的进展，1982 年，县人民政府作出了《蕉岭县城总体规划》，并逐年付诸实施，新辟新城区和西区。在新城区新建了新东路、溪峰路、东一街、西一街、西二街等街道和新东市场以及住宅区；在西区增建了 1.54 万平方米的西区宿舍。1984 年建立了镇山公园。1988 年成立了城市建设管理监察队。1990 年绿化面积 44 公顷，全城街道总长 3070 米，街道面积达 47920 平方米，城区面积达 1.8 平方公里，蕉城人口达 3.3 万人；日供水能力为 6000 立方米，自来水普及率 90%。环卫事业有了新的发展，有环卫工人 71 人，车辆 10 部，其中有东风洒水车 1 辆，清扫面积达 14 万平方米。

1990 年底，蕉岭县政府委托同济大学城市规划系对《蕉岭县城总体规划》进行修编，并于 1992 年经梅州市人民政府批准实施。县城总体规划年限，近期到 2000 年，远期到 2010 年，近期建设向东、向北开发新居住区及华侨投资综合开发区；远期规划向西延伸，使县城向石窟河岸边发展，城市规划控制区面积 18. 8 平方公里。

1991 年至 1997 年底，蕉岭县按照 1990 年修编的《蕉岭县城总体规划》，进一步扩宽了县城区的范围，先是 205 国道蕉城横岗段 3. 2 公里按路宽 40 米的标准进行改造，然后逐步建成了庙下路、新东北路、金山街、溪峰东路、新华街以及桂岭大道，县城范围扩大到兴福镇。围绕这些街道，先后进行了 205 国道穿城段两旁立体开发，东山商业城、东山商住区、桂岭花园、华新商城、蕉岭新车站以及塔牌大厦、路亭大厦等项目的规划建设，沿街一座座高楼如雨后春笋般拔地而起，新的街道不断延伸扩展。1997 年，塔牌大厦楼高 23 层的商住建筑落成，成为当时蕉岭县城标志性建筑。它与 40 米宽的桂岭大道两旁的其他高楼大厦，把蕉岭山城点缀得像大都市一样。通过创建卫生城镇，整治“脏、乱、差”，1997 年 8 月，蕉岭县城被省政府评为“岭南杯”目标达标县城。

1997 年，蕉岭县政府委托省城乡规划设计研究院对县城总体规划进行第二次修编，城市规划区范围不变，面积仍为 18. 8 平方公里。第二次修编是在原规划的基础上完善充实和提高，并保持规划在空间和时间上的连续性，保证城镇建设按滚动式发展。

1997 年底，县城建成区面积达 3. 2 平方公里，城区道路总长达 13. 1 公里，排污管总长 15. 6 公里。自来水日供能力为 2 万吨，受益人口 4. 5 万人。城镇煤气全年供应量为 1500 吨，燃气普及率达 85%；城市路灯覆盖全城，亮灯率 98%。电信事业迅速发展，市内电话交换机总量1.6万门，电话1.2万部，移动电话用户1772户，无线寻呼用户7798户。城镇环卫工作得到进一步加强，有环卫工人127人，环卫车辆12部，清扫面积达18.08万平方米，年生活垃圾清运量2.044万吨；园林绿化面积达88.3公顷，绿化覆盖率32.1%，人均占有公共绿地5.5平方米。

1998年，县委、县政府更加重视县城的规划建设和管理工作，积极实施基础工程、形象工程、民心工程。投入500多万元对“一园（镇山公园）一岛（横岗绿岛）三路（庙下路、石伯公路、北街）”进行绿化、美化、净化改造；投入1400多万元实施“龙潭引水工程”，进一步改善和提高居民饮用水的质量；建设县广播电视中心、县体育活动中心、蕉岭中心广场、蕉岭中学体育场、塔牌大道等重点工程；205国道蕉城段改造工程，由4车道改为6车道，实行地下、地面、空中立体改造。在城建管理方面，成立了蕉岭县城市管理委员会，组织了由各有关职能部门（如建设、城建、工商、交通、公安、蕉城、兴福）等有关人员20多人组成的城市环境综合整治专业队，进行常年整治，收到了良好效果。

在城市建设飞跃发展的同时，蕉岭县的村镇建设也取得了很大的成绩，主要表现在：

一是成立村镇建设办公室。改革开放以来，从1984年开始至1987年，用了3年时间，完成了全县12个集镇的规划，编制和中心村粗线条的规划编制任务，从此结束农村建设自发无序的状态，逐步用规划指导村镇建设。至1992年，按照国家规定，全县招收了40多名集体合同制工人，充实乡镇建设管理人员。

二是村镇建设工作得到进一步加强。至1996年，蕉岭县村镇住户共4.84万户，有60%左右迁入新居，人均居住建筑面积18.21平方米，建制镇人均居住建筑面积14.95平方米；不少地方出现了一批有水平的农民新村，12 个乡镇的生产建筑和公共建筑面积达 101.45 万平方米，其中建制镇为 65.41 万平方米。全县村镇的中小学校、医院、卫生医疗站、敬老院等都已进行了改造、新建，且有了较大的发展。农村自来水受益人口达 10.1 万人，乡村道路达 452.8 公里，经济比较富裕的乡村道路基本上实现了混凝土硬底化。全县 100% 村镇村庄实现了通电，各镇通讯实现程控交换化，且涌现出一批电话村。各镇开展以整治“脏、乱、差”为内容的环境治理和积极开展“岭南杯”活动，1998 年，12 个建制镇的环境质量逐步得到改善，实现了“岭南杯”目标。

三是“5 + 1”工程全面实施。从 1998 年起，县委九届三次会议决定，用 5 年时间在全县村镇全面实施“山水田林路综合治理和村镇建设为内容的‘5 + 1’工程”，随着农村“5 + 1”工程的全面实施，大大加快村镇建设的步伐，推动城乡一体化进程。

四是 1999 年，县城总体规划修编由梅州市政府批复实施，进一步规范了建设用地规划红线图，加强了建设红线的监控管理，保证规划不走样；加大城市建设管理力度，成立城市管理委员会，组建城区环境整治专业队，与城监大队一起对“八乱”现象常年坚持整治。在村镇建设方面，完成广福、文福、三圳等镇的规划调整工作，积极实施“5 + 1”工程、各圩镇的基础设施、城区基础设施建设，完成城区道路长度 1651 米，完成道路面积 3.6323 万平方米，龙门广场面积 1.6 万平方米，完成县城区 3.5 平方公里，增加城南等新区开发面积 0.3 平方公里，县城人均住房面积 17.05 平方米；建成区绿化面积 105.3 公顷，绿化覆盖率 30.1%，人均公共绿化面积 5.5 平方米。村镇建设总投资 1.08 亿元，建筑面积 27.7 万平方米，其中公共面积 1.33 万平方米，住宅面积 25.6 万平方米，生产建设面积 0.77 万平方米。

2002 年，在完成县广播电视中心、蕉中体育场、龙门广场、镇山公园改造以及“两园两馆、两圆盘九路一岛”、儿童乐园等工程的基础上，向路网、桥网、水网交织，美化、绿化、净化相互配套，蓝天、碧水、绿地相互映衬的花园式现代化城区快速迈进。

2003 年 8 月，成立蕉岭县公共卫生事业管理局，主要负责公共事业和城市建设管理工作，下属有城监队、园林所、路灯所、燃气站、市场物业站 5 个职能部门以及市政建设工程公司和装饰工程公司计 100 多人。主要职能是抓好城区美化、绿化、亮化工作，构建和谐、法治、文明新城区。

2007 年，县委、县政府召开新农村建设动员大会，要求新农村建设应紧扣“生产发展、生活宽裕、乡风文明、村容整洁、管理民主”的二十字方针，在农村积极推广太阳能、沼气等清洁能源，以及解决农民饮水等问题。

2008 年，蕉岭环保认真实施“环境友好县”发展战略，以建设“责任环保、和谐环保”为重点，围绕保护生态环境和防治工业污染两条主线，扎实开展城市环境综合整治专项行动。围绕城市扩容提质，认真抓好府前街改造工程，把街道建成商业黄金街，老城区人民盼望了 30 多年的夙愿终于实现。以创建全国文明县城为契机，市政建设工程和县重点建设进展顺利。蕉城污水处理厂 2008 年 6 月 1 日正式动工，设计规模为 3 万 m^3/d，占地 48000 平方米，工程总投资 3200 万元。它的建成，加强城区污水处理的力度，改善县城居民生活环境。

2009 年 1 月，蕉岭县以打造宜居、宜业的生态文明城市为目标，着力打造城市亮点，完善城市功能，提高城市品位，提升城市文明，把县城建成为精致、绿色、和谐的生态文明县城，通过努力，蕉岭荣获“全国文明城市”称号，同年 6 月，蕉岭荣获“中国生态文明县”称号。

2011 年，城市综合管理，坚持以人为本，创新城市管理理念，达到“三减少一提高”目标，加大市容环境卫生综合治理力度，使县城更加整洁有序；完善市政基础设施，实施雨、污分流改造；清理改造积水街道，升级改造公厕，及时更换损坏设施，城市功能不断提升。2011 年，县城规划区面积 25. 5 平方公里，建成区面积 7. 51 平方公里，县城建成区绿化覆盖率 22. 64%；绿地率 17. 18%，人均公园绿地面积 17. 06 平方米。

投入 1000 多万元，实施了溪峰西路改造；抓好了蕉阳大道建设；完成石窟河龙安名木基地段 70% 的绿道建设；完善了城区段 1. 3 公里绿道的绿化和 LED 灯亮化配套建设，全县完成绿道建设规模约 10 公里；抓好了城市生活垃圾无害化扩容工程建设；抓好了桂岭宾馆、鹏业上城、新世纪现代城、碧翠园、体育新村、体育大厦、岭南华府、佳怡豪庭、西堤湾、商城大厦等 10 家房地产开发重点项目的建设和监督管理工作。村镇建设方面，完成了《蕉岭县创建名镇名村工作方案》的制定工作，确定蕉城镇、三圳镇为名镇创建镇，尖坑村、石寨村、芳心村为名村创建村。

党的十八大以来，坚持以城乡规划为龙头，统筹城乡发展。县城规划控制区面积由原来的 25 平方公里调整到 50 平方公里，完成了县城总体发展概念规划、桂岭新区建设规划、蕉岭县南部新区城市设计、绿道建设规划、蕉岭县垃圾处理专项规划、蕉岭县城区“三旧”改造专项规划、蕉岭县城排水防涝规划、蕉岭县城棚户区改造专项规划、县城“十三五”近期建设规划、县域乡村建设规划等，完成了 7 个建制镇和 83 个行政村的规划编制工作；编制了传统村落、各镇各村、历史文化名村等专项规划。

以项目建设为重点，积极推动城区“扩容提质”。在积极推行城乡规划建设民主决策制度的基础上，推动桂岭新区和福星大道建设以“三旧改造”和市政基础设施改造为重点，积极推动县城扩容提质。县城建成区面积由原来的 6.8 平方公里扩大到了 7.61 平方公里。

积极改善县城的人居环境，提高幸福指数。推动了城中村、旧城区改造工程；推动了寨背、北阁铺、徐树村棚户区改造项目的实施；实施了沿石窟河城区绿道建设和亮化工程；实施了主要街道旅游区沿线建筑的“穿衣戴帽”工程；推动了长寿广场、体育中心建设；组织完成了县城地下管线普查和信息建设；推动了污水处理厂扩建和集污管网的建设。

积极指导新农村和美丽乡村建设工程。按照中央、省、市关于新农村建设的部署要求，指导各镇人民政府组织实施了新农村生活垃圾收运设施建设；指导三圳风情街、九岭、芳心、福北村、蕉城镇龙安村、文福镇逢甲故居、蓝坊镇高思村、南礤镇石寨村、广福镇乐干村、新铺镇尖坑村、长潭镇白马村等各类示范镇村建设。三圳镇被评为第一批广东省宜居示范镇，南礤镇石寨村被列入第一批中国传统村落名录，南礤镇南礤村被列入第二批中国传统村落名录。

至 2017 年底，全县常住人口 21.13 万人，其中城镇人口 11.30 万人，城镇人口占常住人口的比重为 53.48%。2012 年至 2017 年固定资产投资，全县累计完成投资 165.1 亿元，年平均增长 36.4%，是历史上投资最多的时期。2017 年全县房地产开发投资 93835 万元，同比增长 85.1%；全县商品房销售面积 224713 平方米，增长 84.73%，其中住宅销售面积增长一倍。

至 2017 年末，全县共有环境监测站一个，共有生活污水处理厂 26 座，城市污水处理能力达 2 万吨/日；城市生活垃圾无害化处理率达 100%。

7

第七章

奔向小康生活美

第一节 精准扶贫　精准脱贫

随着改革开放的不断深入，经济社会的不断发展，人民生活水平的不断提高，发展中不平衡、不充分的社会矛盾也凸现出来，贫富差距越来越大，一些村集体经济十分薄弱，还有一小部分群众还生活在贫困线下。2003 年，蕉岭县按省评定贫困村、贫困户的标准，全县评出贫困村 57 个、贫困户 658 户。

为使贫困村、贫困户尽快脱贫，共享改革开放成果，实现共同富裕的目标。2003 年 5 月，中共蕉岭县委、县人民政府作出《关于集中力量解决突出问题，加快贫困村、贫困户脱贫奔康步伐的决定》。加大扶贫攻坚力度，采取千干扶千户、领导挂钩、层层压实责任的有力措施。通过全县 28 名副处以上领导干部和县直单位挂钩扶贫，县镇两级干部职工共 1311 人与 658 户贫困户结对帮扶，根据各村各贫困户的实际情况，因地制宜，采取“一村一策、一户一法”的帮扶办法，确保扶贫工作取得实实在在的成效。至 2003 年底，全县有 8 个贫困村集体经济收入达到 3 万元，有 185 户贫困户脱贫，人均纯收入达到了 2000 元以上。

从 2003 年至 2011 年，蕉岭县扶贫工作积极贯彻落实广东省扶贫开发“双到”工作会议精神，以科技培训、产业化扶贫和智力扶贫为突破口，不断加大扶贫工作力度，全县共投入帮扶资金 7633. 3 万元，平均每村 381. 66 万元，共完成帮扶项目 132 项。至 2011 年底，省定贫困村集体经济收入实现 189. 25 万元，平均每村 9.46 万元，贫困户人均收入达 6069 元。

党的十八大以来，县委、县政府更加重视精准扶贫、精准脱贫工作，积极实施“双到”扶贫开发，抓重点、补短板、强弱项全力推动老区全面建成小康社会，让老区人民共享新时代社会主义改革发展成果。从 2013 年至 2017 年，通过第一、二轮扶贫开发“双到”工作，将徐溪、高乾、东陂、黄坑、黄沙、台塘、九岭、高南、大光、左槐、插峰、蓝源、富足、甲华、白水、步上、南礤 17 个革命老区村列入重点帮扶村。2016 年，再列入东岭、下南、金沙、岭背、洋山 5 个老区村，共计 22 个革命老区村，贫困户 3105 户，6220 人，其中省定贫困村为 19 个村，有 1041 户，2616 人，占全县 97 个行政村的 23%。为加快精准扶贫、精准脱贫步伐，蕉岭县结合实际，采取光伏扶贫、电商扶贫、旅游扶贫、就业帮扶、资产收益等有力措施，把精准扶贫工作与美丽乡村建设结合起来，一并规划，一并实施；在扶贫资金方面，注重整合中央、省、市、县和社会各方面资源，汇聚各方财力。据统计，从 2013 年至 2017 年，全县 59 个重点帮扶村，共投入帮扶资金 3.977 亿元（各级财政专项资金 12620.79 万元，单位自筹资金 6411.73 万元，行业扶贫资金 13591.93 万元，金融信贷资金 1869.49 万元，社会扶贫资金 4924.09 万元，其他 354.7 万元），实施了一大批帮扶项目。2013 年，广州市南沙区负责对口扶贫 5 个贫困村，全年共投入资金 2695.04 万元。2014 年投入扶贫资金 8698.53 万元，实施扶贫项目 67 个，其中成立合作社 23 个，完成道路硬底化 28 公里，水利设施 51 宗，文化设施 22 宗，解决 4580 户、16381 人的饮水问题。争取彩票公益金 1000 万元，用于偏远山区南礤镇石寨、皇佑、三泰、岭背 4 个村建 4 座饮水工程，3 条机耕道路建设，改造机耕路 3 条 15 公里，改善了贫困村生产耕作条件，农民的生活质量和健康水平得到提高。2015 年，全县投入基础设施资金 7514.58 万元，实施了道路硬底化 67.58 公里，建设农田水利工程 78 宗，文化娱乐设施 36 宗，农村饮水工程 44 宗，解决了 1.6 万多人饮水困难问题。至 2015 年，共完成 20 个村、409 户、1476 人的搬迁工作。2016 年，全县共投入帮扶资金 4455.75 万元，实施产业扶贫项目 364 个，组建农民专业合作社 29 个，完成 176 户住房困难户危房改造，贫困户 100% 参加新型农村合作医疗，全县有 30% 贫困户实现脱贫，共计 2134 户、3036 人。2017 年，全县共筹帮扶资金 6329 万元，共实施帮扶项目 4793 个，帮助就业 905 人，412 户贫困户 100% 参加城乡居民基本医疗保险，危房改造完成率 100% 。至 2017 年底，引进龙头企业 24 家，组建合作社 30 个，电商扶贫项目 3 个，旅游扶贫项目 1 个，光伏扶贫项目 3 个，转移就业 1015 人。全县剩余 375 户、1163 人，尚未脱贫。

2018 年初，蕉岭县成立了由县委书记任组长、县直相关部门负责人为成员的县扶贫开发领导小组，全面贯彻落实中央和省、市有关精准扶贫、精准脱贫工作的决策部署，紧紧围绕“三年攻坚、两年巩固，到 2020 年如期完成脱贫攻坚任务”的总目标，凝心聚力，主动作为，科学谋划，狠抓落实，全力推进精准扶贫、精准脱贫和贫困村创建新农村工作，全面小康社会老区人民一个也不能少。

第二节 美丽乡村建设换新颜

党的十八大以来，蕉岭县委、县政府加快了乡村振兴建设步伐，给予政策倾斜、财政倾斜，抓好示范，以点带面，全力打造美丽乡村。

蕉岭县第一个党支部成立所在地三圳镇九岭村，是省级新农村示范片主体村之一。近年来，该村突出农业发展、环境改善、旅游精品、党建带动，扎实推进新农村建设。一是引进紫玉淮山、袁隆平超级稻、莲子等新优品种，建成2000亩“客家农夫”现代农业科技示范园、600亩“十里荷塘”莲子基地等特色农业基地，引导农民通过租地、务工等形式增收致富，打造新型农业发展模式。二是高起点建设美丽乡村培训学院，是广东省第一所专门以培训“三农”实践人才为目标的综合机构，是省委党校、省委农办、省人社厅、团省委等确定的培训基地，教育引导农民倾情参与支持新农村建设，不继提升基层干部新农村规划建设的能力。三是发挥村民理事会作用，筹资680万元，实施延陵公园、活动广场、修路扩路等文体和基础设施，改善人居环境。四是立足留住青山绿水，彰显田园风貌，建成寿食坊、电影广场、咖啡屋、客家情公园等精品旅游项目，大力发展特色乡村旅游。

全县其他镇村也纷纷行动起来。在文福镇乌土村茶亭张屋，刚修缮好的祠堂加上正在建设的文化活动中心等，不仅干净整洁，而且显得格外古朴大方。“以前祠堂周边乱堆乱扔现象严重，但自从这里修好后，就成了村里百姓休闲的好地方，每当天黑后，我们就会来这里听听歌、跳跳舞，享受属于我们老百姓的小日子。”村民卜迪辉高兴地说。而新铺镇尖坑村也正积极实施3.5公里的村道硬底化建设，全面实现“村到组、组到户”道路硬底化建设。同时该村还鼓励和引导群众参与支持村庄绿化、亮化建设，打造“常年有花、四季常绿”的村庄，营造舒适良好的村庄环境。

“一花独放不是春，百花齐放春满园。”从2014年开始，县委、县政府以“生态美、生产美、生活美”为目标，制定出台了《蕉岭县美丽乡村建设工作方案》，把建设美丽乡村与发展长寿养生产业、乡村旅游、农民致富和民生改善等紧密结合起来，通过实施“一个总揽，十村示范，百村行动”工程（“一个总揽”，即以全国农村综合改革示范试点工作为总揽；“十村示范”，即建设10个美丽乡村示范村；“百村行动”，即全县107个村［居］委开展环境整治行动），以农村环境卫生整治和生态文明建设为着力点，加大农村基础设施建设，改善人居环境；以农村产权制度改革和培育新型农业经营体为关键点，促进现代农业发展，实现农民增收；以创新农村服务方式和改善群众生活品质为落脚点，提高群众幸福指数，营造社会和谐氛围。力争至2018年底，全县107个村（居）委全都建成环境优美、产业兴旺、生活和谐的美丽乡村。

长期以来，县委、县政府都十分重视农村建设，把解决“三农”问题作为头等大事来抓，采取政府扶持、财力倾斜等举措，大力发展农业多种经营，壮大集体收入，引导农民发展致富产业和外出务工脱贫致富；加强政府公共服务，促进农村公益事业发展。2010年以来，县委、县政府稳步推进特色乡村建设，全面完成8个镇总体规划和97个行政村的村庄整治规划，实现城乡规划全覆盖。连续出台鼓励扶持政策，不断加快新农村建设，发展农村经济，增加农民收入。针对农村环境脏乱的现状，扶持发展沼气、太阳能热水器、村级篮球场建设。针对资源能源日益紧缺，煤炭、汽油、煤气价格不断上涨的状况，因势利导扶持农户发展应用太阳能热水器，制定出台了新政策，鼓励发展太阳能热水器。结合村情民意，以“树文明新风，促社会和谐”为目标，积极组织实施行政村兴建标准篮球场建设工程，全面推进新农村建设。出台以“三通七化”为重点的村庄整治扶持政策，改变村庄面貌。制订扶持发展现代农业奖励办法，大力扶持发展农业龙头企业、农村专业合作经济组织，加快培育特色产业，涌现了一批苦瓜村、淮山村、烤烟村、茶叶村。结合发展清洁能源，实施“三通七化”工程，引导群众拆旧建新，改厕入室，铺筑村道，实施饮水工程，整治环境脏乱差，改善农村人居环境和生产生活条件。此外，还出台了现代农业发展扶持政策，重点发展毛竹和名贵树木产业。

县委、县政府深入开展“名镇名村”创建活动，以农村生活垃圾专项治理为重点，抓好村庄美化、绿化和净化，农村面貌焕然一新。大力推进生态文明村建设，制订了创建生态文明村工作方案、生态文明村考核办法，选定35个村为生态文明村创建培育对象。深入开展“万村绿”创建活动，大力实施城乡环境卫生整治，积极开展“‘洁净家园·文明蕉城’我们在行动”活动，加强对街道、生活垃圾的集中整治。积极开展全民义务植树等活动，抓好生态景观林带工程和旅游公路树种绿化改造工程，实施生态公益林、水源涵养林、碳汇林、绿色廊道建设，新增城区公共绿化面积7万多平方米。

一分耕耘一分收获。如今在全县各乡村，广大农民群众安居乐业，社会协调和谐发展，美丽乡村建设如火如荼，乡村面貌日新月异，出现了农民增收有新突破、村容村貌有新变化、公共事业有新发展、乡风民风有新面貌、农民素质有新提高、村民自治有新机制的喜人局面。

第三节　石窟河“十里画廊”

石窟河是蕉岭的母亲河，贯穿蕉岭全境。石窟河流域是蕉岭最主要的城乡结合点，是特色小镇与特色小城镇的衔接点，对推动乡村振兴引领城乡融合具有重要意义。因此，蕉岭县依托石窟河的山水脉络和特色风光，着力打造“十里画廊”，全力打通连接县城与乡村、连接特色小镇和特色小城镇的关键节点，努力让群众望得见山、看得见水、记得住乡愁。

“十里画廊”北起长潭引水陂至三圳九岭止，全长 23.2 公里，途经长潭、蕉城、三圳 3 个镇，重点对沿河沙墩、滩涂地进行整治及美化绿化，在现有的沿岸滩涂地外侧建设绿道和栈道，建设观景平台及配套景观工程，对石窟河堤沿线绿化景观进行提升改造，形成市民游客亲水、休闲、运动大公园。主要包括 3 个景观设计段落：长潭段主要通过景观绿化，建设白马码头、人行景观步道、生态停车场、生态混凝土护坡等，美化提升现有的步道及亲水平台景观，打造多彩风景带；蕉城段主要通过建设龙安滨水公园、生态休闲景区、生态绿道、观景平台等，打造城市花园；三圳段主要通过改造福北老沙场段小岛，建设蕉城至三圳慢行系统、亲水观景平台和九岭南入口湿地公园，打造休闲公园。

慢行系统是石窟河“十里画廊”建设工程的重头戏，是蕉岭加快推动“景点旅游”向“全域旅游”转变，构建宜业、宜居、宜游“山水绿城”的一项具体举措。该项目起于蕉城镇龙安滨水公园，止于三圳镇晋元大桥，分为滨水休闲区和七彩田园区两部分，建设内容包括道路、景观、护栏、驿站和电气工程、给排水工程等。其中，滨水休闲区起于龙安滨水公园，至福北沙场止，总长约2.6公里；七彩田园区起于福北沙场，止于晋元大桥，总长约3.2公里，现已全面完工。该项目是集居民休闲、娱乐、健身等多功能于一体的全天候开放式慢行系统，在促进乡村旅游发展的同时，还将通过完善公共服务设施，促进城乡融合、产业联动。此外，慢行系统沿线串联起蕉城镇龙安村和三圳镇福北村、招福村，将沿岸产业基地、乡村旅游景点“串珠成链”，能够有力地助推当地农业和旅游业发展。蕉岭将深入探索慢行系统与文化、产业融合发展，建设名人长廊和农产品展示窗口，在丰富沿线旅游内容的同时，推介当地优质富硒农产品。

石窟河“十里画廊”建设工程，水环境建设提升工程，健康蕉岭建设工程……，蕉岭县通过优化县域发展的空间布局、产业布局和城乡规划建设，不断拉升了这座“山水绿城”宜业、宜居、宜游的基本框架。通过打造“三宜一体”格局，“山水绿城”正逐步蝶变为魅力无限的城乡融合的“示范标杆”。

第四节　明天会更好

党的十八大、十九大以来，蕉岭县委认真贯彻落实党的十八大、十九大精神，高举习近平新时代中国特色社会主义思想的伟大旗帜，践行创新、协调、绿色、开放、共享的发展理念，围绕“三个定位、两个率先”目标，加快适应经济发展新常态，抓住省有关粤东西北和中央有关原中央苏区两个振兴政策的机遇，全力建设“世界寿乡·富美蕉岭”。按照县委、县政府“十三五”规划，到2020年，蕉岭的经济社将实现跨越式发展。

主要指标：

一是经济发展更好更快。到2018年，提前两年实现全面建成小康社会目标。到2020年，实现生产总值112.6亿元，人均生产总值5.2万元，五年平均增速为11%和10.4%，生产总值和人均生产总值在实现比2010年“翻一番”的基础上，增速持续高于全省及全市平均水平。地方一般公共预算收入达到11.9亿元，年均增长10.5%，全社会固定资产投资达105亿元，年均增长30%以上。

二是主导产业更大更强。到2020年，全县工业增加值超过43亿元，年递增13.5%；第三产业增加值超过57亿元，年递增11.9%；第一产业增加值超过12亿元，年递增1.8%；建成八大产业生产基地，即以2000万吨水泥熟料和300万吨精细化工为主的广东绿色建材生产基地；总装机容量达50万千瓦的绿色能源生产基地；总产量达4万吨的广东米香型白酒和黄酒生产基地；总产值超过20亿元的电子生产基地；总产值超过15亿元的健康养生旅游产业基地；总产值超过10亿元的竹木精深加工生产基地；总产值超过5亿元的长寿食品生产加工基地。

三是城乡环境更优更美。到2020年，再造一个新蕉城，县城建成区面积达到12平方公里，人口达到12万人，城镇化率达到58%以上。发展条件不断优化，高速公路、铁路实现突破，国道、省道、县道公路等级大幅提高，能源、水利、信息等基础设施支撑能力明显提升。生态环境巩固提升、森林覆盖率保持在79%以上，县域绿化率达到58%以上，城镇生活污水、生活垃圾无害化处理率分别达80%和100%，节能减排和主要污染物排放总量控制在省市下达的指标范围内。

四是人民生活更富裕更幸福。城镇居民人均可支配收入达到3.2万元，年递增11%；农民人均纯收入达到2.3万元，年递增12%。社会保障体系更加完善，适龄城乡居民养老保险、城镇居民医疗保险覆盖率达100%，新型农村合作医疗实现全覆盖，形成覆盖广、保基本、多层次的社会保障体系。

为进一步贯彻落实党的十九大精神，按照《中共中央、国务院关于实施乡村振兴战略的意见》《中共广东省、广东省人民政府关于实施乡村振兴战略的实施意见》的整体部署，蕉岭于2018年5月16日发布《蕉岭县实施乡村振兴战略规划纲要》，其主要内容如下：

按照十九大提出的战略安排和广东省整体部署，蕉岭乡村振兴规划分为近期、中期和远景展望。

到2018年底，各镇、各部门的专项规划、实施方案逐步完善，各项前期工作扎实推进，新农村建设梯次推进，乡村振兴工作的组织领导、资金保障、考核奖励等配套制度日益健全，构建多元参与的乡村社会治理体系，为全县乡村振兴工作开好局。

到2019年，全县突出做好抓重点、补短板和强弱项工作，在特色镇村、产业开发、人居环境和基础设施等方面着力，加快推进桂岭硒谷特色小镇建设，加快长寿农产品深度开发，全县所有村完成“三清三拆三整治”任务，70%以上村庄达到干净整洁村标准，逐步完善“山水田园路”等农村基础设施，促进乡村社会治理体系创新和治理能力提升，为全县乡村振兴工作打基础。

到2020年，蕉岭乡村振兴取得突破，乡村各项规划得到落实，长寿健康产业取得长足发展，长寿宜居福地初步建成。90%以上的村庄达到干净整洁村标准，80%以上行政村达到美丽宜居村标准，留住“田园乡愁”。长寿文化创意扎实推进，文明村镇覆盖率100%，寿乡治理能力显著提升，软弱涣散村整顿率100%，健康长寿富民目标基本实现，农村居民人均可支配收入超过2万元，现行标准下农村相对贫困人口全部实现脱贫，乡村振兴工作取得成效。

到2022年，乡村振兴取得重要成果，城乡融合发展体制机制基本健全，实现共建共治共享的社会治理新格局。在长寿健康产业的拉动下，蕉岭农村产业发展、环境治理、乡风建设、基层治理和农民生活等取得显著成效。

一、实施世界寿乡品牌战略，做强长寿健康产业

立足生态优势，做强“富硒长寿”品牌，开发农业多种功能，发展一、二、三产业融合体系，不断创新制度供给，延长产业链，提升价值链，完善利益链，将蕉岭建设成为长寿健康产业与农旅融合示范区。

1．优化富硒长寿农业布局。实施特色产业培育工程，坚持富民兴村导向，发展“一村一品、一镇一业”。蕉城镇在工贸和服

务业外，在城郊村发展特色农家乐和“粤派乡居”民宿；长潭镇以自然森林康养旅游区建设为契机，重点发展特色生态旅游，以省级森林康养示范基地的标准打造岭南养生产业基地；三圳镇在现有农业和健康产业基础上，发展长寿食品加工和休闲观光体验旅游；新铺镇推进经济作物种植示范带建设，以谢晋元故居为核心发展红色乡村旅游，打造新铺圩特色小镇；文福镇主抓生态修复，打造以丘逢甲故居为核心的观光旅游路线；广福镇依托北部产业和人口集聚地优势，在工业产业外适度发展特色经济作物种植；蓝坊镇以长寿文化为主打造长寿体验旅游，加大竹笋两用开发，发展山地骑行、登山运动等吸引游客的新型运动类产业；南磜镇依托岭南文化特色村落，深耕红色历史记忆，打造红色文化和绿色生态兼具的特色旅游。

2. 发展长寿农业经济体系。围绕丰富的水资源，继续做大新铺镇象岭彭坑富硒山泉水，支持文福镇对龙潭、黄竹坪水库水源进行适度开发，探索做出“一碗水”产业。针对山地面积占比大特点，做好“林下经济”文章，打造示范基地，重点推动南磜等镇发展石斛、葛根、仙草、淡竹叶、淮山、金线莲、白芨等中药材，争取广药集团等企业在蕉岭建设产业化基地；推动南磜等镇进一步扩大灵芝、木耳、茶叶等富硒农产品种植规模；支持三圳、新铺等镇创建高端蔬菜、淮山、稻米种植为主的有机菜粮种植园区；鼓励广福镇探索黑木耳、富硒甘蔗种植等新型产业；建设无花果、猕猴桃、蓝莓等特色水果和油橄榄、寿桃、长潭金桔、南磜冬笋等十大长寿食品种植基地，力争新建省级示范基地 1 个以上，市级基地 10 个以上，全县家庭农场达 300 家以上。

3. 促进长寿产业融合。支持生产区农产品就地加工转化增值。争取引入广东中烟公司就地设厂。支持新铺等地做大养蜂产业，和桂岭蜂业紧密合作，重点发展蜂王浆、蜂胶等一系列蜂产品，衍生日用化妆品、蜂花粉保健食品等蜂产品，增加产品附加值。

4. 打造长寿世界品牌。建立符合生态发展定位的市场准入制度，经营好、保护好“富硒长寿”的共有品牌，打造基于蕉岭地理标志的农产品系列和寿乡商标，制定长寿食品品牌体系和标准，确保品牌农产品质量安全。打造龙头企业带动，规模化生产的长寿食品产业园，构建“高端品牌企业 + 加工生产企业 + 合作社 + 农户”和“龙头企业 + 合作社 + 种植基地 + 农户”产业链。丰富“富硒长寿”的品牌内涵，整体提升长寿食品精深加工的技术水平和品牌效益。力争将“黄坑茶”“竹稻米”申报为国家地理标志产品，做强延源长寿食品、多宝红茶、银葛宝、桂岭蜂业等具一定知名度的品牌，适时申报省级农业名牌产品。

5. 拓展全域市场营销路径。建立农产品交易中心和农产品网络交易平台，加强与京东商城、天猫超市等电商平台合作，同时借助世界客商大会、世界健康大会、长寿食品博览会、中国特色食品大会等平台，打通海外、珠三角和内地的供销体系。建设蕉岭县农产品货运枢纽，重点发展以仓储配送鲜活农产品、果蔬、长寿食品等商品为主的农产品冷链物流，延长交易半径。引导本地农产品在民宿、超市等地精准投放，建立合理的利益分享机制。

6. 推动长寿品牌效应增值。以获评全国“百佳深呼吸小城”为契机，深入推动农旅结合，发展健康养生产业。围绕美丽竹海、田园风光、黄坑茶园、新铺古镇、湿地公园等旅游景点，打造山地养生度假精品工程。聚焦客家文化风采、名人故居资源，打造爱国主义教育基地、客家文化集聚区、台胞华侨之乡、历史古镇保留风貌区。围绕健康管理服务、康复养生服务和长寿养老服务，打造国际长寿健康管理中心、岭南休闲养生基地、复合型长寿养老基地，形成综合发展模式。发展徒步、骑行、登山、山地越野、从林探险、野外生存体验等各类运动项目。

7. 坚持科技兴农战略导向。在不破坏本地既有生态环境的前提下，引进和改良新作物、新品种，优化种植结构，提高产量产值。建立新型职业农民培训制度，依托农业局、蕉岭职业技术学校、广东（蕉岭）美丽乡村培训学院等单位开展技术培训、经营管理、市场销售等各类培训，逐步把新型职业农民打造成为懂经营、善管理、有素质的农业农村现代化主体力量，培养一批产业发展带头人。对有一技之长的土专家、田秀才、能工巧匠等农村能人，制定培训和职称评定办法，支持依规承建乡村小微工程，激发他们示范带动农民的主体意识和社会责任。

8. 配套支农政策制度供给。建立集生产、销售、信用合作于一体的县镇村三级农业社会化服务中心（站），培育各类专业市场化服务组织，推进农业生产全程社会化服务。以供销合作社为主导，社会资本参与，争取到2020年全县至少有一家县域助农服务综合平台，镇村助农服务中心全覆盖。加快建立财政涉农资金统筹整合长效机制，联合农行蕉岭分行、县信用联社、邮政银行大力开展“信用镇”“信用村”“信用户”等农村信用体系建设，由县财政局牵头，联合各镇政府、村委会等机构共同出资和发动社会筹资设立土地承包经营权抵押贷款风险补偿基金，在集体资产股份权能改革、宅基地权能改革中激活农村沉睡资产。以“三清三拆三整治”为契机，腾出闲置地支持农业产业发展。

二、实施生态综合治理工程，打造健康宜居福地

围绕“世界寿乡·富美蕉岭”的建设理念，重点加强石窟河沿线的生态环境综合治理，建立健全农村生活宜居服务体系，将蕉岭县打造成为粤东北地区生态发展的示范区和珠三角周边城市的健康长寿宜居宜养区。

1. 实施生态修复打造山水绿城。坚持绿水青山就是金山银山的理念，充分发挥现有林地保护作用，抓好碳汇造林建设，加大山区毛竹、珍稀树种培育力度，开展造林绿化和全民义务植树活动。强化长潭省级自然保护区、皇佑笔市级自然保护区、广东镇山国家森林公园等重点区域生态保护。基本建成村道有树、环境优美的生态宜居家园。加强对建材企业的矿山等重点区域的生态系统修复与重建。

2. 推进绿色生产，落实环保发展。将发展特色优质高效绿色现代工农业与生态环境保护工程相结合，减少工农业生产污染。推进新型建材企业生产技术改造，拉长产业链条，拓展纯低温余热发电、纳米级碳酸钙粉体、新型建筑材料建设，形成百亿新型建材产业聚集地。重点推进新农村建设示范片有机肥替代化肥、畜禽类污水资源化、农作物秸秆综合利用、废弃农膜回收、病虫害生态防控等。

3. 开展环境整治建设美丽乡村。按照“政府引导、理事会主导、群众参与”的建设模式，以农村垃圾处理、污水治理和村容村貌提升为主攻方向，到2020年底全面完成环境综合整治，创建一批特色精品村，建立经费稳定、职责明确、设施良好运行的农村人居环境整治和基础设施长效管护机制，抓好县道、镇主干线、旅游公路等沿途危旧房屋、护栏改造等环境整治项目。推进“户分类、村上门收集、镇统一转运、县无害化处理”的垃圾统一收集和处理模式，探索垃圾分类回收利用。实行雨污分流，建成覆盖所有自然村的污水处理设施。全面落实镇村两级河长制、湖长制，积极与毗邻县镇联动，共同整治水源污染。实行人畜分离，家畜集中圈养，严格查处畜禽养殖业违法行为，确保规模化畜禽场污染达标排放。

4. 完善基础设施提升宜居水平。全面推进“四好”农村公路建设，改造城乡出行条件，便捷安全和乡村旅游发展需要，推进村道、巷道硬底化、扩宽、植绿工程。到2020年，全部自然村完成村庄道路硬底化，乡镇行政村公路达到安全通客车条件。完成农村危房改造工程，探索新建房屋的集中规划模式，鼓励有条件的村民恢复客家传统建筑风貌，基本实现农村住房外观整洁、建设有序、管理规范。完成新一轮农村电网改造升级，推进农村“五线落地”示范工程，健全村级卫生站、道路、水利、公共厕所等农村公共设施管护机制。实施农村饮水安全巩固提升工程，完成村村通自来水工程，到2020年实现村庄集中供水全覆盖；所有行政村基本建成基层综合性文化服务中心，乡镇文化站全部达到省二级以上标准。

三、实施文明传承创意计划，弘扬客家福寿文化

1. 推进农村精神文明建设，继承和创新传统客家文化，传承发展客家建筑、饮食、手工艺、福寿等传统文化，建立古村落保护名录及旅游开发资源目录，整理研究客家文化古籍、客家山歌等客家文化艺术创作和展示工程，加快对丘逢甲故居、丘成桐故居、谢晋元故居、南礤石寨村、广福乐干九栋、新铺古镇等名人故居、古村落、古驿道和革命遗址的修缮和保护，建设以古村落为中心，农旅结合的田园综合体。以自然村为单位，全面推进乡村文化祠堂建设，把祠堂打造成国学教育新平台，地方文化传承新载体，乡风民俗博物馆和精神文明建设新阵地。

2. 大力弘扬红色廉政文化。坚持“教育引导、实践养成、制度保障”三管齐下，深化宣传习近平新时代中国特色社会主义思想，社会主义核心价值观和中国梦宣传教育，依托革命老区优势，以省定红色村建设为重点，传承红色基因。坚持党建引领，落实“三强四带”，依托美丽乡村培训学院，培育新型农民。推

进党史馆等项目建设，弘扬廉政文化，强化农村思想文化阵地建设。

3. 充分宣传健康养生文化。推进长寿文化中心、桂岭长寿广场、客家文化馆、长寿体育公园等重点新建全民健身广场，广泛开展全民健身活动。弘扬尊老、敬老、长孝文化、新乡贤文化，开展文化结对帮扶，建好客商会馆，办好客商大会。

4. 积极培育乡风和家风。开展农村移风易俗专项整治，加强无神论宣传教育，抵制农村封建迷信活动。广泛开展文明村镇、星级文明户、文明家庭、文明公厕、道德模范等群众性精神文明创建活动，实施乡村振兴“巾帼行动”，开展寻找“最美家庭”活动。深化农村普法教育，发挥村规民约、人民调解作用，引导农民群众协商解决纠纷矛盾，维护合法权益。创新家风家训，建立村庄邻里互助机制，促进村规民约落地。

四、实施“一核三治”治理体系，提升寿乡治理能力

在坚持党建引领的原则下，加强党的建设促乡村振兴，突出政治功能，提升组织力，把农村基层党组织建成坚强的战斗堡垒。实施“头雁”工程，开展“农村党员人才回乡计划”，选优配强村党组织书记；支持回村乡贤、创业骨干和村医、村教师等有威望、懂政策的人进入各类组织；突出政治标准，发展年轻党员，培养年轻干部，为乡村发展注入新鲜血液；向省定贫困村、新农村建设示范村选派第一书记；加强对农村党员、村委干部定期培训，提高素质和管理水平；加大对基层小微权力腐败惩处力度，净化基层干部队伍。

理顺治理层级，探索新的治理单元，进一步完善治理结构，以村“两委”为核心，发挥村民理事会、村务监督委员会和协商议事会作用，实现多层共治，探索政经分离，推行村级事务阳光

工程。推进“放管服”行政审批制度改革，落实政府部门权责清单和收费目录清单管理制度，大幅削减工商登记前置审批事项，为企业投资、农民创新创业提供最大便利。整合优化公共服务和行政审批职责，打造“一门式办理”“一站式服务”综合服务平台，逐步实现农民办事“最多跑一次”。

五、实施共建共享发展模式，瞄准长寿富民目标

着力推进精准扶贫。继续落实以奖代补政策机制，把省定贫困村创建新农村示范村作为重中之重，全域梯次推进社会主义新农村建设，至2020年把全县80%以上的行政村建成基础设施配套、基本公共服务完善、生态环境良好、农民持续增收、社会和谐稳定、客家特色鲜明的社会主义新农村。充分利用原中央苏区县的政策倾斜，密切与广州南沙区等帮扶单位的协调合作，探索部门联合扶贫。深入开展充分就业社区援助农村贫困家庭“一户一就业”行动。开展“回头看”工程，巩固提升第一、二轮扶贫开发“双到”贫困村脱贫质量。

努力增加农民财产性收入，深化农村产权制度改革，盘活农村闲置资源，壮大农村集体经济，通过各种股份制、股份合作制，增加农民就业岗位，提高农民工资性收入，发展各种新型农业经营主体，增加农民经营性收入。

完善民生保障体系，健全新型农村社会养老保险制度，逐步提高城乡居民养老金和医保财政补助标准，发放高龄津贴，规范低保，做到“应保尽保”。实现城乡基本医疗保险一体化，落实“一站式”大病救助和伤残资助制度。探索农村“五保”人员集中供养模式，构建家庭养老、居家养老、机构养老等多层次农村养老保障体系。

2018年中央一号文件指出，实施乡村振兴战略，是党的十九

大作出的重大决策部署，是决胜全面建成小康社会、全面建设社会主义现代化国家的重大历史任务，是新时代“三农”工作的总抓手。在进入中国特色社会主义新时代的历史背景下，实施乡村振兴战略，意义重大，影响深远。我们坚信，只要紧密地团结在以习近平同志为核心的党中央周围，认真贯彻习近平新时代中国特色社会主义思想和党的十九大精神，高举新时代改革开放旗帜，以更加坚定的信心、更有力的措施把改革开放不断推向深入，蕉岭县委、县政府描绘的宏伟蓝图就一定能实现，蕉岭的明天一定会更好。

附　录

蕉岭名片

世界长寿乡

原中央苏区县

全国绿化模范县

国家可持续发展实验区

全国文化先进单位

全国林业生态建设先进县

中国生态文明县

中国金融生态县

全国农田水利建设先进县

全国国土资源节约集约模范县

全国群众体育先进县

全国民政工作先进县

全国农村初级卫生保健工作先进县

全国百佳深呼吸小城

南岭生态区生态发展试点县

广东省推进教育现代化先进县

后记

2017 年 6 月，中国老区建设促进会发出《关于编纂全国 1599 个革命老区县发展史的安排意见》，2018 年 1 月，广东省老区建设促进会、广东省老区建设办公室联合发出通知，要求全省的革命老区县（市、区）都应于 2019 年完成编写出版《广东省革命老区县发展史》丛书的任务。

在县委、县政府的重视支持下，蕉岭县于 2017 年 12 月成立了由县委书记、县长任顾问，县委常委、组织部部长任主任，县直有关单位负责人为成员的《蕉岭县革命老区发展史》编纂委员会，同时成立以县老促会会长为主编的编辑部，具体负责编纂工作。2018 年 7 月 19 日，省革命老区县发展史编纂工作培训班结束后，编辑部人员对照《广东省革命老区县发展史》丛书的具体编写规范要求和编辑出版若干问题的说明，对已经起草编写的内容和篇章结构又进行了一次调整和修改。在全体编委会成员和编辑部编写人员的共同努力下，于 2018 年 11 月写成初稿，在一定范围内征求意见后，于 12 月修改成二稿，发至编委会 22 个成员单位审阅，然后根据提出的意见建议又作了进一步的补充和完善，于 2019 年 2 月写成三稿，最后送中共蕉岭县委党史研究室、蕉岭县人民政府地方志办公室专家审核定稿。

按照中国老促会和省老促会相关文件规定的编写内容，本书包括县域概况、革命战争时期、党史大事记、革命烈士传略、重大历史事件、革命历史遗址、文物、历史文献、纪念场馆等，以及新中国成立以来，特别是改革开放和十八大以来，蕉岭人民在党中央、省委、市委、县委的坚强领导下，发扬自力更生、艰苦奋斗的光荣传统，努力建设新蕉岭，创造新生活，脱贫攻坚，奔康致富的光辉历程。本书重点突出了蕉岭革命老区人民为创建和发展中央苏区所作出的历史贡献，概括地反映了新中国成立以来，特别是改革开放和党的十八大以来，蕉岭经济社会各方面取得的巨大成就。本书由编辑部成员分工撰写完成。书中部分图片由县委新闻组提供，书的篇幅、规格、封面由中国老促会和广东省老促会统一设计确定。

在本书的编写过程中，省、市老促会和蕉岭县的有关领导多次到编辑部调研指导，一批离退休老同志也积极关心和支持编写工作 ，提供了历史材料或口述追忆等，县直各有关单位提供了宝贵资料。本书能按时完成编纂任务，是县委、县政府大力支持的结果，是全体编委会成员和编辑部成员、离退休老同志、县直各单位通力协作、共同努力的结果。在此，谨向所有关心支持和帮助本书编纂的单位和同志表示衷心的感谢，并向为本书编辑出版大力支持的广东人民出版社表示诚挚的谢意。

由于编写时间较为仓促和编者的水平有限，加上历史跨度大、涉及的事件和人物较多，我们掌握的史料有限，篇幅也有限，因此，疏漏不当之处在所难免，敬请广大读者批评指正。

《蕉岭县革命老区发展史》编辑部

2019 年 3 月